A TRIBUTAÇÃO BRASILEIRA DE SOCIEDADES NO EXTERIOR

Das origens ao Imposto Mínimo Global

PAULO ARTHUR CAVALCANTE KOURY

A TRIBUTAÇÃO BRASILEIRA DE SOCIEDADES NO EXTERIOR

Das origens ao Imposto Mínimo Global

Belo Horizonte

2023

© 2023 Editora Fórum Ltda.

É proibida a reprodução total ou parcial desta obra, por qualquer meio eletrônico, inclusive por processos xerográficos, sem autorização expressa do Editor.

Conselho Editorial

Adilson Abreu Dallari	Floriano de Azevedo Marques Neto
Alécia Paolucci Nogueira Bicalho	Gustavo Justino de Oliveira
Alexandre Coutinho Pagliarini	Inês Virgínia Prado Soares
André Ramos Tavares	Jorge Ulisses Jacoby Fernandes
Carlos Ayres Britto	Juarez Freitas
Carlos Mário da Silva Velloso	Luciano Ferraz
Cármen Lúcia Antunes Rocha	Lúcio Delfino
Cesar Augusto Guimarães Pereira	Marcia Carla Pereira Ribeiro
Clovis Beznos	Márcio Cammarosano
Cristiana Fortini	Marcos Ehrhardt Jr.
Dinorá Adelaide Musetti Grotti	Maria Sylvia Zanella Di Pietro
Diogo de Figueiredo Moreira Neto (*in memoriam*)	Ney José de Freitas
Egon Bockmann Moreira	Oswaldo Othon de Pontes Saraiva Filho
Emerson Gabardo	Paulo Modesto
Fabrício Motta	Romeu Felipe Bacellar Filho
Fernando Rossi	Sérgio Guerra
Flávio Henrique Unes Pereira	Walber de Moura Agra

FÓRUM
CONHECIMENTO JURÍDICO

Luís Cláudio Rodrigues Ferreira
Presidente e Editor

Coordenação editorial: Leonardo Eustáquio Siqueira Araújo
Aline Sobreira de Oliveira

Rua Paulo Ribeiro Bastos, 211 – Jardim Atlântico – CEP 31710-430
Belo Horizonte – Minas Gerais – Tel.: (31) 99412.0131
www.editoraforum.com.br – editoraforum@editoraforum.com.br

Técnica. Empenho. Zelo. Esses foram alguns dos cuidados aplicados na edição desta obra. No entanto, podem ocorrer erros de impressão, digitação ou mesmo restar alguma dúvida conceitual. Caso se constate algo assim, solicitamos a gentileza de nos comunicar através do *e-mail* editorial@editoraforum.com.br para que possamos esclarecer, no que couber. A sua contribuição é muito importante para mantermos a excelência editorial. A Editora Fórum agradece a sua contribuição.

Dados Internacionais de Catalogação na Publicação (CIP) de acordo com ISBD

K88t	Koury, Paulo Arthur Cavalcante
	A tributação brasileira de sociedades no exterior: das origens ao imposto mínimo global / Paulo Arthur Cavalcante Koury. - Belo Horizonte : Fórum, 2023.
	236 p. ; 14,5cm x 21,5cm.
	ISBN: 978-65-5518-436-5
	1. Direito Tributário. 2. Direito Internacional Público. I. Título.
2022-1590	CDD: 341.39
	CDU: 34:336.2

Elaborado por Odilio Hilario Moreira Junior – CRB-8/9949

Informação bibliográfica deste livro, conforme a NBR 6023:2018 da Associação Brasileira de Normas Técnicas (ABNT):

KOURY, Paulo Arthur Cavalcante. *A tributação brasileira de sociedades no exterior*: das origens ao imposto mínimo global. Belo Horizonte: Fórum, 2023. 236 p. ISBN 978-65-5518-436-5.

— Eu se fosse imperador? Isso agora é mais complicado. Eu, se fosse imperador, a primeira coisa que faria era ser o primeiro cético do meu tempo. Quanto ao caso de que se trata, faria uma coisa singular, mas útil: suprimiria os adjetivos.
— Os adjetivos?
— Vocês não calculam como os adjetivos corrompem tudo, ou quase tudo; e quando não corrompem, aborrecem a gente, pela repetição que fazemos da mais ínfima galanteria. Adjetivo que nos agrada está na boca do mundo.
— Mas que temos nós outros com isso?
— Tudo; vocês como simples impostos são excelentes, gorduchos e corados, cheios de vida. O que os corrompe e os faz definhar é o epíteto de inconstitucionais. Eu, abolindo por um decreto todos os adjetivos de Estado, resolvida de golpe esta velha questão, e cumpria está máxima que é tudo o que tenho colhido da história e da política, e que aí dou por dois vinténs a todos que governam este mundo: Os adjetivos passam, os substantivos ficam.
(Machado de Assis)

SUMÁRIO

INTRODUÇÃO 11

CAPÍTULO 1
INTERPRETAÇÃO DAS DISPOSIÇÕES INFRACONSTITUCIONAIS SOBRE A TRIBUTAÇÃO DE SOCIEDADES CONTROLADAS E COLIGADAS NO EXTERIOR: DA LEI Nº 9.249/95 À LEI Nº 12.973/14 ... 17

1.1	A transição da tributação territorial para a tributação universal: da Lei nº 4.984/1925 à Lei nº 9.532/1997	17
1.2	O regime da MP nº 2.158-35/01	24
1.2.1	Sociedades abrangidas	26
1.2.1.1	Sociedades coligadas	26
1.2.1.2	Sociedades controladas	28
1.2.1.3	Aspectos irrelevantes no regime da MP nº 2.158-35/01	35
1.2.2	Base tributável	37
1.2.2.1	Fatores positivos: o MEP	37
1.2.2.1.1	Legalidade do emprego do MEP	37
1.2.2.1.2	Conceito do MEP e a consolidação vertical	42
1.2.2.1.3	A questão da variação cambial	49
1.2.2.2	Fatores negativos	53
1.2.2.2.1	Compensação de prejuízos	53
1.2.2.2.2	Ajustes de preços de transferência e subcapitalização?	57
1.2.3	Deduções do tributo a pagar	60
1.2.3.1	Compensação do Imposto Pago no Exterior	61
1.2.3.1.1	O momento da compensação do imposto pago no exterior ...	63
1.2.3.1.2	O procedimento para a compensação do tributo pago no exterior	65
1.3	O regime da Lei nº 12.973/14	66
1.3.1	Sociedades abrangidas	69
1.3.1.1	Sociedades controladas diretas e indiretamente	69
1.3.1.2	Sociedades coligadas	73
1.3.1.3	Sociedades equiparadas a controladas	80
1.3.1.4	Filiais da sociedade brasileira e filiais das sociedades controladas?	82

1.3.2	Base tributável	86
1.3.2.1	Fatores positivos: o lucro da sociedade estrangeira conforme as regras contábeis locais	86
1.3.2.2	Fatores negativos	91
1.3.2.2.1	Variação cambial	91
1.3.2.2.2	Reflexos de outras participações no exterior e no Brasil	94
1.3.2.2.3	Compensação de prejuízos	99
1.3.2.2.4	Ajustes de preços de transferência e subcapitalização	103
1.3.3	A faculdade de consolidação horizontal	108
1.3.4	Deduções do tributo a pagar	114
1.3.4.1	Compensação do imposto pago no exterior	114
1.3.4.1.1	Compensação do tributo estrangeiro no caso de consolidação	117
1.3.4.2	Crédito presumido	118
1.3.5	Questões específicas	120
1.3.5.1	Isenção para atividades relacionadas à prospecção de petróleo e gás	120
1.3.5.2	Diferimento do pagamento dos tributos no Brasil	122

CAPÍTULO 2
ANÁLISE DA COMPATIBILIDADE DO SISTEMA DE TRIBUTAÇÃO EM BASES UNIVERSAIS COM A CONSTITUIÇÃO E COM OS TRATADOS CONTRA A DUPLA TRIBUTAÇÃO ... 125

2.1	A compatibilidade dos regimes brasileiros de tributação em bases universais com a Constituição	125
2.1.1	Condicionantes constitucionais gerais para a tributação em bases universais	125
2.1.1.1	O regime da MP nº 2.158-35/01	131
2.1.1.1.1	A compatibilidade material do regime da MP nº 2.158-35/01 com a Constituição	131
2.1.1.1.1.1	O julgamento do STF	136
2.1.1.1.1.1.1	As razões de decidir na ADI nº 2.588/DF e no RE nº 540.090/SC	140
2.1.1.1.2	A aplicabilidade temporal do regime da MP nº 2.158-35/01 e as regras da irretroatividade e da anterioridade	145
2.1.1.2	O regime da Lei nº 12.973/14	149
2.1.1.2.1	Reforço da inexistência de renda realizada	150
2.1.1.2.2	Não se aplica o argumento do MEP	153
2.1.1.2.3	Descumprimento à decisão do STF	154

2.2	A compatibilidade dos regimes brasileiros de tributação em bases universais com os tratados contra a dupla tributação..	155
2.2.1	Os tratados e os regimes de TBU de inclusão total................	156
2.2.1.1	A incorporação e a hierarquia dos tratados............................	156
2.2.1.2	Bloqueio da tributação..	160
2.2.1.2.1	Artigo aplicável...	160
2.2.1.2.2	Irrelevância dos comentários da OCDE..................................	170
2.2.1.2.3	Tratados com disposições especiais..	173
2.2.2	A compatibilidade do regime da MP nº 2.158-35/01 com os tratados..	176
2.2.2.1	Bloqueio da tributação..	176
2.2.2.2	Abrangência do lucro cuja tributação é bloqueada................	180
2.2.3	A compatibilidade do regime da Lei nº 12.973/14 com os tratados..	184
2.2.3.1	Bloqueio da tributação..	184
2.2.3.2	Qual o tratado aplicável?...	186
2.3	Excurso: o regime de refinanciamento da Lei nº 12.865/14....	194

CAPÍTULO 3
O BRASIL EM RELAÇÃO AO MUNDO: O SISTEMA BRASILEIRO EM FACE DOS REGIMES ADOTADOS EM OUTROS PAÍSES........................ 197

3.1	Os Estados Unidos e o surgimento das legislações CFC........	198
3.1.1	O Brasil em relação às legislações CFC..................................	200
3.2	A União Europeia e a regra CFC obrigatória.........................	202
3.2.1	O Brasil em relação à regra europeia......................................	206
3.3	Os regimes GILTI e GloBE: um imposto mínimo global?.......	207
3.3.1	O Brasil em relação ao imposto mínimo global.....................	215

CONCLUSÕES... 219

REFERÊNCIAS.. 229

INTRODUÇÃO

Este livro trata da tributação, pelo Brasil, dos lucros auferidos por sociedades residentes em outros países, cujo vínculo com o Brasil deriva de suas conexões societárias de controle ou coligação com sociedades residentes no Brasil. De maneira geral, a tributação da renda busca fundamento econômico em vínculos com o Estado tributante, que podem consistir na localização da fonte do rendimento (princípio da fonte) ou na localização da pessoa que aufere o rendimento (princípio da residência).[1] A chamada tributação em bases universais (TBU), tributação de lucros de coligadas e controladas no exterior ou simplesmente tributação de lucros no exterior busca assento no princípio da residência da sociedade brasileira que detém participação societária em sociedade estrangeira.

Conforme se verá ao longo da obra, a própria denominação do tema como a tributação brasileira sobre o lucro de sociedades estrangeiras já apresenta uma tomada de posição sobre a matéria, considerando-se a posição das autoridades fiscais[2] e de determinados autores[3] no sentido de que a tributação apenas alcançaria o reflexo do lucro da pessoa jurídica estrangeira no contribuinte brasileiro. Em conformidade com essa visão, o objeto desta obra seria mais bem descrito como a tributação dos lucros auferidos por sociedades residentes no Brasil em decorrência do reflexo da apreciação de valor de sociedades controladas e coligadas no exterior.

---

[1] Cf. VOGEL, Klaus; RUST, Alexander. Introduction. *In*: RUST, Alexander *et al*. *Klaus Vogel on Double Taxation Conventions*. 4. ed. Amsterdam: Wolters Kluwer, 2014. p. 12.

[2] Solução de Consulta Interna Cosit nº 18, de 8.8.2013.

[3] GRECO, Marco Aurélio. A tributação de lucros no exterior. *In*: UCKMAR, Victor *et al*. *Manual de direito tributário internacional*. São Paulo: Dialética, 2012.

Independentemente da maneira como se descreva o objeto desta obra, sua importância é patente, por pelo menos dois motivos principais. De um lado, o fenômeno da globalização, com a intensificação de fluxos comerciais, informacionais e de pessoas, bem como a digitalização da economia, faz com que cada vez mais empresas tenham presença econômica em diversos países. Isso significa que o escopo subjetivo de aplicação das normas de tributação em bases universais é cada vez mais relevante. De outro lado, por sua própria natureza, as regras de TBU estão em constante interação com a tributação de outros países, não apenas no âmbito interpretativo e aplicativo, mas também no contexto da competição entre os países pela atração da atividade econômica.

Em linhas muito gerais, o sistema brasileiro de tributação de lucros de controladas e coligadas no exterior pode ser classificado como um sistema de inclusão total, que abarca receitas que não geram riscos de erosão da base tributável ou deslocamento de lucros.[4] Historicamente, a legislação denominada CFC (*controlled foreign companies*) de outros países foca, exclusivamente, em situações que podem significar erosão da base tributável do Estado de residência e deslocamento de lucros tributáveis para outros Estados com baixa tributação. Para tanto, dois tipos de regimes são usualmente utilizados, quais sejam: (i) a perspectiva jurisdicional (*jurisdictional approach*), que foca no país da residência da controlada, aplicando-se a regra de tributação somente às investidas residentes em país de baixa tributação; (ii) a perspectiva baseada nos tipos de rendimentos da controlada (*transactional approach*), que limita a regra aos rendimentos facilmente realocáveis, de natureza passiva.[5] Mais recentemente, com a introdução das regras GILTI pelos Estados Unidos da América em 2018, que possuem grande similaridade[6] com a recente proposta da OCDE no âmbito do chamado *Pillar Two*,[7] parece estar surgindo um terceiro tipo de regime, baseado na tributação efetiva

---

[4] TEIJEIRO, Guillermo O. 'BEPS Action 3: Public Discussion Draft on Strengthening CFC Rules: A Legal Critique to the Possible Implementation of a Full-income CFC System'. *Kluwer International Tax Blog*, abr. 2015.

[5] XAVIER, Alberto. A tributação dos lucros de controladas e coligadas de empresas brasileiras no exterior e os tratados contra a dupla tributação. *In*: BARRETO, Aires Fernandino (Coord.). *Direito tributário contemporâneo*. Estudos em homenagem a Geraldo Ataliba. São Paulo: Malheiros, 2011. p. 61.

[6] HARRIS, Peter. *International Commercial Tax*. 2. ed. Cambridge: Cambridge University, 2020. p. 387.

[7] OECD. *Tax Challenges Arising from Digitalisation* – Report on Pillar Two Blueprint: Inclusive Framework on BEPS, OECD/G20 Base Erosion and Profit Shifting Project. Paris: OECD Publishing, 2020.

mínima de sociedades controladas no exterior. Esse regime tem sido referido como um imposto global mínimo (*global minimum tax*).[8]

Nesse contexto, considerando-se a grande complexidade da matéria e as diversas perspectivas a partir das quais ela é usualmente abordada, esta obra se propõe a examinar o tema de uma perspectiva simultaneamente analítica e com largo foco prático. De um lado, a analiticidade buscada por este livro se caracteriza pela avaliação cuidadosa de diferentes aspectos do objeto de estudo, separando-o em categorias que facilitam a sua compreensão aprofundada e específica. Como já afirmou um crítico dessa postura, o espírito analítico seria caracterizado pela preferência à separação das coisas em prejuízo de sua visão global.[9] No caso em tela, esta obra considera que a melhor maneira de compreender a integralidade do tema da tributação em bases universais no Brasil é, justamente, separando analiticamente os seus aspectos, para, apenas em um segundo momento, empreender-se o esforço de análise global da questão.

De outro lado, esta obra tem foco eminentemente prático, em dois sentidos do termo. Da perspectiva filosófica, o discurso prático se contrapõe ao discurso descritivo na medida em que o primeiro visa a simplesmente descrever a realidade como ela é e o segundo visa a determinar como os seres humanos *devem* agir.[10] Da perspectiva mais corriqueira, o discurso prático se contrapõe ao discurso meramente teórico, distanciado do dia a dia de aplicação do direito, contexto em que se afirma, jocosamente, que um bom teórico não entende da prática e que um advogado praticante não poderia ser um teórico (*bonus theoreticus, malus practicus*).[11]

O principal objetivo deste trabalho, então, é o de promover duas das funções que Alexy atribuiu à dogmática jurídica, quais sejam, a sistematização (*technische Funktion*)[12] e o controle argumentativo (*Kontrollfunktion*).[13] De um lado, busca-se sistematizar o conhecimento dos diferentes aspectos da tributação brasileira em bases universais.

---

[8] OECD. *Statement on a Two-Pillar Solution to Address the Tax Challenges Arising From the Digitalisation of the Economy*. 2021. Disponível em: https://www.oecd.org/tax/beps/statement-on-a-two-pillar-solution-to-address-the-tax-challenges-arising-from-the-digitalisation-of-the-economy-july-2021.pdf. Acesso em: 9 ago. 2021.
[9] FULLER, Lon. *The morality of law*. New Haven: Yale University, 1994. p. 191.
[10] ALEXY, Robert. *Theorie der juristischen Argumentation*. Frankfurt: Suhrkamp, 1983. p. 31.
[11] AARNIO, Aulis. *Essays on the doctrinal study of law*. Heidelberg: Springer, 2011. p. 9.
[12] ALEXY, Robert. *Theorie der juristischen Argumentation*. Frankfurt: Suhrkamp, 1983. p. 330.
[13] ALEXY, Robert. *Theorie der juristischen Argumentation*. Frankfurt: Suhrkamp, 1983. p. 332.

De outro, a análise da interpretação e aplicação das leis ordinárias brasileiras sobre o tema (Capítulo 1), bem como sua compatibilidade com a Constituição Federal e com os tratados internacionais contra a dupla tributação firmados pelo país (Capítulo 2), visa a contribuir com o controle da argumentação jurídica no Brasil. Rigorosamente, a comparação do sistema brasileiro de tributação de lucros no exterior com regimes e orientações estrangeiras (Capítulo 3) não faz parte da dogmática jurídica propriamente dita. Contudo, trata-se de importante questão no âmbito do discurso político que é mais bem endereçada pelo exame analítico a que se destina esta obra, motivo pelo qual foi incluída.

Com esses desideratos em mente, esta obra não tem pretensão de exaurir o exame da literatura sobre a tributação em bases universais brasileira, que é bastante rica, sob uma série de perspectivas, nem de fazer um apanhado sobre a doutrina internacional sobre o tema. Nesta obra, serão examinadas apenas as posições doutrinárias que efetivamente sejam pertinentes à persecução dos fins buscados. O mesmo se aplica em relação aos julgados administrativos e à jurisprudência sobre os assuntos tratados na obra. Não se visa a esgotar a análise de julgados do Conselho Administrativo de Recursos Fiscais (Carf) sobre a matéria, nem mesmo do Poder Judiciário. Esta obra examinará os acórdãos relevantes para a compreensão das controvérsias em torno da tributação em bases universais.

A análise da tributação brasileira dos lucros auferidos por sociedades estrangeiras será restrita ao Imposto sobre a Renda da Pessoa Jurídica (IRPJ) e à Contribuição Social sobre o Lucro Líquido (CSLL), os quais gravam, juridicamente, as pessoas jurídicas residentes no Brasil. Portanto, não se analisará a tributação que recai sobre pessoas físicas nem outros tributos que eventualmente poderiam ser relevantes.

Ao longo desta obra, será recorrentemente referida como "exemplo-base" a situação a seguir, em que uma sociedade brasileira detém o controle de uma sociedade residente na Espanha que, por sua vez, detém o controle de sociedades com residência nas Ilhas Virgens Britânicas (BVI), no Reino Unido e no Uruguai. No exemplo em questão, a sociedade espanhola auferiu lucro de 20 unidades monetárias conforme a sua contabilidade local, tendo as sociedades das BVI e do Reino Unido sofrido prejuízos de 50 e 20 unidades monetárias, respectivamente, e a sociedade do Uruguai, registrado lucro de 100 unidades monetárias. Veja-se o diagrama que ilustra a situação:

Figura 1 – Exemplo-base

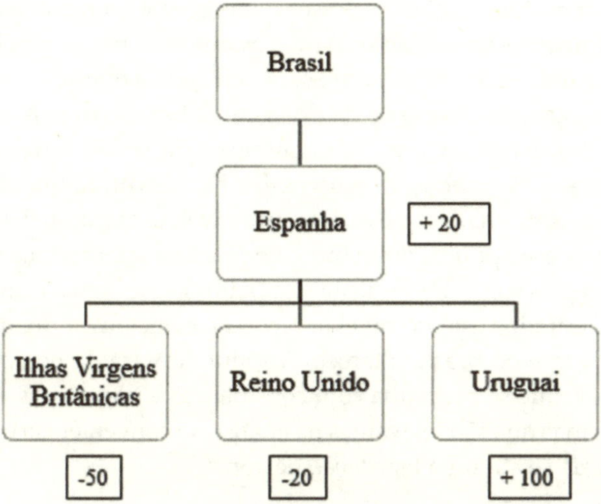

```
                    ┌─────────┐
                    │ Brasil  │
                    └────┬────┘
                         │
                    ┌────┴────┐   ┌──────┐
                    │ Espanha │───│ +20  │
                    └────┬────┘   └──────┘
          ┌──────────────┼──────────────┐
   ┌──────┴──────┐ ┌─────┴──────┐ ┌─────┴─────┐
   │ Ilhas Virgens│ │ Reino Unido│ │  Uruguai  │
   │  Britânicas  │ │            │ │           │
   └──────┬──────┘ └─────┬──────┘ └─────┬─────┘
       ┌──┴──┐        ┌──┴──┐        ┌──┴───┐
       │ -50 │        │ -20 │        │ +100 │
       └─────┘        └─────┘        └──────┘
```

Elaborada pelo autor.

O exemplo, que representa uma simplificação com finalidades explicativas, será empregado para demonstrar diferenças entre os diversos regimes de tributação de lucros no exterior da MP nº 2.158-35/01 e da Lei nº 12.973/14, bem como para a análise da compatibilidade desses regimes com os tratados contra a dupla tributação, entre outras questões.

Este livro está dividido em três partes. O primeiro capítulo será destinado à interpretação da legislação brasileira infraconstitucional sobre a tributação de lucros de controladas e coligadas no exterior, desde a introdução da chamada tributação universal (em contraposição à tributação apenas dos lucros derivados de fontes brasileiras) até o regime em vigor (Lei nº 12.973/14). Este capítulo será especialmente dedicado ao exame do regime atual, cuja importância prática é a maior. Não obstante, diversas questões atinentes ao regime da Medida Provisória nº 2.158-35/01 também serão examinadas, seja por seguirem em discussão, em alguns casos, seja por serem relevantes à própria compreensão do atual regime.

O segundo capítulo examinará a compatibilidade dos regimes brasileiros de tributação de lucros no exterior da MP nº 2.158-35/01 e da Lei nº 12.973/14 com a Constituição Federal e com os tratados bilaterais contra a dupla tributação firmados pelo Brasil. Em relação a essas questões, a análise pertinente à MP nº 2.158-35/01 afigura-se relevante, especialmente, considerando-se a existência de importantes decisões relativas à constitucionalidade desse regime e à sua compatibilidade com os tratados, que são relevantes para o exame atinente ao atual regime.

Por fim, o terceiro capítulo será dedicado a questões de política fiscal, abarcando comparações do sistema brasileiro com os atuais regimes dos Estados Unidos da América e da União Europeia, bem como com as recomendações e discussões havidas no âmbito da OCDE. Trata-se de uma análise que está em um nível de discurso distinto dos dois primeiros capítulos desta obra. Enquanto a interpretação das disposições legais sobre TBU e a sua compatibilidade com a Constituição e com os tratados está no nível *de lege lata*, caracterizando análise do direito vigente no Brasil, o terceiro capítulo tratará da perspectiva *de lege ferenda*, que se preocupa com considerações não necessariamente jurídicas, mas que são relevantes na análise da conveniência e da oportunidade de se alterar a legislação nacional.

CAPÍTULO 1

INTERPRETAÇÃO DAS DISPOSIÇÕES INFRACONSTITUCIONAIS SOBRE A TRIBUTAÇÃO DE SOCIEDADES CONTROLADAS E COLIGADAS NO EXTERIOR: DA LEI Nº 9.249/95 À LEI Nº 12.973/14

Este capítulo se dedica à análise das sistemáticas legais brasileiras de tributação de lucros de sociedades controladas e coligadas no exterior, a partir da exclusiva interpretação dos textos legais e regulamentares. As questões atinentes à constitucionalidade do regime e à sua compatibilidade com os tratados internacionais contra a dupla tributação firmados pelo Brasil serão tratadas no próximo capítulo. Não obstante, a solução de algumas questões específicas envolvendo o regime mais recente, instituído pela Lei nº 12.973/14, demandará considerações constitucionais, circunscritas ao estritamente necessário para a interpretação da lei.

1.1 A transição da tributação territorial para a tributação universal: da Lei nº 4.984/1925 à Lei nº 9.532/1997

Historicamente, o Brasil não tributava a renda advinda de atividades exercidas no exterior. Conforme o art. 18 da Lei nº 4.984/1925, "o imposto sobre a renda recahirá sobre as pessoas physicas e jurídicas que possuirem rendimentos no territorio nacional em virtude de actividades execidas no todo ou em parte dentro do paiz [sic]". Ao circunscrever a tributação da renda aos rendimentos auferidos em virtude de atividades exercidas no Brasil, o dispositivo em questão adotou o chamado princípio da territorialidade, que apresenta diversos conteúdos,[14] um dos quais é o de que apenas a renda auferida em decorrência de fonte de produção brasileira se submete ao Imposto sobre a Renda das Pessoas Jurídicas, como dispunha a lei referida.[15] Frise-se que, para fins do Imposto sobre a Renda brasileiro, são considerados contribuintes as pessoas jurídicas com sede no país (art. 27 do Decreto-Lei nº 5.844/1943 c/c art. 127, II, do CTN), bem como as filiais, sucursais e agências de pessoas jurídicas estrangeiras no Brasil e os estrangeiros com comitentes no Brasil (art. 76 da Lei nº 3.470/58).

Nesse passo, a legislação brasileira, desde o Regulamento do Imposto sobre a Renda de 1926 (Decreto nº 17.390/26), incorporou regra conforme a qual apenas os rendimentos derivados de fontes nacionais seriam objeto de tributação pelo IRPJ. Veja-se:

> Art. 38. Quando o contribuinte possuir rendimentos produzidos, em parte dentro, em parte fóra do paiz e estiver sujeito ao imposto sómente em relação á parte derivada de fontes nacionaes, no calculo do rendimento liquido serão computadas unicamente as despezas correspondentes, que forem conhecidas com approximação satisfatoria [sic].

Ainda nesse sentido, o art. 63 da Lei nº 4.506/64 determinou que "no caso de emprêsas cujos resultados provenham de atividades exercidas parte no País e parte no exterior, sòmente integrarão o lucro operacional os resultados produzidos no País [sic]" regra essa que foi incorporada ao Regulamento do IR de 1980 (Decreto nº 85.450/80, art. 268).

Por força da legislação referida, as pessoas jurídicas brasileiras que viessem a exercer atividades no exterior, fosse diretamente, por meio de filiais, fosse indiretamente, por meio de sociedades controladas, não seriam tributadas pelo Brasil relativamente a esses rendimentos. A adoção ampla do princípio da territorialidade significava que o país apenas tributava a renda que fosse gerada no Brasil. Desse modo, ainda que uma sociedade estrangeira com atividades no exterior pagasse

---

[14] VOGEL, Klaus; RUST, Alexander. Introduction. *In*: RUST, Alexander *et al*. *Klaus Vogel on Double Taxation Conventions*. 4. ed. Amsterdam: Wolters Kluwer, 2014. p. 12.
[15] XAVIER, Alberto. *Direito tributário internacional do Brasil*. 8. ed. Rio de Janeiro: Forense, 2015. p. 432.

dividendos à sua controladora brasileira, estes não seriam tributados no Brasil.

Em 1987, o Decreto-Lei nº 2.397/1987, em seu art. 7º, estabeleceu a tributação dos lucros auferidos no exterior pela própria pessoa jurídica brasileira, inclusive por meio de filiais, sucursais, agências e representações em território estrangeiro. Esse dispositivo quebrou o princípio da territorialidade, sem, contudo, abranger lucros não auferidos diretamente pela pessoa jurídica brasileira. Em seguida, o art. 8º do Decreto-Lei nº 2.413/1988 revogou esse dispositivo, editando norma que, além da tributação da atividade direta e por filiais no exterior, também abrangeria os lucros de subsidiárias, que têm personalidade jurídica distinta da sociedade brasileira. Contudo, esse dispositivo foi revogado pouco após dois meses da sua edição, por meio do art. 11 do Decreto-Lei nº 2.429/1988, que restabeleceu a tributação exclusivamente territorial. Logo, ele sequer chegou a viger, considerando-se a regra de anterioridade prevista no art. 153, §29 da Emenda Constitucional nº 1/1969, que abolira o requisito de prévia autorização orçamentária para a cobrança de tributos (princípio da anualidade) e o substituíra pela simples exigência de que a lei tributária "esteja em vigor antes do início do exercício financeiro", com exceção de alguns tributos de feição extrafiscal.[16]

Desse modo, a territorialidade exclusiva da tributação brasileira somente veio a ser quebrada em dezembro de 1995, pela edição da Lei nº 9.249/95, cujo art. 25 previu que os lucros auferidos por filiais, sucursais, controladas (§2º) ou coligadas (§3º), no exterior, de pessoas jurídicas domiciliadas no Brasil seriam computados na base de cálculo do Imposto sobre a Renda, mediante adição ao lucro líquido contábil, de maneira proporcional à participação da sociedade brasileira na entidade estrangeira. Veja-se que, de um lado, o dispositivo em questão modificou a forma de apuração do lucro da própria sociedade brasileira, que passou a incluir rendimentos e despesas de suas filiais e sucursais no exterior. Por tratar-se de lucros da própria pessoa jurídica brasileira (já que as filiais e sucursais não possuem personalidade jurídica própria), estabeleceu-se, simplesmente, a tributação de lucros de atividades exercidas pelo contribuinte brasileiro no exterior, que antes eram isentas.

---

[16] BALEEIRO, Aliomar. *Direito tributário brasileiro*. 13. ed. Rio de Janeiro: Forense, 2015. p. 1.008.

De outro lado, contudo, o dispositivo também fez referência aos lucros auferidos no exterior por outras sociedades, desde que estas fossem coligadas ou controladas por um contribuinte brasileiro. Por tratar-se de lucros auferidos por outra pessoa jurídica, era necessário determinar se a Lei nº 9.249/95 estava, efetivamente, prescrevendo a tributação de lucros auferidos por pessoa jurídica sem residência no Brasil ainda que estes não fossem disponibilizados ao contribuinte brasileiro mediante distribuição de lucros, ou não. A IN SRF nº 38/96, ao regulamentar o art. 25 da Lei nº 9.249/95, respondeu de forma negativa, ao determinar que somente seriam tributados no Brasil os lucros de pessoas jurídicas estrangeiras efetivamente pagos ou creditados ao contribuinte brasileiro. Veja-se:

> Art. 2º Os lucros auferidos no exterior, por intermédio de filiais, sucursais, controladas ou coligadas serão adicionados ao lucro líquido do período-base, para efeito de determinação do lucro real correspondente ao balanço levantado em 31 de dezembro do ano-calendário em que tiverem sido disponibilizados.
> §1º Consideram-se disponibilizados os lucros pagos ou creditados à matriz, controladora ou coligada, no Brasil, pela filial, sucursal, controlada ou coligada no exterior.
> §2º Para efeito do disposto no parágrafo anterior, considera-se:
> I - creditado o lucro, quando ocorrer a transferência do registro de seu valor para qualquer conta representativa de passivo exigível da filial, sucursal, controlada ou coligada, domiciliada no exterior;
> II - pago o lucro, quando ocorrer:
> a) o crédito do valor em conta bancária em favor da matriz, controladora ou coligada, domiciliada no Brasil;
> b) a entrega, a qualquer título, a representante da beneficiária;
> c) a remessa, em favor da beneficiária, para o Brasil ou para qualquer outra praça;
> d) o emprego do valor, em favor da beneficiária, em qualquer praça, inclusive no aumento de capital da filial, sucursal, controlada ou coligada, domiciliada no exterior. [...].

Ao estabelecer que a tributação no Brasil ocorreria apenas quando o lucro da pessoa jurídica estrangeira se transformasse em um passivo exigível por contribuinte brasileiro (mediante deliberação pelo pagamento de dividendos ou outra distribuição de lucros) ou quando lhe fosse efetivamente pago, a instrução normativa em questão interpretou os ditames da Lei nº 9.249/95 em conformidade com a Constituição (art.

153, III) e com o CTN (art. 43), que exigem efetiva realização do lucro para a sua tributação.[17]

Contudo, alguns entendem que a lei em questão não comportaria essa interpretação. Nesse sentido, Alberto Xavier considera que a regulamentação empreendida pela IN SRF nº 38/96 teria sido *"praeter* ou *contra legem"*, ao "postergar" a tributação dos lucros das sociedades estrangeiras à sua disponibilização ao controlador brasileiro, enxergando uma "ilegalidade da situação", muito embora reconheça que a tributação apenas quando da efetiva disponibilidade configura exigência do art. 43 do CTN.[18]

De nossa perspectiva, essa não é a melhor análise. Como destacamos em outra obra,[19] a redação legal permitira, pelo menos, duas alternativas interpretativas, quais sejam: (i) considerar que as referências legais aos demonstrativos financeiros da controlada ou coligada no exterior determinariam a tributação desses lucros pela controladora ou coligada brasileira independentemente de deliberação societária pela distribuição dos resultados ao contribuinte brasileiro; ou (ii) considerar que os valores somente deveriam ser tributados no Brasil quando a controladora ou coligada brasileira efetivamente adquirisse o direito ao recebimento de dividendos ou recebesse tais ingressos.

Veja-se que até mesmo o §4º do art. 25 da Lei nº 9.249/95, conforme o qual "os lucros a que se referem os §§2º e 3º serão convertidos em Reais pela taxa de câmbio, para venda, do dia das demonstrações financeiras em que tenham sido apurados os lucros da filial, sucursal, controlada ou coligada", comporta a segunda interpretação. Com efeito, se as "demonstrações financeiras" a que se refere o dispositivo forem aquelas do contribuinte brasileiro, então a regra é absolutamente indiferente à questão de quando os lucros estrangeiros serão adicionados ao lucro real brasileiro.

Desse modo, ao interpretar a norma legal, o art. 2º da Instrução Normativa SRF nº 38/96 seguiu pelo segundo caminho, determinando que seriam tributados apenas os lucros efetivamente disponibilizados ao contribuinte brasileiro e definindo esse momento como o pagamento

---

[17] Esse tema será melhor tratado adiante (cf. Capítulo 2, itens 2.1.1.1 e 2.2.1.1).
[18] XAVIER, Alberto. *Direito tributário internacional do Brasil*. 8. ed. Rio de Janeiro: Forense, 2015. p. 438-439.
[19] KOURY, Paulo Arthur Cavalcante. *Competência regulamentar em matéria tributária*. Funções e limites dos decretos, instruções normativas e outros atos regulamentares. Belo Horizonte: Fórum, 2019. p. 188-191.

ou crédito contábil dos valores para a matriz, controladora ou coligada brasileira. Essa interpretação coaduna-se com os conceitos de disponibilidade jurídica ou econômica, veiculados pelo art. 43 do CTN, ao definir o que se entende por renda, para fins tributários, bem como com o chamado "princípio da realização da renda". Conforme Ricardo Mariz de Oliveira, a realização da renda confunde-se com os próprios conceitos de disponibilidade econômica e jurídica. Trata-se de decorrência da norma constitucional da capacidade contributiva (CF/88, art. 145, §1º), consoante a qual somente pode ser tributado pelo Imposto sobre a Renda o ingresso "que já entrou na titularidade do contribuinte, em caráter definitivo e sem se submeter a qualquer condição ou evento futuro e de acontecimento incerto".[20]

Curioso notar que, nos autos de representação perante o Ministério Público Federal,[21] em que se investigou a prática de ilícito pelas autoridades subscritoras da Instrução Normativa nº 38/96, por conta de sua suposta ilegalidade, a então Secretaria da Receita Federal defendeu a legalidade da norma regulamentar precisamente com base nessa justificativa. A Nota SRF nº 38/2000 afirmou que a instrução normativa havia apenas aplicado os próprios limites do ordenamento jurídico para a tributação da renda, consistentes no conceito de renda determinado pelo art. 43 do CTN, que somente admite a tributação da renda efetivamente disponibilizada, não havendo ilegalidade.[22]

Ao final de 1997, o art. 1º da Lei nº 9.532/97, objeto da conversão da MP nº 1.602/97, veio a dirimir a questão de maneira expressa. Conforme o dispositivo, o tributo somente seria devido pelo contribuinte brasileiro, em relação ao lucro das coligadas e controladas no exterior, que têm personalidade jurídica própria, "na data do pagamento ou do crédito em conta representativa de obrigação da empresa no exterior". É dizer, haveria a incidência do tributo em relação ao contribuinte brasileiro apenas no momento em que este, efetivamente, adquirisse o direito ao recebimento dos lucros da sociedade estrangeira. A par da hipótese de efetivo recebimento do montante pelo contribuinte brasileiro, a Lei

---

[20] OLIVEIRA, Ricardo Mariz de. Disponibilidade econômica de rendas e proventos, princípio da realização da renda e princípio da capacidade contributiva. *In*: MARTINS, Ives Gandra da Silva; PASIN, João Bosco Coelho (Coord.). *Direito tributário contemporâneo* – Estudos em homenagem ao Prof. Luciano da Silva Amaro. São Paulo: Saraiva, 2012. p. 293.
[21] Representação nº 1.34.001.0001481/2000-35.
[22] Cf. BARRETO, Paulo Ayres. Tributação dos resultados auferidos no exterior. *In*: BARRETO, Aires Fernandino. *Direito tributário contemporâneo*: estudos em homenagem a Geraldo Ataliba. São Paulo: Malheiros, 2011. p. 575-576.

nº 9.532/97 admitia a tributação quando houvesse o registro do valor a ser distribuído em "qualquer conta representativa de passivo exigível da controlada ou coligada domiciliada no exterior". Conforme os princípios gerais de contabilidade, a transferência de lucros de contas de patrimônio líquido para passivo exigível ocorre, apenas, quando efetivamente adquirido o direito do sócio em relação às distribuições, seja por conta de deliberações, seja de distribuições obrigatórias por força da lei ou do estatuto.

Não obstante a clareza da Lei nº 9.532/97 sobre o aspecto temporal da exigência do tributo em relação aos lucros de sociedades estrangeiras, esta lei iniciou a sua vigência apenas no ano-base de 1998 (art. 81, II), não tendo sequer se declarado interpretativa para fins do art. 106, I, do Código Tributário Nacional, que permite a aplicação retroativa de determinadas normas interpretativas. Logo, a discussão quanto à legalidade da IN SRF nº 38/96 seguiu sendo relevante em relação ao ano-base de 1997.

Posteriormente, a Lei nº 9.959/2000 adicionou as alíneas "c" e "d" no §1º do art. 1º da Lei nº 9.532/95, determinando que seriam consideradas hipóteses de disponibilização do lucro estrangeiro ao contribuinte brasileiro, em adição ao crédito ou pagamento, os seguintes eventos: (i) contratação de operação de mútuo com coligada ou controlada estrangeira com reservas de lucros; e (ii) adiantamentos de recursos para venda futura por coligada ou controlada no exterior, para o contribuinte brasileiro, com pagamento em prazo superior a um ciclo de produção. Trata-se de regras com propósito claramente antielisivo, que visam a impossibilitar meios antes legais para alcançar a economia fiscal, como a contratação de mútuo com sociedade coligada ou controlada que poderia distribuir lucros (alínea "c") ou adiantamentos de recursos que se revelem verdadeiros empréstimos (alínea "d"). Rigorosamente, a última hipótese se afigura desproporcional, pois a mesma finalidade poderia ser lograda por meio de regra menos restritiva,[23] limitada aos casos em que a sociedade estrangeira tenha lucros a distribuir, por exemplo.

De maneira geral, o regime da Lei nº 9.249/95 c/c a Lei nº 9.532/97 realizava a universalidade, tributando os lucros auferidos por contribuintes brasileiros em decorrência de distribuições de rendimentos por suas sociedades controladas e coligadas no exterior, sem, contudo,

---

[23] Cf. ÁVILA, Humberto. *Teoria dos princípios*. Da definição à aplicação dos princípios jurídicos. 19. ed. São Paulo: Malheiros, 2019. p. 217.

estabelecer ficção ampla de distribuição ou qualquer outro mecanismo para tributar lucros não distribuídos. Nesse regime, o crédito de imposto pago no exterior de que trata o art. 26 da Lei nº 9.249/95 era efetivamente um *underlying foreign tax credit*,[24] permitindo que a controladora brasileira abatesse o valor do tributo pago no exterior sobre o lucro em relação aos dividendos distribuídos, sob a premissa de que o custo do tributo da pessoa jurídica é repassado aos sócios. Esse regime vigeu até a entrada em vigor da Medida Provisória nº 2.158-35/2001, cujo art. 74 alterou sensivelmente as regras examinadas.

1.2 O regime da MP nº 2.158-35/01

A superveniência do novo regime jurídico de tributação de lucros no exterior está relacionada com a inclusão do §2º no art. 43 do Código Tributário Nacional, por meio da Lei Complementar nº 104, de 10.1.2001. Esse dispositivo trata da definição do conceito constitucional de renda e proventos de qualquer natureza (CF/88, art. 153, III), para fins da competência tributária federal.[25] A referida lei complementar, por meio do seu art. 1º, incluiu o §2º no artigo em questão, conforme o qual "na hipótese de receita ou de rendimento oriundos do exterior, a lei estabelecerá as condições e o momento em que se dará sua disponibilidade, para fins de incidência do imposto referido neste artigo".

Conforme Ricardo Mariz de Oliveira, a finalidade da introdução do §2º do art. 43 do CTN, por meio da LC nº 104/01, consistiu apenas em excluir dúvidas quanto à validade da tributação em bases universais, considerando-se que alguns antes sustentavam, com base no art. 101 do CTN, que apenas os rendimentos gerados no Brasil poderiam ser tributados pela lei brasileira.[26] Contudo, não parece ter sido essa a leitura realizada pelo Poder Executivo Federal, que, na trigésima quarta reedição da Medida Provisória nº 2.158, de 27.7.2001, inseriu o art. 74, mantido na trigésima quinta reedição, datada de 24.8.2001, que foi objeto da cláusula de convalidação por prazo indeterminado veiculada pelo art. 2º da Emenda Constitucional nº 32/01. O dispositivo,

---

[24] Cf. HARRIS, Peter. *International Commercial Tax*. 2. ed. Cambridge: Cambridge University, 2020. p. 386.

[25] Esse tema será retomado com mais vagar no Capítulo 2, itens 2.1.1.1 e 2.1.2.

[26] OLIVEIRA, Ricardo Mariz de. *Fundamentos do imposto de renda*. 2. ed. São Paulo: IBDT, 2020. p. 438-439.

que veio a ser revogado somente por intermédio da Lei nº 12.973/14, possuía a seguinte redação:

> Art. 74. Para fim de determinação da base de cálculo do imposto de renda e da CSLL, nos termos do art. 25 da Lei no 9.249, de 26 de dezembro de 1995, e do art. 21 desta Medida Provisória, os lucros auferidos por controlada ou coligada no exterior serão considerados disponibilizados para a controladora ou coligada no Brasil na data do balanço no qual tiverem sido apurados, na forma do regulamento.
> Parágrafo único. Os lucros apurados por controlada ou coligada no exterior até 31 de dezembro de 2001 serão considerados disponibilizados em 31 de dezembro de 2002, salvo se ocorrida, antes desta data, qualquer das hipóteses de disponibilização previstas na legislação em vigor.

Esse dispositivo faz referência ao art. 25 da Lei nº 9.249/95, referido acima, que inaugurou a tributação de lucros de atividades exercidas pelas pessoas jurídicas brasileiras no exterior, bem como ao art. 21 da própria MP nº 2.158-35/01, que expressamente estendeu a tributação dos "lucros, rendimentos e ganhos de capital auferidos no exterior" à Contribuição Social sobre o Lucro Líquido. Basicamente, a sua prescrição consiste em determinar a tributação pelo IRPJ e pela CSLL dos lucros auferidos por controlada ou coligada estrangeira de sociedade brasileira, não mais quando da distribuição dos rendimentos ao contribuinte brasileiro, mas "na data do balanço no qual tiverem sido apurados".

Conforme se examinará com maior vagar a seguir, há relevante controvérsia se esse dispositivo estabeleceu uma verdadeira "ficção de disponibilização" dos resultados de sociedades estrangeiras à sua controladora ou coligada brasileira, ou se ele teria apenas fixado o elemento temporal do IRPJ e da CSLL relativamente a esses valores. Na perspectiva das autoridades fiscais, o dispositivo teria simplesmente visado a eliminar a possibilidade de diferimento, em que "o pagamento do imposto era postergado ao arbítrio da investidora brasileira", "antecipando a tributação para o momento da apuração dos lucros nos balanços das subsidiárias no exterior".[27] Nessa leitura, o novo §2º do art. 43 do CTN ratificaria a validade dessa alteração do critério temporal do IRPJ e da CSLL por intermédio da medida provisória em questão.

---

[27] PEREIRA, Moisés de Sousa Carvalho; RISCADO JUNIOR, Paulo Roberto. Jurisprudência comentada: o artigo 74 da medida provisória nº 2.158-35/2001 e o planejamento tributário com base na utilização de tratados. O "Caso Eagle II" (Acórdão nº 101-97.070). *Revista PGFN*, ano I, n. 2, 2011. p. 277.

Em outubro de 2002, passado pouco mais de um ano após a edição da MP nº 2.158-35/01, sobreveio a Instrução Normativa SRF nº 213/02, que regulamentou o regime de tributação em bases universais instituído pela medida provisória. Nos tópicos que seguem, proceder-se-á à interpretação desses dispositivos, sem embargo da posterior análise de sua compatibilidade com a Constituição e com os tratados contra a dupla tributação, que será objeto do Capítulo 2.[28] Entre os aspectos fundamentais relacionados com a interpretação e aplicação dos dispositivos infraconstitucionais pertinentes estão: (i) o assentamento das sociedades cujo lucro estava albergado pelo regime da MP nº 2.158-35/01; (ii) a determinação da base de cálculo da tributação prescrita, incluindo elementos positivos e negativos; e (iii) a dedução de tributos pagos no exterior.

1.2.1 Sociedades abrangidas

A literalidade do art. 74 da MP nº 2.158-35/01 determinou a tributação dos "lucros auferidos por controlada ou coligada no exterior". Nesse passo, importa determinar o conteúdo e alcance dos conceitos de controle e de coligação, para os fins específicos da tributação de que trata o diploma normativo referido.

1.2.1.1 Sociedades coligadas

Em relação ao conceito de coligação, não há grandes discussões. Quando da edição e da convalidação por prazo indeterminado da MP nº 2.158-35/01, vigia a redação original do §1º do art. 243 da Lei de Sociedades por Ações (LSA – Lei nº 6.404/76), conforme o qual, para fins de preparação das demonstrações contábeis, "são coligadas as sociedades quando uma participa, com 10% (dez por cento) ou mais, do capital da outra, sem controlá-la". Em 2002, o Novo Código Civil previu dois conceitos de "coligação". De um lado, o art. 1.097 referiu-se à coligação como um gênero, ao determinar que se consideram "coligadas as sociedades que, em suas relações de capital, são controladas, filiadas, ou de simples participação". Esse conceito não auxilia na determinação do conteúdo no art. 74 da MP nº 2.158-35/01, considerando-se que este dispositivo estabelece clara distinção entre

---

[28] Cf. itens 2.1.1 e 2.2.1.

coligação e controle. De outro lado, o art. 1.099 refere-se à coligação como espécie, ao veicular conceito idêntico ao então constante da LSA, conforme o qual se considera "coligada ou filiada a sociedade de cujo capital outra sociedade participa com dez por cento ou mais, do capital da outra, sem controlá-la".

Posteriormente, em 2008, no processo de convergência da contabilidade brasileira ao padrão internacional IFRS (*International Financial Reporting Standards*), a MP nº 449/08, posteriormente convertida na Lei nº 11.941/09, alterou a redação do §1º do art. 243 da LSA, que ora determina que "são coligadas as sociedades nas quais a investidora tenha influência significativa". De sua parte, o §4º do mesmo dispositivo, também inserido pela Lei nº 11.941/09, estabelece que se considera haver "influência significativa quando a investidora detém ou exerce o poder de participar nas decisões das políticas financeira ou operacional da investida, sem controlá-la". Por fim, o §5º, também incluído pela Lei nº 11.941/09, prescreve ser "presumida influência significativa quando a investidora for titular de 20% (vinte por cento) ou mais do capital votante da investida, sem controlá-la".

Os dispositivos da LSA que regem a contabilidade societária são objeto de regulamentação pelos pronunciamentos técnicos do Comitê de Pronunciamentos Contábeis, os quais recebem *status* normativo regulamentar por intermédio de sua aprovação por órgãos reguladores, em especial a Comissão de Valores Mobiliários (CVM) e o Conselho Federal de Contabilidade (CFC).[29] Conforme o Pronunciamento Técnico CPC nº 18 (R2), aprovado pela Deliberação CVM nº 696/12 e pela NBC TG nº 18 (R2), item 3, configura-se a coligação quando a investidora tem influência significativa sobre a investida, assim entendido o "o poder de participar das decisões sobre políticas financeiras e operacionais de uma investida, mas sem que haja o controle individual ou conjunto dessas políticas". Esse conceito deriva da norma internacional IAS (*International Accounting Standard*) nº 28, conforme a qual, o conceito de entidade associada pressupõe duas características negativas e uma positiva (item 2). Em sua parcela negativa, a definição determina que entidade associada é aquela que não se caracteriza como entidade controlada (*subsidiary*) nem entidade sob controle conjunto. No que tange à

---

[29] Cf. KOURY, Paulo Arthur Cavalcante. *Competência regulamentar em matéria tributária*. Funções e limites dos decretos, instruções normativas e outros atos regulamentares. Belo Horizonte: Fórum, 2019. p. 126-140.

característica positiva, a entidade associada é aquela na qual a entidade que elabora o reporte contábil possui influência significativa (*significant influence*). Conforme os itens 6 e seguintes da IAS nº 28, a influência significativa é presumida caso o investidor detenha pelo menos vinte por cento do capital votante na investida. No entanto, uma entidade pode ser configurada como associada mesmo na ausência desse percentual de participação ou então pode ser considerada não associada mesmo em sua presença, em face de prova da existência ou não, respectivamente, de influência significativa. Entre outros fatores, indicam a existência de influência significativa: (i) a representação no conselho de diretores da investida; (ii) a participação nas tomadas de decisão na investida; (iii) transações materiais entre investidora e investida; (iv) troca de pessoal administrativo entre investidora e investida; (v) troca de informações técnicas essenciais.

Veja-se que a única divergência relevante entre os conceitos examinados está no patamar de participação societária apto a configurar presunção de coligação, fixado em 10% pelo Código Civil e pela redação original da LSA e em 20% pela atual redação da LSA, na esteira das normas de contabilidade.

Segundo nos parece, para fins do regime de tributação em bases universais da MP nº 2.158-35/01, afigura-se mais adequado seguir empregando o patamar de 10%, por pelo menos três motivos: (i) trata-se de um conceito legal que segue vigente, por força do art. 1.099 do CC/02, inclusive ao referir-se às sociedades por ações; (ii) a finalidade do art. 243 da LSA não consiste em definir amplamente o conceito de coligação ou controle, mas meramente em fixá-lo para fins da aplicabilidade de diferentes regras de preparação de demonstrações financeiras consolidadas; e (iii) quando da edição da MP nº 2.158-35/01, vigia única e exclusivamente o conceito que pressupõe a coligação com participação de 10% do capital social da investida, não havendo motivos normativos para entender-se que teria havido uma alteração relevante para fins tributários com a superveniência da Lei nº 11.941/09.

1.2.1.2 Sociedades controladas

O conceito mais relevante para a aplicação do art. 74 da MP nº 2.158-35/01, relativamente às sociedades abrangidas, consiste, indubitavelmente, no conceito de controle. Um conceito preliminar de controle societário pode ser definido como a detenção da maior parte do capital votante de determinada sociedade. Trata-se, largamente, do conceito constante do art. 1.098, I, do Código Civil, conforme o qual é controlada "a sociedade de cujo capital outra sociedade possua a maioria dos votos nas deliberações dos quotistas ou da assembléia geral e o poder de eleger a maioria dos administradores".

Adotando-se essa premissa, poder-se-ia afirmar que o conceito de controle estaria em uma escala em que, a partir de 10% do capital votante, haveria coligação, e a partir de 50% mais um voto, haveria controle. Contudo, essa afirmação, conquanto nos pareça correta para os fins específicos da aplicação do art. 74 da MP nº 2.158-35/01, pode ser contraposta por pelo menos duas objeções, sendo a primeira delas referente ao controle sem a detenção de direitos formais de voto, e a segunda atinente ao chamado controle indireto.

Em primeiro lugar, e de maneira menos relevante, a simples referência ao capital votante poderia ser questionada ante o conceito contábil ora em vigor, conforme o qual pode haver configuração do controle mesmo quando o controlador formalmente não detiver nenhum capital votante. Conforme a definição da IFRS 10 (itens 5 a 19), seguindo a trilha da parcialmente revogada IAS nº 27, o conceito de controle pressupõe três requisitos cumulativos, quais sejam: (i) poder sobre a investida, traduzido em direitos existentes para dirigir atividades relevantes; (ii) exposição ou direitos sobre retornos variáveis em decorrência do envolvimento com a investida; e (iii) capacidade de empregar o poder sobre a investida para afetar a quantia dos retornos. Definição muito similar consta do item 6 do Pronunciamento Técnico CPC nº 36 (R3), aprovado pela Deliberação CVM nº 698/12 e pela NBC TG nº 36 (R3), conforme o qual "o investidor controla a investida quando está exposto a, ou tem direitos sobre, retornos variáveis decorrentes de seu envolvimento com a investida e tem a capacidade de afetar esses retornos por meio de seu poder sobre a investida". Pela aplicação desses conceitos, o controle pode derivar, por exemplo, de contratos para a aquisição futura de ações da companhia, de opções, a par da simples detenção da maioria do capital votante.

Para fins da aplicação do art. 74 da MP nº 2.158-35/01, contudo, não nos parece ser relevante esse conceito contábil mais alargado de controle societário. Isso porque o conceito regulamentar ampliativo de controle não pode ir além dos confins da contabilidade societária, cuja função é primordialmente a de bem informar o mercado sobre a situação econômica da empresa.[30] Essa circunstância fica muito clara na estrutura conceitual da contabilidade em vigor, aprovada pela Deliberação CVM nº 835/19 e pela NBC TG Estrutura Conceitual, conforme a qual:

> o objetivo do relatório financeiro para fins gerais é fornecer informações financeiras sobre a entidade que reporta que sejam úteis para investidores, credores por empréstimos e outros credores, existentes e potenciais, na tomada de decisões referente à oferta de recursos à entidade.[31]

Nesse contexto, a contabilidade societária pautada no padrão IFRS é orientada para prestação da informação mais útil possível a seus destinatários. Diferentemente, as normas que disciplinam a tributação da renda não podem ser interpretadas teleologicamente,[32] pois a sua a finalidade imediata da norma é a de arrecadar recursos, e a sua finalidade mediata é a de custear as funções do Estado. Nesse caso, há um fim interno à norma, de maneira que a sua aplicação conduz à satisfação da finalidade.[33] Logo, a interpretação teleológica das normas com finalidade fiscal levaria à progressão contínua da tributação, por via interpretativa, sempre em sentido ascendente, o que não se coaduna com os limites do sistema constitucional tributário brasileiro.

Além disso, no caso em exame, a aplicação do conceito ampliativo de controle societário, para fins da tributação dos lucros de controladas no exterior, representaria violação ao princípio da legalidade, insculpido no art. 150, II, da CF/88. A legalidade exige que as leis que instituam ou majorem encargos tributários precisem, tanto quanto possível, os termos e os enunciados por elas veiculados.[34] No caso em tela, admitir-se que o regulamento contábil estendesse a definição de controle para fins do art. 74 da MP nº 2.158-35/01 implicaria permitir a instituição de tributos sobre realidades não previamente alcançadas pela lei.

---

[30] ALLEY, Clinton; JAMES, Simon. The use of financial reporting standards-based accounting for the preparation of tax returns. *International Tax Journal*, v. 31, 2005. p. 32.

[31] Item 2.1. Pronunciamento Técnico CPC 00 (R1) – Estrutura Conceitual para Elaboração e Divulgação de Relatório Contábil-Financeiro. Aprovado pela Resolução CVM nº 675/11 e pelo CFC – NBC TG Estrutura Conceitual.

[32] Cf. KOURY, Paulo Arthur Cavalcante. As diferenças fundamentais entre o direito tributário e a contabilidade societária e os limites de suas relações. *Revista de Direito Recuperacional e de Empresa*, v. 13, 2019.

[33] ÁVILA, Humberto. *Teoria da igualdade tributária*. 3. ed. São Paulo: Malheiros, 2015. p. 166.

[34] KOURY, Paulo Arthur Cavalcante. *Competência regulamentar em matéria tributária*. Funções e limites dos decretos, instruções normativas e outros atos regulamentares. Belo Horizonte: Fórum, 2019. p. 50.

Logo, conclui-se que o conceito de controle societário, para fins do art. 74 da MP nº 2.158-35/01, não se estende às hipóteses de controle não pautado em direitos formais de voto previstos pela contabilidade internacional e incorporados pela regulamentação contábil no Brasil.

A segunda objeção ao conceito de controle baseado em poderes formais de voto consiste em um caso específico de controle que não deriva da detenção de direitos de voto de forma direta. Trata-se da questão do controle indireto, que causa maiores controvérsias relativamente à aplicação do regime de tributação de lucros no exterior da MP nº 2.158-35/01. O controle indireto consiste, basicamente, no exercício de poder de voto em uma terceira sociedade por intermédio dos poderes de voto formalmente detidos em relação à sociedade diretamente controlada. Retomando o exemplo-base, evidenciado na figura a seguir, seria controlada diretamente pela sociedade brasileira a sociedade espanhola, cujas cotas são 100% detidas pelo contribuinte nacional. Contudo, são objeto de controle indireto as sociedades com residência nas Ilhas Virgens Britânicas, no Reino Unido e no Uruguai, cujo capital social e os correspondentes direitos de voto são detidos pela sociedade espanhola. Veja-se:

Figura 2 – Exemplo-base adaptado ao controle indireto

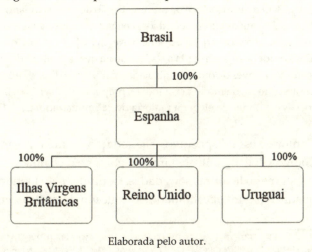

Elaborada pelo autor.

A questão que se põe consiste em determinar se a referência do art. 74 da MP nº 2.158-35/01 ao termo "controlada" abrangeria apenas a sociedade residente na Espanha (controlada direta) ou também as sociedades residentes nas Ilhas Virgens Britânicas, no Reino Unido e no Uruguai (controladas indiretas). Como se verá no tópico 1.2.3 *infra*, essa questão está intimamente atrelada à base de cálculo da tributação em questão, especialmente no tocante à chamada "consolidação de fato" dos resultados das controladas indiretas no resultado da controlada direta, por meio do Método da Equivalência Patrimonial (MEP).

Neste item, importam destacar alguns dos fundamentos pelos quais a interpretação mais adequada do preceito legal é a de que o regime de tributação de lucros de controladas e coligadas no exterior do art. 74 da MP nº 2.158-35/01 apenas abrange as sociedades diretamente controladas pelo contribuinte brasileiro, a despeito do quanto decidido pelo Conselho Administrativo de Recursos Fiscais (Carf) em julgamentos sobre a matéria.[35]

Não raro se sustenta que a referência do art. 74 da MP nº 2.158-35/01 à sociedade controlada deveria ser interpretada de modo a abranger não apenas as sociedades diretamente controladas, por meio de poder de voto do contribuinte brasileiro, mas também as sociedades indiretamente controladas, mediante referência ao §2º do art. 243 da LSA. Esse dispositivo possui a seguinte redação:

> Art. 243. O relatório anual da administração deve relacionar os investimentos da companhia em sociedades coligadas e controladas e mencionar as modificações ocorridas durante o exercício. [...]
> §2º Considera-se controlada a sociedade na qual a controladora, diretamente ou através de outras controladas, é titular de direitos de sócio que lhe assegurem, de modo permanente, preponderância nas deliberações sociais e o poder de eleger a maioria dos administradores.

Conforme esse dispositivo, cuja redação é similar ao art. 1.098, II, do Código Civil, o controle também abrange o chamado controle indireto, por meio de outras sociedades. Contudo, pelo menos quatro razões justificam a inaplicabilidade do conceito de controle indireto,

---

[35] "LUCROS NO EXTERIOR. CONTROLADAS DIRETAS OU INDIRETAS. APURAÇÃO INDIVIDUALIZADA. PROPORÇÃO DA PARTICIPAÇÃO ACIONÁRIA. Os lucros auferidos por controladas e coligadas, diretas ou indiretas, no exterior, serão considerados de forma individualizada, para cada uma das empresas, na proporção de sua participação acionária, para apuração do lucro real, na data do balanço no qual tiverem sido apurados, conforme art. 74 da MP nº 2.158-35, de 2001, art. 25 da Lei nº 9.249, de 1995 e art. 16 da Lei nº 9.430, de 1996. [...]" (CSRF, 1ª T. Acórdão nº 9.101-002.590, sessão 14.3.2017).

para fins da interpretação da regra de tributação do art. 74 da MP nº 2.158-35.

Primeiramente, cumpre destacar que, conforme destacado no tópico precedente, o art. 243, da LSA, visa a regulamentar a preparação do relatório de administração da companhia. Para tanto, o dispositivo veicula conceitos de sociedade controlada e coligada, para os estritos fins de preparação desses demonstrativos, não tendo pretensões mais abrangentes. Com efeito, a própria Lei de Sociedades por Ações emprega o termo "controlada" em outros dispositivos, com abrangência claramente limitada às sociedades controladas diretamente. A título de exemplo, o art. 248 da LSA determina a aplicação do Método da Equivalência Patrimonial para a mensuração de investimentos em "controladas", o que é largamente interpretado de maneira a abranger apenas as sociedades controladas diretamente, de modo que as sociedades objeto de controle indireto não constam das demonstrações financeiras individuais da controladora.

Em segundo, a interpretação mais coerente do art. 74 da MP nº 2.158-35/01 revela que a tributação prescrita é adstrita às controladas diretas. O dispositivo estabelece uma ficção de distribuição de lucros, ao prescrever que "os lucros auferidos por controlada ou coligada no exterior serão considerados disponibilizados para a controladora ou coligada no Brasil na data do balanço no qual tiverem sido apurados". Essa ficção, conforme exposto, visa a evitar o que alguns entendem tratar-se de diferimento da tributação, por meio da não distribuição de dividendos pela sociedade estrangeira à sua controladora brasileira. Assim, como a distribuição de dividendos que poderia ser diferida apenas diz respeito à controlada direta, é coerente a conclusão de que o dispositivo apenas abrange o lucro das sociedades diretamente controladas pela sociedade brasileira, ainda que o lucro de outras sociedades possa estar nesta última refletidos, como se verá adiante.[36]

Em terceiro lugar, corrobora a interpretação de que o regime da MP nº 2.158-35/01 apenas abarca a tributação da sociedade estrangeira diretamente controlada pelo contribuinte brasileiro a necessidade de uma série de modificações legislativas para prever-se a tributação direta ou *per saltum* das controladas indiretas, pelo regime da Lei nº 12.973/14.[37] Diferentemente do que prescrevia o art. 74 da medida provisória, o

---

[36] Cf. item 1.2.3.
[37] Cf. item 1.3.2.1.

art. 76 da Lei nº 12.973/14 expressamente determinou a consideração individualizada dos resultados "auferidos pela própria controlada direta e suas controladas, direta ou indiretamente, no Brasil ou no exterior". Ademais, a Lei nº 12.973/14 introduziu o §7º no art. 25 da Lei nº 9.249/96, determinando que "os lucros serão apurados segundo as normas da legislação comercial do país de domicílio". Se o regime normativo anterior já permitisse a tributação direta das controladas indiretas, não haveria necessidade dessas modificações legislativas expressas. É dizer, a circunstância de terem sido necessárias alterações legislativas para instituir o sistema de tributação direta das controladas indiretas demonstra que o art. 74 da MP nº 2.158-35/01 instituía, apenas, a tributação da controlada direta.

Em quarto, também a regulamentação do dispositivo da medida provisória referida, por meio da IN SRF nº 213/01 fundamenta a interpretação no sentido de que a tributação de lucros no exterior vigente até o ano-base de 2014 apenas albergava as sociedades diretamente controladas pelo contribuinte brasileiro. O art. 7º da referida instrução normativa, ao tratar da base de cálculo da tributação, determina o emprego do Método da Equivalência Patrimonial, "conforme estabelece a legislação comercial e fiscal brasileira". Veja-se:

> Art. 7º A contrapartida do ajuste do valor do investimento no exterior em filial, sucursal, controlada ou coligada, avaliado pelo método da equivalência patrimonial, conforme estabelece a legislação comercial e fiscal brasileira, deverá ser registrada para apuração do lucro contábil da pessoa jurídica no Brasil. [...].

Conforme se verá com maior vagar a seguir, o MEP consiste na avaliação de investimentos em sociedades diretamente controladas inicialmente pelo custo de aquisição, seguindo-se ajustes "para refletir a alteração pós-aquisição na participação do investidor sobre os ativos líquidos da investida".[38] Ora, se esse método se aplica apenas às controladas diretas e o dispositivo regulamentar transcrito determina que a tributação se dará pelo MEP, "conforme estabelece a legislação comercial e fiscal brasileira", então é claro que a tributação não abrangerá as controladas indiretas.

---

[38] CARVALHOSA, Modesto. *Comentários à Lei das Sociedades Anônimas*. 6. ed. São Paulo: Saraiva, 2014. v. 4. t. II. p. 103.

Em síntese, a interpretação mais coerente é a de que o regime de tributação de lucros no exterior do art. 74 da MP nº 2.158-35/01 não abrange as sociedades controladas indiretamente pelo contribuinte brasileiro, mas apenas as controladas diretas, pois: (i) a finalidade do art. 243, §2º da LSA, que trata do conceito de sociedade controlada, restringe-se à preparação das demonstrações da administração; (ii) o regime de tributação da MP nº 2.158-35/01 visa a evitar o que alguns entendem ser um "diferimento" na distribuição de dividendos, o que apenas pode ocorrer entre controladas diretas; (iii) foram necessárias diversas mudanças normativas pela Lei nº 12.973/14 para que as controladas indiretas passassem a ser objeto de tributação individualizada e direta; e (iv) o art. 7º da IN SRF nº 213/02 determina que a base de cálculo da tributação será o MEP e este se aplica apenas às controladas diretas.

1.2.1.3 Aspectos irrelevantes no regime da MP nº 2.158-35/01

Por fim, em referência às sociedades abrangidas pelo regime de tributação do art. 74 da MP nº 2.158-35/01, devem-se destacar duas propriedades das sociedades abrangidas pelo regime que poderiam ter sido consideradas relevantes pelo legislador, mas que efetivamente não o foram.

Toda regra funciona como generalização, selecionando características relevantes por meio de sua hipótese de incidência e, consequentemente, deixando de fora características que considera irrelevantes. Esse "entrincheiramento de generalizações" pode conduzir a situações em que a consideração integral de todas as circunstâncias relevantes conduziria a um resultado, mas a regra conduz a outro resultado, em face do seu caráter subótimo.[39] Por exemplo, uma regra que proíba "animais domésticos no metrô" será aplicável a cães-guia, embora a justificativa da regra (manter a ordem no trem) não se aplique nessa hipótese. Contudo, essa mesma regra não se aplicará a um urso, por exemplo, por não se tratar de animal doméstico, muito embora a finalidade da regra justifique a sua proibição. Nesses casos, têm-se que o Schauer denominou de "experiências recalcitrantes", consistentes, respectivamente, na sobreincludência e na subincludência da regra

---

[39] SCHAUER, Frederick. *Playing by the Rules* – A Philosophical Examination of Rule-Based Decision-Making in Law and in Life. Oxford: Clarendon, 1991 (reprinted 2002). p. 46-49.

examinada. Enquanto o primeiro fenômeno diz respeito à circunstância de uma regra abranger situações que não o seriam pela aplicação direta da justificativa, o segundo tange às situações em que a regra não abrange casos que seriam albergados pela aplicação direta da justificativa.[40]

No caso do art. 74 da MP nº 2.158-35/01, alguém poderia imaginar que a finalidade da regra fosse evitar o não pagamento de tributos em nenhuma jurisdição, concretizando o chamado *single tax principle*, conforme o qual se o país ao qual normalmente é atribuída a tributação de determinado rendimento não o fizer, incumbirá ao outro país envolvido na transação fazê-lo, para evitar a chamada dupla não tributação (*double non-taxation*).[41] Se isso fosse verdade, então a regra deveria aplicar-se apenas às sociedades controladas no exterior sujeitas à baixa tributação, limitando-se, ainda, aos chamados rendimentos passivos, que são facilmente alocáveis a diferentes jurisdições (juros, *royalties*, aluguéis etc.), como fazem as chamadas regras CFC.[42] Nesse caso, haveria uma constante situação de sobreincludência da regra do art. 74 da MP nº 2.158-35/01, pois a sua hipótese de incidência abarca os "lucros auferidos por controlada ou coligada no exterior". Não há qualquer limitação em relação aos tipos de lucro (se ativos ou passivos) nem à tributação do país onde residentes as sociedades estrangeiras (se normal ou favorecida).

Na realidade, para fins da regra do art. 74 da MP nº 2.158-35/01, são circunstâncias irrelevantes a tributação do país onde residente a sociedade estrangeira e a natureza das receitas tributadas. Essa constatação é importante, seja para o entendimento da real extensão da decisão proferida pelo STF na ADI nº 2.588,[43] seja para compreenderem-se as mudanças empreendidas pela Lei nº 12.973/14,[44] especialmente no tocante às sociedades estrangeiras coligadas do contribuinte brasileiro.

---

[40] SCHAUER, Frederick. *Playing by the Rules* – A Philosophical Examination of Rule-Based Decision-Making in Law and in Life. Oxford: Clarendon, 1991 (reprinted 2002). p. 31-33.
[41] AVI-YONAH, Reuven S. Who Invented the Single Tax Principle: An Essay on the History of US Treaty Policy. *NYL Sch. L. Rev.*, v. 59, 2014. p. 306.
[42] HARRIS, Peter. *International Commercial Tax*. 2. ed. Cambridge: Cambridge University, 2020. p. 384-386.
[43] Cf. item 2.1.1.2.2.
[44] Cf. item 1.3.2.2.

1.2.2 Base tributável
1.2.2.1 Fatores positivos: o MEP

A base de cálculo do tributo devido em conformidade com o art. 74 da MP nº 2.158-35/01 está intimamente relacionada com as sociedades abrangidas. Conforme exposto *supra*,[45] a interpretação mais coerente desse dispositivo e de outros que regem a matéria conduz à conclusão de que somente são abarcadas pela tributação as sociedades controladas diretamente pelo contribuinte brasileiro, não as controladas indiretas. Entre outros fundamentos, justifica essa conclusão a adoção do Método de Equivalência Patrimonial para a mensuração do lucro tributável, conforme o art. 7º da IN SRF nº 213/01. Esse método se aplica unicamente às sociedades controladas diretamente pelo contribuinte brasileiro, motivo pelo qual se mostra incompatível com a tributação isolada das controladas indiretas. Contudo, a questão adquire maior complexidade, uma vez que a própria legalidade do dispositivo que determina o emprego do MEP é objeto de dúvida, conforme se passa a examinar.

1.2.2.1.1 Legalidade do emprego do MEP

O art. 74 da MP nº 2.158-35/01 apenas prescreve que a tributação recairá sobre os "lucros auferidos por controlada ou coligada no exterior", remetendo ao regulamento o maior esclarecimento da matéria. Rigorosamente, a medida provisória em questão deveria ter especificado com maior precisão a base de cálculo da tributação, conforme o princípio da legalidade tributária, que exige que o diploma de nível legal especifique, ao máximo, todos os aspectos da incidência tributária.[46] Não obstante, essa densificação foi realizada pelo art. 7º da IN SRF nº 213/01, o qual é expresso ao prescrever que o Método da Equivalência Patrimonial será empregado para determinar a base de cálculo da tributação. Veja-se:

> Art. 7º A contrapartida do ajuste do valor do investimento no exterior em filial, sucursal, controlada ou coligada, avaliado pelo método da equivalência patrimonial, conforme estabelece a legislação comercial e

---

[45] Cf. item 1.2.1.2.
[46] Cf. KOURY, Paulo Arthur Cavalcante. *Competência regulamentar em matéria tributária*. Funções e limites dos decretos, instruções normativas e outros atos regulamentares. Belo Horizonte: Fórum, 2019. p. 63.

fiscal brasileira, deverá ser registrada para apuração do lucro contábil da pessoa jurídica no Brasil.

§1º Os valores relativos ao resultado positivo da equivalência patrimonial, não tributados no transcorrer do ano-calendário, deverão ser considerados no balanço levantado em 31 de dezembro do ano-calendário para fins de determinação do lucro real e da base de cálculo da CSLL.

§2º Os resultados negativos decorrentes da aplicação do método da equivalência patrimonial deverão ser adicionados para fins de determinação do lucro real trimestral ou anual e da base de cálculo da CSLL, inclusive no levantamento dos balanços de suspensão e/ou redução do imposto de renda e da CSLL.

§3º Observado o disposto no §1º deste artigo, a pessoa jurídica:

I - que estiver no regime de apuração trimestral, poderá excluir o valor correspondente ao resultado positivo da equivalência patrimonial no 1º, 2º e 3º trimestres para fins de determinação do lucro real e da base de cálculo da CSLL;

II - que optar pelo regime de tributação anual não deverá considerar o resultado positivo da equivalência patrimonial para fins de determinação do imposto de renda e da CSLL apurados sobre a base de cálculo estimada;

III - optante pelo regime de tributação anual que levantar balanço e/ou balancete de suspensão e/ou redução poderá excluir o resultado positivo da equivalência patrimonial para fins de determinação do imposto de renda e da CSLL.

Nesse passo, ao determinar que "as demonstrações financeiras das filiais, sucursais, controladas ou coligadas, no exterior, serão elaboradas segundo as normas da legislação comercial do país de seu domicílio", o art. 6º da IN SRF nº 213/02 apenas esclarece que o MEP deverá ser elaborado a partir das demonstrações financeiras das sociedades controladas elaboradas conforme as normas do local de sua constituição, o que se denomina *Generally Agreed Accounting Practices* (GAAP) local.

Contudo, a legalidade desses dispositivos da IN SRF nº 213/02 é colocada em dúvida ante a prescrição do §6º do art. 25 da Lei nº 9.249/95, que não foi revogado pela MP nº 2.158-35/01, e determina que "os resultados da avaliação dos investimentos no exterior, pelo método da equivalência patrimonial, continuarão a ter o tratamento previsto na legislação vigente, sem prejuízo do disposto nos §§1º, 2º e 3º". O *caput* do art. 23 do DL nº 1.598/77, com redação conferida pelo DL nº 1.648/78, por sua vez, determina que "a contrapartida do ajuste de que trata o artigo 22 [MEP], por aumento ou redução no valor de patrimônio líquido do investimento, não será computada na determinação do lucro real".

Nesse cenário, há duas possíveis linhas de intelecção. De um lado, é possível sustentar-se a necessidade de interpretar o art. 74 da MP nº 2.158-35/01 em conjunto com o §6º do art. 25 da Lei nº 9.249/95, o que conduziria à conclusão de que a base de cálculo da tributação prevista pelo primeiro dispositivo poderia ser qualquer uma que não a grandeza medida pelo Método da Equivalência Patrimonial. É dizer, seria ilegal o emprego do MEP, que representaria inovação *contra legem* promovida pela IN SRF nº 213/02.

De outro lado, seria também possível sustentar que o art. 74 da MP nº 2.158-35/01 teria implicitamente revogado o §6º do art. 25 da Lei nº 9.249/95. Nesse sentido, pode-se argumentar que o último dispositivo estava intimamente relacionado com o regime jurídico previsto nos §§1º, 2º e 3º do referido art. 25 da Lei nº 9.249/95, que previam um sistema específico de adições ao lucro real para a tributação de resultados advindos do exterior. Ora, se o sistema da Lei nº 9.249/95 era baseado em adições ao lucro líquido contábil, então seria coerente que o MEP, que representa o método adotado pela contabilidade, fosse neutro para esses fins. É dizer, como a apuração do lucro real se baseia no lucro contábil, com adições, exclusões e compensações (DL nº 1.598/77, art. 6º) e a legislação optou por tributar lucros de controladas no exterior mediante uma adição, então não poderia ter efeitos fiscais o MEP, enquanto método empregado pela contabilidade para refletir os incrementos patrimoniais de sociedades controladas no contribuinte brasileiro. Contudo, tendo sido implicitamente revogado esse específico sistema de adições pela MP nº 2.158-35/01, também seguiria, por arrastamento, a revogação implícita do §6º.

De nossa perspectiva, a melhor interpretação parece ser a primeira. Além de ser mais simples e direta, ela conserva a validade do texto do art. 25, §6º da Lei nº 9.249/95. Outrossim, não há incompatibilidade lógica entre o ditame do art. 74 da MP nº 2.158-35/01 e o quanto previsto no §6º do art. 25 da Lei nº 9.249/95, uma vez que esses dispositivos poderiam ser conciliados caso a tributação atingisse, por exemplo, os resultados da controlada direta no exterior medidos pela sua contabilidade local, ou, ainda, por um outro método que não o MEP.

Nesse contexto, é relevante destacar que, ao examinar a constitucionalidade do regime do art. 74 da MP nº 2.158-35/01,[47] alguns ministros do Supremo Tribunal Federal fundamentaram a própria

---

[47] Cf. item 2.1.1.2.2.

validade do regime perante a Constituição no emprego do MEP. É dizer, embora não tenham analisado a legalidade do emprego do MEP pela IN SRF nº 213/02, os seus votos partiram da premissa de que a base da tributação seria o MEP e daí concluíram (erroneamente, a nosso ver) que haveria disponibilidade dos lucros da sociedade estrangeira para o contribuinte brasileiro. Nesse sentido foram os votos dos ministros Nelson Jobim, Eros Grau e Cezar Peluso nos autos da Ação Direta de Inconstitucionalidade nº 2.588 (*DJ*, 10.2.2014) e dos ministros Teori Zavascki, Rosa Weber, Dias Toffoli e Gilmar Mendes, no Recurso Extraordinário sem Repercussão Geral nº 541.090 (*DJ*, 30.10.2014). A título de exemplo, nos autos da referida ADI, o Min. Jobim afirmou que "a variação no patrimônio da INVESTIDA importa em acréscimo patrimonial na COMPANHIA INVESTIDORA, em decorrência do MEP, posto que O REGIME é DE COMPETÊNCIA".

Rigorosamente, o STF não determinou a validade do MEP, não tendo sido objeto de sua análise a relação entre a IN SRF nº 213/02 e a Lei nº 9.249/95. Essa relação somente foi efetivamente avaliada pela Primeira Turma do Superior Tribunal de Justiça no Recurso Especial nº 1.325.709/RJ, sem que tenham sido atribuídos efeitos vinculantes à decisão. Veja-se o trecho relevante:

> 9. *O art. 7º, §1º da IN/SRF 213/02 extrapolou os limites impostos pela própria Lei Federal (art. 25 da Lei 9.249/95 e 74 da MP 2.158-35/01) a qual objetivou regular;* com efeito, analisando-se a legislação complementar ao art. 74 da MP 2.158-35/01, constata-se que o regime fiscal vigorante é o do art. 23 do DL 1.598/77, que em nada foi alterado quanto à não inclusão, na determinação do lucro real, dos métodos resultantes de avaliação dos investimentos no Exterior, pelo método da equivalência patrimonial, isto é, das contrapartidas de ajuste do valor do investimento em sociedades estrangeiras controladas.
> 10. Ante o exposto, conheço do recurso e dou-lhe parcial provimento, concedendo em parte a ordem de segurança postulada, para afirmar que os lucros auferidos nos Países em que instaladas as empresas controladas sediadas na Bélgica, Dinamarca e Luxemburgo, sejam tributados apenas nos seus territórios, em respeito ao art. 98 do CTN e aos Tratados Internacionais em causa; os lucros apurados por Brasamerican Limited, domiciliada nas Bermudas, estão sujeitos ao art. 74, caput da MP 2.158-35/2001, *deles não fazendo parte o resultado da contrapartida do ajuste do valor do investimento pelo método da equivalência patrimonial.* (REsp nº 1.325.709/RJ. Rel. Min. Napoleão Nunes Maia Filho, Primeira Turma, j. 24.4.2014. *DJe*, 20 maio 2014)

Nesse julgado, o STJ entendeu que não haveria incompatibilidade entre o art. 74 da MP nº 2.158-35/01 e o §6º do art. 25 da Lei nº 9.249/95, concluindo pela ilegalidade da IN SRF nº 213/02, ao determinar que o MEP seria o objeto da tributação. Contudo, o resultado do julgado foi a determinação de que não poderia "fazer parte" da tributação "o resultado da contrapartida do ajuste do valor do investimento pelo método da equivalência patrimonial". Ao assim decidir, o tribunal parece ter negligenciado o fato de que o MEP não simplesmente "faz parte" da base de cálculo da tributação para fins da IN SRF nº 213/02, mas configura a própria base de cálculo da tributação. A única conclusão compatível com a ilegalidade do emprego do MEP para a tributação com base no art. 74 da MP nº 2.158-35/01 é a de que esse dispositivo legal careceria de densidade normativa suficiente para ser aplicado. É dizer, ele padeceria de ineficácia técnica pela falta de regulamentação, o que impediria completamente a sua aplicação. Essa conclusão é corroborada pelo fato de o próprio dispositivo remeter à regulamentação.

Em síntese, parece-nos que a interpretação mais coerente do art. 74 da MP nº 2.158-35/01 c/c o art. 25 da Lei nº 9.249/95 é a de que o MEP não poderia ser empregado para mensurar a base de cálculo da tributação, o que conduz à ilegalidade do art. 7º da IN SRF nº 213/02 e à consequente ineficácia técnica do dispositivo da MP, por falta de regulamentação. Em outras palavras, não seria possível derivar da própria medida provisória todos os detalhes necessários para a aplicação da regra veiculada pelo seu art. 74, de modo que, na ausência de regulamentação, ele seria inaplicável. Ou bem o emprego do MEP seria válido e essa seria a base de cálculo da tributação com base no art. 74 da MP nº 2.158-35/01 ou então esse regime não teria eficácia técnica para ser aplicado, por falta de regulamentação.

Desse modo, parece-nos que o resultado prático decorrente de julgados que reconhecem a ilegalidade do emprego do MEP para determinar a base de cálculo da tributação (*e.g.* REsp nº 1.236.779/PR, Rel. Min. Herman Benjamin, Segunda Turma, *DJe*, 31.8.2011) seria a impossibilidade da cobrança, uma vez que inexiste outra regulamentação esclarecendo qual seria a base de cálculo a ser adotada.

Não obstante, cumpre destacar a existência de autuações em que a Receita Federal do Brasil, visando a alcançar individualmente resultados de sociedades estrangeiras controladas indiretamente pelo contribuinte brasileiro,[48] ainda sob o regime da MP nº 2.158-35/01, empregou as demonstrações financeiras da pessoa jurídica estrangeira elaboradas conforme o GAAP local para fins de tributação. A título de exemplo, no caso Gerdau (Acórdão nº 9.101-002.590, 1ª T da CSRF, sessão 14.3.2017), a fiscalização ignorou as controladas diretas no Uruguai, no Canadá e na Espanha, procedendo à tributação exclusiva das controladas indiretas finais (Ilhas Virgens Britânicas e Uruguai), adotando como base de cálculo o resultado aferido em suas demonstrações financeiras elaboradas conforme as normas contábeis locais (*local GAAP*).

1.2.2.1.2 Conceito do MEP e a consolidação vertical

Conquanto se tenha concluído pela efetiva ilegalidade do art. 7º da IN SRF nº 213/01, ao determinar o emprego do MEP como base de cálculo da tributação instituída pelo art. 74 da MP nº 2.158-35/01, para seguir com a análise desse sistema de tributação, é necessário assumir como premissa a validade dessa forma de mensuração da base de cálculo. Conforme exposto, se reconhecida a ilegalidade do emprego do MEP (como efetivamente decorre do §6º do art. 25 da Lei nº 9.249/95), então o art. 74 da MP nº 2.158-35/01 nunca teve eficácia técnica para ser aplicado. Logo, toda a tributação baseada nesse dispositivo foi ilegal. Por essa linha de intelecção, que nos parece ser a mais correta, não haveria necessidade de ulterior análise dos demais aspectos da tributação prescrita pela MP. É dizer, apenas se assumida a legalidade do emprego do MEP como base de cálculo é que faz sentido seguir analisando a tributação dos lucros de controladas e coligadas no exterior com base no sistema do art. 74 da MP nº 2.158-35/01. Por esse motivo, este subitem e os subsequentes assumem a premissa de que o MEP seria válido para fins de determinar a base de cálculo da tributação.

O Método da Equivalência Patrimonial é conceituado pelo art. 248 da Lei de Sociedades por Ações (Lei nº 6.404/76), cujo *caput* foi alterado pela Lei nº 11.941/09, como parte das providências para a adoção da contabilidade baseada no padrão internacional no Brasil. Não obstante, os incisos desse dispositivo, que efetivamente determinam no que consiste o método, não foram objeto de alteração legislativa desde a edição inicial da lei, e assim dispõem:

---

[48] Trata-se de questão envolvendo tratados contra a dupla tributação, que será objeto de análise a seguir. Cf. item 2.2.1.

Art. 248. No balanço patrimonial da companhia, os investimentos em coligadas ou em controladas e em outras sociedades que façam parte de um mesmo grupo ou estejam sob controle comum serão avaliados pelo método da equivalência patrimonial, de acordo com as seguintes normas: (Redação dada pela Lei nº 11.941, de 2009)
I - o valor do patrimônio líquido da coligada ou da controlada será determinado com base em balanço patrimonial ou balancete de verificação levantado, com observância das normas desta Lei, na mesma data, ou até 60 (sessenta) dias, no máximo, antes da data do balanço da companhia; no valor de patrimônio líquido não serão computados os resultados não realizados decorrentes de negócios com a companhia, ou com outras sociedades coligadas à companhia, ou por ela controladas;
II - o valor do investimento será determinado mediante a aplicação, sobre o valor de patrimônio líquido referido no número anterior, da porcentagem de participação no capital da coligada ou controlada;
III - a diferença entre o valor do investimento, de acordo com o número II, e o custo de aquisição corrigido monetariamente; somente será registrada como resultado do exercício:
a) se decorrer de lucro ou prejuízo apurado na coligada ou controlada;
b) se corresponder, comprovadamente, a ganhos ou perdas efetivos;
c) no caso de companhia aberta, com observância das normas expedidas pela Comissão de Valores Mobiliários.
§1º Para efeito de determinar a relevância do investimento, nos casos deste artigo, serão computados como parte do custo de aquisição os saldos de créditos da companhia contra as coligadas e controladas.
§2º A sociedade coligada, sempre que solicitada pela companhia, deverá elaborar e fornecer o balanço ou balancete de verificação previsto no número I.

Conforme esse dispositivo, o MEP consiste na determinação do valor do investimento em sociedade controlada ou coligada, mediante multiplicação do percentual de participação pelo valor do patrimônio líquido da companhia investida, que corresponde aos seus ativos líquidos. Imagine-se que a Sociedade 1 ("Controladora") investiu 100 unidades monetárias na Sociedade 2 ("Controlada"), residente no exterior, detendo a integralidade do seu capital social. Nesse contexto, no primeiro momento, o investimento é registrado pelo valor de 100 u.m. na Controladora, que corresponde ao montante que será reconhecido como capital social da Controlada. No ano seguinte, verificados lucros pela Controlada, estes acrescerão seu patrimônio líquido e, por força do Método da Equivalência Patrimonial, serão refletidos na controladora. Veja-se o esquema representativo do exemplo:

Figura 3 – Exemplo do Método da Equivalência Patrimonial

Ano 1	
Controladora	
Investimento em controlada	100

Controlada	
Capital social	100
Patrimônio líquido	100

Ano 2	
Controladora	
Investimento em controlada	120

Controlada	
Capital social	100
Lucro do exercício	20
Patrimônio líquido	120

Elaborada pelo autor.

Este exemplo, bastante simplificado, demonstra como funciona o MEP que, sinteticamente, consiste no reconhecimento inicial de participação em controlada ou coligada pelo custo, seguido de reconhecimento subsequente conforme o aumento ou diminuição da participação do investidor nos lucros ou prejuízos da investida (item 11 da IAS nº 28), independentemente de haver ou não efetivo direito da controladora de receber os lucros em questão.

Na contabilidade internacional, por promover a integração entre os patrimônios da controlada e da controladora nas demonstrações financeiras da última, agregando o patrimônio líquido da controlada em uma única linha contábil na controladora (denominada de "investimentos", conforme o art. 183, III, da LSA), o método da equivalência patrimonial (*equity method*) também é conhecido como consolidação de uma só linha (*one line consolidation*).

Nesse contexto, caso haja distribuições de lucros da controlada para a controladora, mediante deliberação e pagamento de dividendos, por exemplo, este montante será reconhecido pela controladora como um ativo a ser recebido (posteriormente convertido em caixa), à contrapartida da diminuição do valor do investimento, conforme consta, inclusive, do art. 22, parágrafo único, do DL nº 1.598/77, que assim dispõe:

> Art. 22. O valor do investimento na data do balanço, conforme o disposto no inciso I do caput do art. 20, deverá ser ajustado ao valor de patrimônio líquido determinado de acordo com o disposto no art. 21, mediante lançamento da diferença a débito ou a crédito da conta de investimento. (Redação dada pela Lei nº 12.973, de 2014)
> Parágrafo único. Os lucros ou dividendos distribuídos pela investida deverão ser registrados pelo contribuinte como diminuição do valor do

investimento, e não influenciarão as contas de resultado (Redação dada pela Lei nº 12.973, de 2014)

Isto é, os dividendos relativos a investimentos avaliados pelo MEP não são reconhecidos como receitas pela controladora, mas como reduções no valor do investimento. Nesse contexto, também reduzem o valor do investimento os dividendos propostos pela administração que digam respeito a distribuições obrigatórias, os quais, antes de sua aprovação pelo órgão societário competente, são registrados no passivo não circulante. É que se entende que, quando referentes às distribuições obrigatórias, esses dividendos já configuram direito do controlador e obrigação da controlada, de modo a justificar-se o reconhecimento de ativo pelo primeiro e do passivo pela segunda. Por esse motivo, afirma Carvalhosa que a equivalência patrimonial não se dá somente em relação ao patrimônio líquido da investida, vez que também são considerados referidos dividendos propostos pela administração, quando reconhecidos pela controlada como passivo.[49]

Outro motivo que pode dar ensejo à diminuição do valor do investimento avaliado pelo MEP, sem que haja necessariamente decréscimo no PL da investida, consiste no reconhecimento de perdas em razão dos resultados de testes de recuperabilidade (*impairment tests*). Conforme o Pronunciamento Técnico CPC nº 01 (R1), aprovado pela Resolução CVM nº 639/10 e pela NBC TG nº 01 (R4), o "valor recuperável de um ativo ou de unidade geradora de caixa é o maior montante entre o seu valor justo líquido de despesa de venda e o seu valor em uso". O teste de *impairment*, em linha com o objetivo de representação fidedigna da situação econômica da sociedade reportante, visa a evitar o reconhecimento de ativos por valores superiores àqueles que poderiam ser recuperados pela entidade, por meio da venda do bem ou direito ou de seu emprego nas atividades para as quais destinado.[50] As regras contábeis em vigor, em linha com a contabilidade internacional, demandam que estes testes sejam realizados para verificar a necessidade de reconhecimento de qualquer perda adicional, relativamente aos investimentos contabilizados pelo MEP (item 31 e seguintes da IAS nº 28 e item 40 e seguintes do Pronunciamento Técnico CPC nº 18 -R2).

---

[49] CARVALHOSA, Modesto. *Comentários à Lei das Sociedades Anônimas*. 6. ed. São Paulo: Saraiva, 2014. v. 4. t. II. p. 103.
[50] MARTINS, Eliseu; GELBCKE, Ernesto Rubens; SANTOS, Ariovaldo dos; IUDÍCIBUS, Sérgio de. *Manual de contabilidade societária*. 2. ed. São Paulo: Atlas, 2013. p. 288.

Para fins do entendimento dos efeitos da adoção do MEP como base de cálculo da tributação determinada pelo art. 74 da MP nº 2.158-35/01, é fundamental uma de suas características, consistente na exigência de que o balanço da sociedade estrangeira diretamente controlada pela sociedade brasileira seja "traduzido" às práticas contábeis brasileiras. Ao tratar da forma de cálculo do MEP, o art. 248, I, da LSA, que segue inalterado desde a promulgação desta lei, determina que o balanço da sociedade estrangeira a partir do qual será aferido o valor do investimento deverá ser calculado "com observância das normas desta Lei", ou seja, conforme as normas da contabilidade brasileira. Essa exigência de "tradução" das demonstrações contábeis da sociedade estrangeira ao padrão brasileiro está refletida no item 36 do Pronunciamento Técnico CPC nº 18 (R2), que assim dispõe:

> Se a investida utilizar práticas contábeis diferentes daquelas adotadas pelo investidor em eventos e transações de mesma natureza em circunstâncias semelhantes, devem ser efetuados ajustes necessários para adequar as demonstrações contábeis da investida às práticas contábeis do investidor quando da utilização destas para aplicação do método da equivalência patrimonial.

No caso da aferição do valor das controladas no exterior, a tradução dos seus demonstrativos financeiros ao padrão contábil brasileiro é relevante, especialmente, porque a contabilidade de vários países não adota o Método da Equivalência Patrimonial para a mensuração de investimentos em sociedades controladas e coligadas. Embora a contabilidade internacional não contemple regramento específico para demonstrações financeiras individuais da sociedade controladora, privilegiando as demonstrações consolidadas, ao tratar das chamadas "demonstrações separadas" o item 4 da IAS nº 27 (alterada em 2014), determina a possibilidade de opção entre o reconhecimento e mensuração pelo custo, pelo valor justo ou pelo método da equivalência patrimonial.[51] Desse modo, muitos países que adotam a contabilidade internacional não empregam o MEP nas demonstrações individuais, que não raro são objeto das regras nacionais de contabilidade existentes antes do padrão internacional.

---

[51] Cf. KOURY, Paulo Arthur Cavalcante. Demonstrações financeiras de grupos de empresas no padrão IFRS e a tributação em bases universais no Brasil. *Revista Direito Tributário Atual*, v. 40, 2018. p. 331.

Para fins do MEP das sociedades brasileiras com controladas diretas e indiretas no exterior, contudo, não importa a forma de contabilização dos investimentos na sociedade estrangeira. Por força da "tradução" dos resultados da controlada direta ao padrão brasileiro, o resultado da equivalência patrimonial da controlada direta contemplará, de forma indireta, o valor dos resultados das controladas indiretas, aferido pelo próprio MEP. Veja-se o seguinte diagrama, desenvolvido a partir do caso-base referido *supra*:

Figura 4 – Consolidação vertical no MEP

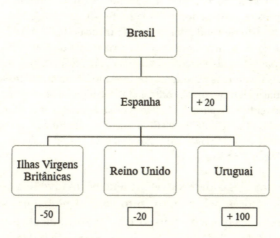

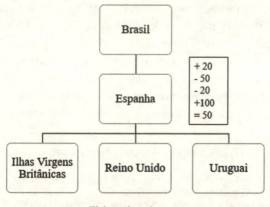

Elaborada pelo autor.

Neste exemplo, o valor do investimento na sociedade espanhola a ser reconhecido pelo contribuinte brasileiro seria de 50, resultante da tradução das demonstrações contábeis da entidade espanhola para a adoção do MEP, que faz com que ela reconheça as variações do valor do patrimônio líquido das suas próprias controladas, que são controladas indiretas da pessoa jurídica brasileira. Trata-se do que a doutrina denominou "consolidação vertical"[52] ou consolidação de fato na controlada indireta.

Essa consolidação vertical foi objeto de reconhecimento expresso pelo §6º do art. 1º da IN SRF nº 213/02, que assim dispunha:

> Art. 1º Os lucros, rendimentos e ganhos de capital auferidos no exterior, por pessoa jurídica domiciliada no Brasil, estão sujeitos à incidência do imposto de renda das pessoas jurídicas (IRPJ) e da contribuição social sobre o lucro líquido (CSLL), na forma da legislação específica, observadas as disposições desta Instrução Normativa. [...]
> §6º Os resultados auferidos por intermédio de outra pessoa jurídica, na qual a filial, sucursal, controlada ou coligada, no exterior, mantenha qualquer tipo de participação societária, ainda que indiretamente, serão consolidados no balanço da filial, sucursal, controlada ou coligada para efeito de determinação do lucro real e da base de cálculo da CSLL da beneficiária no Brasil.

Embora a legalidade desse preceito normativo seja questionada por alguns autores, sob o argumento de que lhe faltaria supedâneo legal,[53] parece-nos que a esse dispositivo apenas veicula interpretação que decorre da análise sistemática das regras do MEP (admitido este como base de cálculo da tributação), especialmente do art. 248, I, da LSA.[54] Ademais, também pode ser apontado como base legal para esse preceito regulamentar o inc. I do §2º do art. 25 da Lei nº 9.249/95, que determina que "as filiais, sucursais e controladas deverão demonstrar a apuração dos lucros que auferirem em cada um de seus exercícios fiscais, segundo as normas da legislação brasileira".

Entretanto, cumpre destacar que a questão é controversa. No âmbito do Carf, há julgados que aceitam a consolidação na controlada

---

[52] XAVIER, Alberto. *Direito tributário internacional do Brasil*. 8. ed. Rio de Janeiro: Forense, 2015. p. 456.

[53] SANTOS, Ramon Tomazela. *O regime de tributação dos lucros auferidos no exterior na Lei nº 12.973/14*. Rio de Janeiro: Lumen Juris, 2017. p. 67.

[54] Nessa linha: XAVIER, Alberto. *Direito tributário internacional do Brasil*. 8. ed. Rio de Janeiro: Forense, 2015. p. 456.

direta (Acórdão nº 1401-002.199, 1ª TO, 4ª C., 1ª Sejul, sessão 21.2.2018), enquanto outras a afastam (Acórdão nº 9.101-002.590, 1ª T da CSRF, sessão 14.3.2017). Normalmente, por detrás desta discussão, está a aplicação dos tratados contra a dupla tributação firmados com o país de residência da controlada direta, relativamente aos lucros das controladas indiretas nela refletidos, matéria essa que será tratada em item subsequente.[55]

1.2.2.1.3 A questão da variação cambial

Outra questão controversa, atinente à base de cálculo da tributação instituída pelo art. 74 da MP nº 2.158-35/01, diz respeito à inclusão, ou não, da variação cambial atrelada ao investimento no exterior, como parte dos "lucros auferidos por controlada ou coligada no exterior".

Antes de entrar nesta questão específica, merece destaque uma incoerência normativa atinente à data cujo câmbio deve ser utilizado para determinar o ganho de equivalência patrimonial na sociedade brasileira, para fins da tributação. De um lado, o art. 6º, §3º, da IN SRF nº 213/02 determina o emprego da taxa de conversão ao real da data de encerramento do período de apuração. De outro lado, o art. 25, §4º da Lei nº 9.249/95 prescreve o uso da "taxa de câmbio, para venda, do dia das demonstrações financeiras em que tenham sido apurados os lucros da filial, sucursal, controlada ou coligada". Em que pese os dois momentos referidos (final do período de apuração e data das demonstrações financeiras) costumem ser próximos, separados por apenas alguns meses, pode haver oscilações de câmbio relevantes, que justificam a dúvida. Nesse sentido, muito embora a Súmula nº 94 do Carf determine a prevalência da data das demonstrações financeiras, o exame dos precedentes citados como fundamentos para essa súmula aponta para o entendimento de que a data das demonstrações financeiras, referida pelo art. 25, §4º da Lei nº 9.249/95, deve ser entendida como a data do fechamento do período-base das demonstrações financeiras. Com efeito, a polêmica que existia no âmbito do tribunal administrativo dizia respeito à consideração do câmbio da data da efetiva disponibilização dos recursos à pessoa jurídica brasileira ou da data do balanço.[56]

---

[55] Cf. item 2.2.1.
[56] Cf. Acórdão nº 101-96.318, 1º CC, 1ª C., sessão de 13.9.2007; Acórdão nº 108-09.592, 1º CC, 8ª C., sessão de 17.4.2008.

Logo, parece-nos coerente a conclusão de que, conforme os dispositivos legais então em vigor (sem embargo do exame de sua constitucionalidade), a data a ser utilizada para fins de fixação do câmbio corresponderia à data do encerramento do período-base a que se referem as demonstrações financeiras. Essa leitura, inclusive, compagina-se com o disposto no art. 143 do CTN, que determina a "conversão em moeda nacional ao câmbio do dia da ocorrência do fato gerador da obrigação", uma vez que, assumindo-se a validade do art. 74 da MP nº 2.158-35/01, o fato gerador da tributação encerrar-se-ia ao fim do período de apuração do lucro da controlada ou coligada estrangeira.

Ultrapassada matéria preliminar, deve-se analisar a legalidade, ou não, da tributação da variação cambial atrelada aos investimentos em sociedade estrangeira, no regime da MP nº 2.158-35/01. Considerando-se que o valor subsequente do investimento no exterior é aferido pela multiplicação do valor do patrimônio líquido da entidade estrangeira, em moeda estrangeira, parte do acréscimo ou decréscimo do valor da participação poderá decorrer da apreciação ou depreciação do real em relação à moeda estrangeira.

A título exemplificativo, imagine-se que a controladora brasileira fez um investimento em controlada no exterior, cujas demonstrações financeiras são elaboradas em dólares dos Estados Unidos (US$). No ano subsequente, além do lucro em dólares da controlada estrangeira, será também refletida no valor do investimento para a controladora brasileira a apreciação cambial havida. Veja-se a representação gráfica da situação:

Figura 5 – MEP e variação cambial

Ano 1 - câmbio: R$ 1 = 1 US$	
Controladora -R$	
Investimento em controlada	100

Controlada -US$	
Capital social	100
Patrimônio líquido	100

Ano 2 - câmbio: R$ 1 = 0,5 US$	
Controladora - R$	
Investimento em controlada	240

Controlada -US$	
Capital social	100
Lucro do exercício	20
Patrimônio líquido	120
Conversão em reais	240

Elaborada pelo autor.

O que o gráfico demonstra corresponde à variação do valor do investimento na controlada estrangeira reconhecido no ativo da sociedade brasileira. Contudo, a variação cambial não tem o mesmo efeito na demonstração do resultado do exercício (DRE) que os incrementos decorrentes dos lucros da sociedade estrangeira. Enquanto as contrapartidas do MEP decorrentes do lucro da sociedade estrangeira são reconhecidas como receita da entidade brasileira, os valores decorrentes da variação cambial são reconhecidos, inicialmente, diretamente no patrimônio líquido, nos chamados outros resultados abrangentes (ORA), sendo transferidos ao resultado do exercício somente quando da baixa do investimento, por alienação, por exemplo (Pronunciamento Técnico CPC 02-R2, Efeitos das Mudanças nas Taxas de Câmbio e Conversão de Demonstrações Contábeis, item 32).

Considerando-se essa dualidade, surgiu a necessidade de determinar se a tributação determinada pelo art. 74 da MP nº 2.158-35/01 abarcaria apenas a parcela da equivalência patrimonial que reflete o efetivo lucro da sociedade estrangeira, ou também a parcela da variação cambial. Segundo nos parece, a primeira resposta é a mais adequada. Ainda que seja altamente questionável se a equivalência patrimonial efetivamente representa um ganho tributável para o contribuinte brasileiro, essa questão é ainda mais clara no tocante às variações cambiais. Além de não representarem um ganho efetivamente realizado para o contribuinte (pois poderá haver perdas cambiais antes que esse liquide o seu investimento no exterior, por exemplo), as variações cambiais atreladas ao investimento não se enquadram no conceito de "lucros auferidos por controlada ou coligada no exterior", previsto no art. 74 da MP nº 2.158-35/01. Trata-se, no máximo, de um lucro potencial que será auferido não pela controlada ou coligada no exterior, mas sim pela sua controladora ou coligada brasileira, quando e se houver liquidação do investimento com a conversão dos valores empregados em reais. É dizer, ainda que fosse constitucional a tributação das variações cambiais atreladas aos investimentos no exterior, ela não seria legal, pois desbordaria dos limites da medida provisória que instituiu a tributação em comento.

Corrobora esse argumento o veto presidencial ao art. 46 do projeto de conversão da MP nº 135/03, eventualmente convertida na Lei nº 10.833/03. O dispositivo vetado previa a tributação da "variação cambial dos investimentos no exterior avaliados pelo método da equivalência patrimonial". Embora as razões apontadas para o veto digam respeito à ausência de disposição normativa expressa sobre a aplicabilidade temporal dessa norma, a sua rejeição demonstra que seria efetivamente necessária mudança legislativa para a tributação da variação monetária. Essa necessidade de modificação legislativa foi posteriormente ratificada pela redação do art. 9º da MP 232, de dezembro de 2004, que foi prontamente revogado pela MP nº 243, de março de 2005. Logo, o histórico legislativo reforça a interpretação conforme a qual a variação cambial não estaria incluída na tributação determinada pela MP nº 2.158-35/01.

Esse entendimento foi, inclusive, sindicado em alguns julgados do então Conselho de Contribuintes (atual Carf), em que se decidiu que "deve ser afastada da tributação, como exclusão, a parcela referente à variação cambial, eis que a mesma representa a expressão do valor em moeda estrangeira investida inicialmente, nada tendo em comum com os lucros gerados no exterior" (Acórdão nº 101-96.318, 1º CC, 1ª C., sessão de 13.9.2007).

Mais recentemente, a 1ª Turma do Supremo Tribunal Federal parece ter corroborado essa conclusão. Após concluir pela legalidade do emprego do MEP (contrariamente ao que decidiu o STJ no REsp nº 1.325.709/RJ, referido *supra*), o relator, Min. Luiz Fux, afirmou que este deveria ser restrito aos lucros da empresa estrangeira, com exclusão de parcelas como a variação cambial e aumentos de capital. Veja-se:

> Todavia, cumpre estabelecer que a aplicação do disposto no art. 74 da Medida Provisória 2.158-35/2001 ao caso concreto, em vista de sua compatibilidade com o Texto Constitucional, conforme fundamentado neste voto, deverá ser realizada a partir do método da equivalência patrimonial mas de maneira a fazer incidir o IRPJ e a CSLL apenas sobre os valores correspondentes ao lucro da empresa controlada. Outras parcelas que não ostentem tal característica (de lucro), mas que sejam registradas como resultado positivo da equivalência patrimonial (como, v. g., variação cambial positiva, aumento de capital, etc.), não se inserem no reconhecimento da constitucionalidade estabelecida pela Suprema Corte. (STF, 1ª Turma. ARE nº 1.191.424/SP. Rel. Min. Fux. *DJe*, 9 set. 2020)

Desse modo, ainda que tenha assumido por pressuposto a constitucionalidade do emprego do MEP para determinar a base de cálculo do tributo instituído pelo art. 74 da MP nº 2.158-35/01, o STF afastou a sua incidência sobre as variações cambiais. Ainda que não se concorde com a premissa da constitucionalidade do emprego do MEP neste caso, a conclusão parece ser irreparável, uma vez que, indiscutivelmente, a variação cambial não corresponde a de "lucros auferidos por controlada ou coligada no exterior", conceito este positivado no art. 74 da MP nº 2.158-35/01.

1.2.2.2 Fatores negativos

Examinados os fatores positivos que atuam na determinação da base de cálculo da tributação instituída pelo art. 74 da MP nº 2.158-35/01, cumpre examinar os fatores negativos, especialmente a compensação de prejuízos e os ajustes de preços de transferência e subcapitalização.

1.2.2.2.1 Compensação de prejuízos

Iniciando-se pela compensação de lucros da pessoa jurídica brasileira (inclusive aqueles decorrentes da ficção do art. 74 da MP nº 2.158-35/01) com prejuízos gerados pelas sociedades controladas e coligadas no exterior, cumpre destacar que inexistia dispositivo de *status* legal que fosse expresso em reconhecer esse direito.

No âmbito legal, o art. 25, §5º da Lei nº 9.249/95 veiculou norma que proibia a compensação de prejuízos e perdas das controladas e coligadas no exterior com os lucros brasileiros do contribuinte referentes ao mesmo período de apuração, nos seguintes termos: "os prejuízos e perdas decorrentes das operações referidas neste artigo não serão compensados com lucros auferidos no Brasil".

No âmbito infralegal, a questão foi endereçada pelo art. 4º da IN nº 213/02, cujo *caput* previu uma proibição genérica de compensação de prejuízos aferidos por controladas e coligadas no exterior com lucros do contribuinte brasileiro, na linha do art. 25, §5º da Lei nº 9.249/95. Contudo, o §2º desse dispositivo estabeleceu a faculdade de compensação desses prejuízos com lucros da mesma controlada ou coligada, não se aplicando a limitação de 30% do lucro do período, veiculada pelo art. 15 da Lei nº 9.065/95. Por sua vez, o §5º do artigo referido permitia a chamada consolidação (*blending*) dos resultados das filiais e sucursais domiciliadas em mesmo país. Veja-se:

> Art. 4º É vedada a compensação de prejuízos de filiais, sucursais, controladas ou coligadas, no exterior, com os lucros auferidos pela pessoa jurídica no Brasil.
> §1º Os prejuízos a que se refere este artigo são aqueles apurados com base na escrituração contábil da filial, sucursal, controlada ou coligada, no exterior, efetuada segundo as normas legais do país de seu domicílio,

correspondentes aos períodos iniciados a partir do ano-calendário de 1996.
§2º Os prejuízos apurados por uma controlada ou coligada, no exterior, somente poderão ser compensados com lucros dessa mesma controlada ou coligada.
§3º Na compensação dos prejuízos a que se refere o §2º não se aplica a restrição de que trata o art. 15 da Lei nº 9.065, de 1995.
§4º A pessoa jurídica brasileira que absorver patrimônio de filial, sucursal, controlada ou coligada, no exterior, de outra pessoa jurídica brasileira, e continuar a exploração das atividades no exterior, poderá compensar os prejuízos acumulados pela referida filial, sucursal, controlada ou coligada, correspondentes aos períodos iniciados a partir do ano-calendário de 1996, observado o disposto neste artigo.
§5º Tratando-se de filiais e sucursais, domiciliadas num mesmo país, quando a matriz no Brasil indicar uma dessas filiais ou sucursais como entidade líder, os resultados poderão ser consolidados por país e os prejuízos de uma poderão ser compensados com os lucros de outra.

Esse dispositivo regulamentar pode ser objeto de questionamento tanto pela permissão que veicula (de compensação de prejuízos com lucros futuros da mesma controlada ou coligada) como pela proibição que encerra, na linha do art. 25, §5º da Lei nº 9.249/95 (de compensação desses prejuízos com lucros de outra natureza).

A resposta a ambas as questões depende da análise das condicionantes constitucionais e de lei complementar para a instituição e cobrança do Imposto sobre a Renda. Conforme destacamos em outra obra, "os regulamentos em matéria tributária, ao exercerem a função de interpretação, não somente definem termos legais, mas também interpretam enunciados legais completos, postos em relações de coordenação e subordinação com outros enunciados do sistema".[57] Logo, ao veicular o argumento interpretativo da Administração Tributária acerca da interpretação do direito vigente, as instruções normativas devem, necessariamente, tomar em consideração os preceitos da Constituição e das leis complementares de nível nacional.

Nesse sentido, percebe-se que a proibição encerrada pelo *caput* do art. 4º da IN SRF nº 213/02 e pelo art. 25, §5º da Lei nº 9.249/95, que vedam a compensação dos prejuízos de controlada ou coligada

---

[57] KOURY, Paulo Arthur Cavalcante. *Competência regulamentar em matéria tributária*. Funções e limites dos decretos, instruções normativas e outros atos regulamentares. Belo Horizonte: Fórum, 2019. p. 166.

estrangeira com os lucros da pessoa jurídica brasileira viola, *ab initio*, a exigência de universalidade do Imposto sobre a Renda, prevista no art. 153, §2º, I, da CF/88. A universalidade exige a consideração da integralidade das mutações patrimoniais do contribuinte para aferir-se o acréscimo patrimonial, que é a base de cálculo constitucionalmente firmada para o Imposto sobre a Renda. Ora, caso se aceite que o contribuinte brasileiro teria disponibilidade sobre os lucros das controladas e coligadas no exterior, independentemente de sua disponibilização mediante deliberação de distribuição, então ter-se-á que aceitar que os prejuízos dessas pessoas jurídicas também devem ser considerados para a formação da base de cálculo do IRPJ do contribuinte brasileiro. Nas palavras de Mariz de Oliveira, "a vedação da compensação de prejuízos fere o princípio da universalidade".[58]

O §2º do art. 4º da IN SRF nº 213/02, contudo, apenas permite que os prejuízos de uma controlada ou coligada no exterior sejam compensados "com lucros dessa mesma controlada ou coligada". Ao assim dispor, este enunciado normativo mitiga a inconstitucionalidade do *caput* do dispositivo, que veda a compensação dos prejuízos no exterior com lucros do contribuinte brasileiro. Contudo, cria-se um regime de tributação cedular, em que os lucros e prejuízos das controladas e coligadas no exterior são confrontados apenas entre si, sem tomar em consideração os lucros contemporâneos ou posteriores gerados pelas atividades do contribuinte no Brasil. A nosso ver, essa segregação da aferição da base de cálculo do Imposto sobre a Renda em diferentes cédulas ou cestas (*baskets*) viola o critério da universalidade, exigido pelo art. 153, §2º, I, que demanda a consideração universal de todas as receitas e despesas do contribuinte.

Relativamente ao tema em questão, vale a pena relatar situação curiosa ocorrida em processo que tramitou perante o Carf. Naquele caso, o contribuinte havia realizado a compensação de prejuízos incorridos por controlada no exterior com posteriores lucros da própria controlada, conforme permitia o art. 4º, §2º da IN SRF nº 213/02. No entanto, essa compensação havia sido glosada pela fiscalização. Após julgamento desfavorável na primeira instância administrativa, os conselheiros da 2ª Turma Ordinária da 3ª Câmara da 1ª Seção de Julgamento da corte administrativa, por voto de qualidade, negaram provimento ao recurso

---

[58] OLIVEIRA, Ricardo Mariz de. *Fundamentos do imposto de renda*. 2. ed. São Paulo: IBDT, 2020. p. 460.

voluntário do contribuinte, nesse ponto, sob a justificativa de que o art. 4º da IN nº 213/02 seria ilegal. Veja-se trecho do voto vencedor:

> O art. 4º da IN SRF 213/02 criou, sem base legal, ao mesmo tempo, um elemento redutor da base de cálculo do IRPJ e CSLL e um tratamento diferenciado no caso de investida avaliada pelo MEP, razão pela qual entendo que a interpretação da Receita Federal, albergada no art. 4º, extrapola os parâmetros hermenêuticos das normas legais que regem a matéria e, por isso, não é uma interpretação razoável do quadro normativo legal.[59]

Muito embora o §2º do art. 4º da IN SRF nº 213/02 fosse um mero mitigador da inconstitucionalidade e ilegalidade da inexistência de permissão para a compensação dos prejuízos no exterior com lucros correntes e futuros no Brasil, a chamada "câmara baixa" do Carf entendeu que esse dispositivo seria ilegal, pois não teria supedâneo legal. Trata-se de interpretação que desconsidera que a interpretação regulamentar não se restringe aos preceitos da legislação ordinária, abarcando, também os preceitos de lei complementar e da Constituição Federal.

Posteriormente, a 1ª Turma da Câmara Superior de Recursos Fiscais reverteu a decisão nesse ponto, tendo constado da ementa do julgado simplesmente que "os prejuízos apurados por uma controlada ou coligada, no exterior, podem ser compensados com lucros dessa mesma controlada ou coligada".[60] No voto do conselheiro relator, afirmou-se expressamente que o fundamento legal para o art. 4º, §2º da IN SRF nº 213/02 consiste no art. 43 do CTN, que veicula o conceito de renda tributável como acréscimo patrimonial. Veja-se:

> Compreendo que o dispositivo em questão dá respaldo aos atos praticados pelo contribuinte, gozando de base legal suficiente para tanto. O art. 4º da IN 213/02 vivifica o art. 43 do CTN, em consonância com a diretriz *da tributação da renda enquanto acréscimo patrimonial*. Deve ser julgado legítimo o agir do contribuinte que se embasou nessa expressa e correta orientação do Fisco.[61] (Grifos no original)

Trata-se, a nosso ver, da interpretação mais correta para aquele caso concreto, em que não se controverteu acerca da vedação para

---

[59] Acórdão nº 1302-001.629, sessão de 3.2.2015.
[60] Acórdão nº 9101002.332, sessão de 4.5.2016.
[61] Acórdão nº 9101002.332, sessão de 4.5.2016.

compensação de prejuízos estrangeiros com lucros brasileiros correntes e futuros. Se considerada essa questão, seria de rigor a declaração da invalidade do próprio regime cedular encerrado pelo art. 25, §5º da Lei nº 9.249/95 e pelo *caput* do art. 4º da Instrução Normativa SRF nº 213/02, que viola o critério da universalidade.

1.2.2.2.2 Ajustes de preços de transferência e subcapitalização?

Sob o regime do art. 74 da MP nº 2.158-35/01, não havia previsão normativa expressa que permitisse o ajuste da tributação dos lucros de controladas e coligadas no exterior em razão dos chamados ajustes de preços de transferências e da aplicação das regras de subcapitalização, o que veio a ser parcialmente corrigido pelo art. 86 da Lei nº 12.973/14.[62]

De um lado, as regras de preços de transferências, constantes dos arts. 18 a 24-B da Lei nº 9.430/96 visam a evitar a erosão da base tributável brasileira e a transferência de lucros para partes relacionadas no exterior mediante a manipulação de preços em operações entre partes relacionadas. De forma muito simples, as regras de preços de transferência impedem que o contribuinte brasileiro reduza a sua base tributável, diminuindo o valor pelo qual exportará uma mercadoria ao exterior ou aumentando o valor pelo qual importará um bem do exterior (que será dedutível da base de cálculo brasileira). Esse resultado é logrado pela exigência de tributação, no Brasil, do montante que seria atribuído à exportação ou à importação por partes não relacionadas (chamado de "preço parâmetro"). Trata-se de comparação que visa a promover a igualdade da tributação entre os contribuintes que transacionam com partes relacionadas e aqueles que negociam com partes independentes.[63]

Atualmente, as regras de preços de transferência se regem pelo chamado padrão *arm's length*, o qual, conforme Schoueri,[64] baseia-se em uma ficção seguida de uma presunção. A ficção consiste na determinação legal de que as transações entre partes relacionadas sejam tratadas

---

[62] Cf. SANTOS, Ramon Tomazela. *O regime de tributação dos lucros auferidos no exterior na Lei nº 12.973/14*. Rio de Janeiro: Lumen Juris, 2017. p. 184.
[63] SCHOUERI, Luís Eduardo. O princípio do arm's length em um panorama internacional. *In*: SCHOUERI, Luís Eduardo. *Tributos e preços de transferência*. São Paulo: Dialética, 2013. v. 4. p. 37.
[64] SCHOUERI, Luís Eduardo. Arm's Lenght: beyond the Guidelines of the OECD. *Bulletin for International Taxation*, 2016. p. 14.

como transações entre partes independentes, quando, em verdade, são diferentes. Já a presunção consiste na consideração de que o preço praticado pelas partes independentes, em uma situação comparável, seria aquele obtido por meio de um dos métodos constantes da legislação.[65]

De outro lado, as regras de subcapitalização voltadas às relações entre partes relacionadas,[66] previstas no art. 24 da Lei nº 12.249/10, prescrevem a limitação da dedutibilidade dos juros pagos por contribuinte pessoa jurídica residente no Brasil à pessoa vinculada domiciliada no exterior, independentemente do regime de tributação a que submetida esta última. O art. 24 da Lei nº 12.249/10 prescreve limites individual e global à dedutibilidade dos juros.[67]

Os limites individuais dependem da existência ou não de participação da pessoa jurídica estrangeira no capital social da pessoa jurídica brasileira. Em caso afirmativo, o limite individual à dedutibilidade de juros será o endividamento de até duas vezes o valor da participação da vinculada no patrimônio líquido da sociedade brasileira. No caso de a pessoa vinculada no exterior não possuir participação no capital social da pessoa jurídica brasileira, o limite de endividamento, para fins de dedutibilidade dos respectivos juros, é de duas vezes o valor do patrimônio líquido da sociedade brasileira, considerado em sua integralidade.

Já o limite global, aplicável em qualquer caso, restringe a dedutibilidade de juros pagos a pessoas vinculadas àqueles relativos a endividamento até duas vezes superior ao somatório da participação das pessoas vinculadas no patrimônio líquido da pessoa jurídica brasileira.

Para fins do presente trabalho, basta esclarecer que, tanto a legislação de preços de transferência quanto a legislação de subcapitalização

---

[65] Cf. KOURY, Paulo Arthur Cavalcante. Os serviços intragrupo no plano de Ação nº 10 e o Contexto Brasileiro. *In*: GOMES, Marcus Lívio; SCHOUERI, Luís Eduardo (Org.). *A tributação internacional na era pós-BEPS*: soluções globais e peculiaridades de países em desenvolvimento. 2. ed. Rio de Janeiro: Lumen Juris, 2019. p. 317-344.

[66] O art. 25 da Lei nº 12.249/10 aplica-se aos juros pagos a qualquer pessoa residente em país ou dependência de tributação favorecida, ou com regime fiscal privilegiado (na forma dos arts. 24 e 24-A da Lei nº 9.430/96), independentemente de tratar-se de pessoa vinculada ou não, cujo principal exceda 30% do valor do patrimônio líquido da sociedade brasileira. Trata-se de dispositivo cuja finalidade é diferente das regras tradicionais de subcapitalização, aplicáveis a partes relacionadas. Cf. BARRETO, Paulo Ayres; KOURY, Paulo Arthur Cavalcante. As regras brasileiras e as diretrizes internacionais sobre subcapitalização: diversidade de perspectivas. *In*: GOMES, Edgar Santos; MOREIRA, Francisco Lisboa; MURAYAMA, Janssen; SAUNDERS, Ana Paula (Org.). *Estudos de tributação internacional*. Rio de Janeiro: Lumen Juris, 2016.

[67] XAVIER, Alberto. *Direito tributário internacional do Brasil*. 8. ed. Rio de Janeiro, 2015. p. 412.

(mais especificamente o art. 24 da Lei nº 12.249/10) se aplicam às transações internacionais entre partes relacionadas, possivelmente criando descompassos entre o lucro apurado por essas sociedades em conformidade com a sua contabilidade societária e o lucro submetido à tributação. Considerando-se que a tributação prescrita pelo art. 74 da MP nº 2.158-35/01, na forma como regulamentada pela IN SRF nº 213/02, aplica-se ao resultado da pessoa jurídica estrangeira controlada ou coligada ao contribuinte brasileiro, refletido pelo MEP, a questão que se põe consiste em determinar se a aplicabilidade das regras de preços de transferência e subcapitalização poderá levar à dupla tributação dos mesmos lucros.

Um exemplo simplificado ajuda a esclarecer. Imagine-se que a controladora brasileira toma um empréstimo de sua controlada estrangeira, incorrendo em despesas de 10 u.m. por ano. Nas demonstrações financeiras da controlada, que serão utilizadas para aplicação do Método da Equivalência Patrimonial, esse montante corresponderá a uma receita, que será refletida no resultado da sociedade brasileira. Contudo, a aplicação das regras de subcapitalização ou de preços de transferência poderá reduzir a dedutibilidade dos juros pagos pela pessoa jurídica brasileira. Nesse caso, em não havendo redução correspondente do resultado da pessoa estrangeira tributável no Brasil, haverá dupla tributação. Veja-se a representação gráfica da situação:

Figura 6 – MEP e regras de subcapitalização e preços de transferência

Sem regras de subcapitalização/preços de transferência

Controlada	
Receita juros	10
Resultado do exercício	10

Controladora	
Resultado de equivalência patrimonial	10
Despesa de juros	-10
Total	0

Com regras de subcapitalização/preços de transferência

Controlada	
Receita juros	10
Resultado do exercício	10

Controladora	
Resultado de equivalência patrimonial	10
Despesa de juros	-10
Despesa indedutível pela regra de subcapitalização ou preços de transferência	5
Total	5

Elaborada pelo autor.

Nesse caso, a aplicação das regras de subcapitalização ou de preços de transferência pode levar ao cenário acima representado, em que a pessoa jurídica brasileira, na condição de controladora, efetivamente tributa duas vezes o montante de 5 u.m., uma vez que a respectiva receita é integralmente refletida na equivalência patrimonial de sua controlada, mas é apenas parcialmente deduzida em relação ao seu lucro real. Trata-se de nítida violação ao conceito de renda (CF/88, art. 153, III e CTN, art. 43) e o critério da universalidade (CF/88, art. 153, §2º, I), uma vez que se está tributando parcela que, indubitavelmente, não corresponde a um acréscimo patrimonial (ainda que se aceitasse que a equivalência patrimonial fosse tributável) e se está ignorando completamente o fato de que a base de cálculo do IRPJ da pessoa jurídica brasileira deve ser uma só, conforme a universalidade. Ademais, admitida essa situação, estar-se-á tributando duplamente o mesmo montante, na mesma pessoa jurídica, pelos mesmos tributos (IRPJ e CSLL), a evidenciar nítido caso de confisco, vedado pelo art. 150, IV, da CF/88.

Vale ressaltar que, relativamente às regras de preços de transferência, nem sempre ocorrerá o efeito ora descrito. É que os itens 28 e seguintes do Pronunciamento Técnico CPC 18 (R2), que trata da aplicação do Método da Equivalência Patrimonial, veiculam regras que visam a evitar o reconhecimento de resultados em transações envolvendo partes relacionadas. Essas regras poderão, em alguma medida, coincidir com o resultado da aplicação das regras de preços de transferência, que têm a mesma finalidade, embora utilizem métodos diferentes. Se essa coincidência for perfeita, então não haverá a dupla tributação referida. Contudo, considerando a diversidade de métodos empregados, essa situação será meramente residual.

Em face do exposto, segundo nos parece, sob o regime do art. 74 da MP nº 2.158-35/01, a aplicação da Constituição e do CTN exige a reconstrução de uma regra implícita que permita o abatimento dos ajustes de preços de transferência e subcapitalização relativamente aos resultados de controladas e coligadas no exterior reconhecidos na sociedade brasileira pelo MEP, sob pena de dupla tributação do mesmo montante pela mesma pessoa jurídica.

1.2.3 Deduções do tributo a pagar

Finalizando o exame interpretativo do regime de tributação em bases universais do art. 74 da MP nº 2.158-35/01, cumpre analisar a faculdade de compensação dos tributos pagos no exterior com o tributo devido no Brasil. Trata-se de medida unilateral que visa a evitar a dupla tributação, de modo que a União federal brasileira fará jus apenas à diferença entre a tributação brasileira do lucro e àquela praticada no país de residência da controlada ou coligada estrangeira.

1.2.3.1 Compensação do Imposto Pago no Exterior

Antes mesmo da entrada em vigor da MP nº 2.158-35, o art. 26 da Lei nº 9.249/95 previa a faculdade de compensação do imposto sobre a renda pago pela controlada ou coligada no exterior com o valor devido por conta dos mesmos lucros, no Brasil, desde que obedecidas as seguintes condicionantes: (i) que o valor compensável não ultrapasse o montante devido a título de imposto sobre a renda no Brasil; (ii) que se apresente o comprovante de pagamento atestado pela autoridade fiscal estrangeira e devidamente consularizado;[68] e (iii) que seja feita a conversão para reais conforme a taxa de câmbio da data do pagamento do imposto no exterior. Veja-se a redação do dispositivo:

> Art. 26. A pessoa jurídica poderá compensar o imposto de renda incidente, no exterior, sobre os lucros, rendimentos e ganhos de capital computados no lucro real, até o limite do imposto de renda incidente, no Brasil, sobre os referidos lucros, rendimentos ou ganhos de capital.
> §1º Para efeito de determinação do limite fixado no caput, o imposto incidente, no Brasil, correspondente aos lucros, rendimentos ou ganhos de capital auferidos no exterior, será proporcional ao total do imposto e adicional devidos pela pessoa jurídica no Brasil.
> §2º Para fins de compensação, o documento relativo ao imposto de renda incidente no exterior deverá ser reconhecido pelo respectivo órgão arrecadador e pelo Consulado da Embaixada Brasileira no país em que for devido o imposto.
> §3º O imposto de renda a ser compensado será convertido em quantidade de Reais, de acordo com a taxa de câmbio, para venda, na data em que o imposto foi pago; caso a moeda em que o imposto foi pago não tiver cotação no Brasil, será ela convertida em dólares norte-americanos e, em seguida, em Reais.

O art. 16, §2º, II, da Lei nº 9.430/96, por sua vez, previa a dispensa da consularização dos atestados de pagamento quando o contribuinte pudesse "comprovar que a legislação do país de origem do lucro, rendimento ou ganho de capital prevê a incidência do imposto de renda

---

[68] Esse requisito foi modificado pela IN RFB nº 1.772/2017, que regulamentou a adoção da chamada Convenção da Apostila de Haia, por meio do Decreto nº 8.660/2016, que visou a facilitar o procedimento em questão, substituindo-o pela chamada "apostila".

que houver sido pago, por meio do documento de arrecadação apresentado". É dizer, os comprovantes de pagamento não precisariam ser atestados pela autoridade fiscal do país de origem, nem submetidos à consularização, no caso de se comprovar que a legislação daquele país previa a incidência do imposto sobre a renda.

Antes da entrada em vigor da MP nº 2.158-35/01, considerando-se que a tributação apenas ocorria quando da efetiva disponibilização dos lucros da sociedade estrangeira ao contribuinte brasileiro, poder-se-ia discutir se o crédito em questão seria um crédito de imposto ordinário (*ordinary foreing tax credit*) ou um crédito de imposto subjacente (*underlying foreign tax credit*), que visa a eliminar a dupla tributação relativa a impostos incidentes antes e depois de uma distribuição, incorridos por diferentes agentes.[69] Contudo, com a superveniência da tributação dos lucros no exterior independentemente de sua disponibilização ao contribuinte brasileiro, ficou claro que o crédito em questão tem natureza mista, pois se volta a tributos incidentes sobre o mesmo lucro, não havendo a dualidade entre lucro apurado e lucro distribuído (o que o aproxima do crédito ordinário), embora sejam pagos por diferentes contribuintes (o que o aproxima do crédito de imposto subjacente).

Adicionalmente à prescrição transcrita, que seguiu vigente após a edição da MP nº 2.158-35/01, o art. 9º deste último diploma normativo previu a inclusão do Imposto sobre a Renda retido na fonte sobre as eventuais distribuições de lucros pela pessoa jurídica estrangeira ao contribuinte brasileiro na regra de compensação:

> Art. 9º O imposto retido na fonte sobre rendimentos pagos ou creditados à filial, sucursal, controlada ou coligada de pessoa jurídica domiciliada no Brasil, não compensado em virtude de a beneficiária ser domiciliada em país enquadrado nas disposições do art. 24 da Lei nº 9.430, de 1996, poderá ser compensado com o imposto devido sobre o lucro real da matriz, controladora ou coligada no Brasil quando os resultados da filial, sucursal, controlada ou coligada, que contenham os referidos rendimentos, forem computados na determinação do lucro real da pessoa jurídica no Brasil.
> Parágrafo único. Aplica-se à compensação do imposto a que se refere este artigo o disposto no art. 26 da Lei nº 9.249, de 26 de dezembro de 1995.

---

[69] HARRIS, Peter. *International Commercial Tax*. 2. ed. Cambridge: Cambridge University, 2020. p. 364.

Ademais, o parágrafo único do art. 21 da MP nº 2.158-35/01 estabeleceu a possibilidade de compensação do tributo pago no exterior que excedesse a alíquota do IRPJ brasileiro com a CSLL devida sobre os lucros no exterior. Veja-se:

> Art. 21. Os lucros, rendimentos e ganhos de capital auferidos no exterior sujeitam-se à incidência da CSLL, observadas as normas de tributação universal de que tratam os arts. 25 a 27 da Lei nº 9.249, de 1995, os arts. 15 a 17 da Lei nº 9.430, de 1996, e o art. 1º da Lei nº 9.532, de 1997.
> Parágrafo único. O saldo do imposto de renda pago no exterior, que exceder o valor compensável com o imposto de renda devido no Brasil, poderá ser compensado com a CSLL devida em virtude da adição, à sua base de cálculo, dos lucros oriundos do exterior, até o limite acrescido em decorrência dessa adição.

Em matéria de compensação de tributos pagos no exterior, é comum a limitação ao valor do imposto devido no país que concede o crédito, uma vez que se fosse permitido o creditamento do excesso de imposto pago no outro país (*full tax credit*), o país que concede o crédito estaria efetivamente conferindo um subsídio para o investimento em países de alta tributação.[70] A peculiaridade do regime brasileiro, nesse tocante, consiste na preferência pelo abatimento do imposto pago no exterior com o IRPJ, compensando-se a CSLL apenas caso a alíquota paga no exterior exceder o devido no Brasil a título do imposto. De maneira geral, essa diferenciação se explica pelo fato de que o IRPJ é objeto de repartição com os Estados (CF/88, art. 159, I), enquanto a receita da CSLL é integralmente da União.

1.2.3.1.1 O momento da compensação do imposto pago no exterior

Considerando-se as condicionantes normativas para a compensação do pagamento do tributo pago no exterior, uma questão relevante consiste no momento em que poderá haver a referida compensação. Em que pese o *caput* do art. 26 da Lei nº 9.249/95 fale em "o imposto de renda incidente, no exterior", o §2º desse dispositivo exige a comprovação do efetivo pagamento do tributo para que haja a compensação.

---

[70] HARRIS, Peter. *International Commercial Tax*. 2. ed. Cambridge: Cambridge University, 2020. p. 347.

Nesse sentido, ao regulamentar a matéria, o art. 14 da IN nº 213/02, em diversas passagens, faz referência ao valor do tributo *pago* no exterior, conduzindo ao entendimento de que somente será compensável no Brasil o tributo já quitado no exterior. Essa condicionante fica clara em face da redação do §13 do dispositivo, que condiciona a compensação à colocação dos comprovantes de pagamento à disposição da RFB, na linha do §2º do art. 26 da Lei nº 9.249/95.

Logo, a legislação encampa um descasamento temporal entre a apuração do tributo compensável e a possibilidade de efetuar a compensação. A primeira é realizada mediante comparação do tributo devido no exterior com o devido no Brasil relativamente ao mesmo período base, conforme o regime de competência. Contudo, a parcela assim calculada somente poderá ser objeto de compensação quando ocorrer o efetivo pagamento do tributo no exterior (regime de caixa).

Isso significa que o tributo devido no Brasil por conta da aplicação do art. 74 da MP nº 2.158-35/01 poderia ter prazo de vencimento anterior ao tributo pago no exterior, hipótese em que o último não poderia ser compensado diretamente com o primeiro. A esse respeito, previam os §§4º, 15 e 16 da IN nº 213/02:

> Art. 14. O imposto de renda pago no país de domicílio da filial, sucursal, controlada ou coligada e o pago relativamente a rendimentos e ganhos de capital, poderão ser compensados com o que for devido no Brasil. [...]
> §4º A compensação do imposto será efetuada, *de forma individualizada*, por controlada, coligada, filial ou sucursal, vedada a consolidação dos valores de impostos correspondentes a diversas controladas, coligadas, filiais ou sucursais. [...]
> §15. O tributo pago sobre lucros, rendimentos e ganhos de capital auferidos no exterior, que não puder ser compensado em virtude de a pessoa jurídica, no Brasil, no respectivo ano-calendário, não ter apurado lucro real positivo, *poderá ser compensado com o que for devido nos anos-calendário subseqüentes.*
> §16. Para efeito do disposto no §15, *a pessoa jurídica deverá calcular o montante do imposto a compensar em anos-calendário subseqüentes e controlar o seu valor na Parte B do Livro de Apuração do Lucro Real (Lalur).*

De um lado, esses dispositivos deixam claro que o imposto pago no exterior não será "perdido" se houver descasamento temporal com o tributo devido no Brasil. De outro, pode haver dúvida se o §15 estabelece o direito à compensação do tributo pago no exterior com quaisquer lucros da pessoa jurídica em exercícios subsequentes ou apenas com lucros apurados pela mesma controlada ou coligada que gerou o pagamento do imposto no exterior.

A ambiguidade decorre do fato de os parágrafos transcritos empregarem a palavra "compensação", ora no sentido de cálculo do valor compensável (§4º), ora no sentido de efetivo encontro de contas (§§15 e 16). Considerando-se essa dualidade, a melhor interpretação dos dispositivos parece ser a de que o imposto pago no exterior tem seu montante compensável apurado em confronto com o tributo devido no Brasil por controlada ou coligada individualizada, conforme o regime de competência, já que o §4º emprega "compensação" no sentido de cálculo de valor. Contudo, o tributo é compensável, em exercícios financeiros posteriores, com quaisquer lucros auferidos pela pessoa jurídica, sejam eles decorrentes de atividade no Brasil ou no exterior, considerando-se que os §§15 e 16 utilizam o vocábulo "compensação" no sentido de efetivo encontro de contas, sem limitá-la aos tributos devidos em razão dos lucros da controlada estrangeira que gerou os tributos compensáveis.

1.2.3.1.2 O procedimento para a compensação do tributo pago no exterior

Outra questão relevante diz respeito ao procedimento de compensação do tributo pago no exterior. Mais especificamente, aventa-se a aplicabilidade, ou não, do procedimento de Pedido de Restituição e Declaração de Compensação (PER/DCOMP), previsto no art. 74 da Lei nº 9.430/96. Contudo, a interpretação mais coerente da legislação aponta para a inaplicabilidade desse regime à compensação do tributo pago no exterior, relativamente ao regime brasileiro de TBU.

Em primeiro lugar, a sistemática de compensação do tributo pago no exterior envolve controles na Parte B do Livro de Apuração do Lucro Real (e-Lalur). Os §§16 e 20 do art. 14 da IN nº 213/02 determinam que o valor de tributo pago no exterior compensável em anos-calendário subsequentes deverá ser controlado na Parte B do Lalur, efetuando-se a baixa de cada parcela efetivamente compensada. Conquanto essa sistemática não seja totalmente incompatível com a compensação por meio de PER/DCOMP, já que o simples controle na Parte B do Lalur não excluiria essa possibilidade, trata-se de sistemática que aponta para uma compensação nos próprios livros fiscais, a exemplo do que ocorre no caso do prejuízo fiscal, que não é compensado via PER/DCOMP.

Também corrobora essa conclusão a circunstância de o tributo pago no exterior somente ser compensável com débitos do IRPJ e, na impossibilidade, de CSLL. Diferentemente, o regime do art. 74 da Lei nº 9.430/96 aplica-se à compensação de créditos com débitos de diferentes naturezas.

No mesmo sentido, o próprio art. 74 da Lei nº 9.430/96, bem como a IN nº 1.300/12, que o regulamenta, limitam a sua aplicação a créditos gerados pelo pagamento de tributos brasileiros, a par de certas disposições especiais. O *caput* do art. 74 da Lei nº 9.430/96, com redação determinada pela Lei nº 10.637/02, remete a crédito "relativo a tributo ou contribuição administrado pela Secretaria da Receita Federal, passível de restituição ou de ressarcimento". Uma vez que o tributo pago no exterior não é administrado pela Receita Federal do Brasil, ele não se enquadra, a princípio, neste dispositivo.

Nesse mesmo sentido, o art. 2º da IN nº 1.300/12 prescreve que se submetem ao seu regime jurídico as importâncias "recolhidas a título de tributo sob sua administração, bem como outras receitas da União arrecadadas mediante Darf ou GPS", além de outras hipóteses específicas, como os créditos de não cumulatividade da contribuição ao PIS e da Cofins (art. 27 e seguintes). Todavia, o tributo pago no exterior não é contemplado em nenhuma das hipóteses específicas, o que também corrobora a inaplicabilidade do regime do PER/DCOMP à sua restituição.

1.3 O regime da Lei nº 12.973/14

Após o julgamento da ADI nº 2.588, pelo STF, que declarou inconstitucional a sistemática de tributação do art. 74 da MP nº 2.158-35/01 em relação a determinadas situações,[71] finalizado em 10.4.2013, sobreveio a Medida Provisória nº 627, de 11.11.2013, cujo art. 99, IX, revogava, expressamente, o art. 74 da MP nº 2.158-35/01 e instituía novo regime de tributação em bases universais (art. 72 e seguintes). Essa medida provisória foi convertida na Lei nº 12.973/14, cujo art. 117, IX, previu a revogação do art. 74 da MP nº 2.158-35/01, tendo regulamentado a tributação em bases universais em seus arts. 76 e seguintes.

---

[71] Cf. item 2.1.1.2.2.

Além do novo regime jurídico da tributação dos lucros de controladas e coligadas no exterior, a Lei nº 12.973/14 trouxe uma série de dispositivos relativos aos efeitos tributários da adoção do padrão internacional de contabilidade pelo Brasil (arts. 1º, 2º e 4º a 70).

Nesse contexto, a lei previu a possibilidade de os contribuintes optarem pela sua vigência a partir do ano-calendário de 2014 ou apenas para os anos-base posteriores, tanto em relação aos dispositivos gerais sobre a base de cálculo do IRPJ e da CSLL (art. 75), como no tocante ao regime de TBU. Como se percebe a partir da leitura do dispositivo de transição aplicável à TBU, a regra geral era a aplicação do novo regime apenas a partir do ano-base de 2015, sendo necessário que os contribuintes expressamente optassem pela vigência a partir de 2014:

> Art. 96. A pessoa jurídica poderá optar pela aplicação das disposições contidas nos arts. 76 a 92 desta Lei para o ano-calendário de 2014.
> §1º A opção de que trata o caput será irretratável e acarretará a observância de todas as alterações trazidas pelos arts. 76 a 92 a partir de 1º de janeiro de 2014.
> §2º A Secretaria da Receita Federal do Brasil definirá a forma, o prazo e as condições para a opção de que trata o caput.
> §3º Fica afastado, a partir de 1º de janeiro de 2014, o disposto na alínea "b" do §1º e nos §§2º e 4º do art. 1º da Lei nº 9.532, de 10 de dezembro de 1997, e no art. 74 da Medida Provisória nº 2.158-35, de 24 de agosto de 2001, para as pessoas jurídicas que exerceram a opção de que trata o caput.

Considerando-se que seria uma opção dos contribuintes a aplicação do novo regime de TBU a partir de 2014, o art. 119 da Lei nº 12.973/14 estabeleceu que a vigência dos dispositivos relativos a esse regime iniciaria em 2014,[72] sem prejuízo de sua eficácia em relação aos contribuintes que não fizeram a opção pela aplicação antecipada somente iniciar em 2015. Rigorosamente, a vigência do novo regime de TBU a partir do ano-base de 2015 é exigência direta da regra da anterioridade, conforme a qual é vedado aos entes federativos cobrar

---

[72] "Art. 119. Esta Lei entra em vigor em 1º de janeiro de 2015, exceto os arts. 3º, 72 a 75 e 93 a 119, que entram em vigor na data de sua publicação. §1º Aos contribuintes que fizerem a opção prevista no art. 75, aplicam-se, a partir de 1º de janeiro de 2014: I - os arts. 1º e 2º e 4º a 70; e II - as revogações previstas nos incisos I a VI, VIII e X do caput do art. 117. §2º Aos contribuintes que fizerem a opção prevista no art. 96, aplicam-se, a partir de 1º de janeiro de 2014: I - os arts. 76 a 92; e II - as revogações previstas nos incisos VII e IX do caput do art. 117".

tributos "no mesmo exercício financeiro em que haja sido publicada a lei que os instituiu ou aumentou" (CF/88, art. 150, III, "b").

No passado, muito se discutiu sobre a aplicação dessa regra ao Imposto sobre a Renda, cujo período de apuração é (em regra) anual, efetuando-se a constituição do crédito tributário no ano subsequente. A respeito, o Supremo Tribunal Federal chegou a editar a Súmula nº 584, conforme a qual "ao imposto de renda calculado sobre os rendimentos do ano-base, aplica-se a lei vigente no exercício financeiro em que deve ser apresentada a declaração". Contudo, a análise dos precedentes que deram origem a esse verbete sumular demonstra que ele se referia a um regramento específico, atinente aos rendimentos de magistrados vigente entre 1967 e 1968, que obrigava a subscrição de letras imobiliárias do Banco Nacional de Habitação, como reconheceu o próprio STF em julgados posteriores.[73]

No caso em tela, a exigência de que o novo regime de TBU somente fosse aplicado no exercício posterior à conversão da MP nº 627 em lei foi reconhecida pela própria exposição de motivos dessa medida provisória. Veja-se:

> 73. Tendo em vista que, em razão do princípio da anterioridade, a vigência dos dispositivos é para 1º de janeiro de 2015, o art. 71 traz em caráter opcional a adoção dos efeitos desta Medida Provisória para o ano de 2014. Neste caso, a opção implica na obediência a todas as regras estabelecidas nos arts. 1º a 66 e será em caráter irretratável.

Logo, o próprio Poder Executivo, ao propor o novo regime de tributação em bases universais, reconheceu a inaplicabilidade da ultrapassada Súmula nº 584 do STF, tendo aplicado corretamente a regra da anterioridade. A mera concessão de uma opção aos contribuintes para aplicarem o novo regime a partir do ano-base de 2014 não viola a regra da anterioridade, pois resguarda o seu direito de, querendo, somente serem atingidos pela nova regra tributária no ano subsequente à sua aprovação.

Não obstante tenha corretamente resguardado a regra da anterioridade, diferentemente do que fizera o art. 74 da MP nº 2.158-35/01,[74] o regime de TBU da Lei nº 12.973/14 empreendeu uma série de modificações no regime anterior, cuja compatibilidade com a Constituição e

---

[73] RE nº 244.003 AgR, Rel. Min. Joaquim Barbosa. *DJe*, 28 maio 2010.
[74] Cf. item 2.1.1.1.2.

com os tratados é problemática. Antes de analisar as possíveis violações, ora se passa a examinar a interpretação dos dispositivos específicos do novo regime de TBU, seguindo-se a mesma metodologia adotada em relação à MP nº 2.158-35/01.

1.3.1 Sociedades abrangidas

Seguindo a mesma metodologia adotada para o exame da tributação prescrita pelo art. 74 da MP nº 2.158-35/01, inicia-se a análise do regime de TBU da Lei nº 12.973/14 pela perquirição das sociedades cujos lucros são abrangidos pelo sistema. Conforme se verá a seguir, uma das principais modificações do novo regime diz respeito à tributação direta das controladas indiretas, que passam a ser expressamente abarcadas no sistema de tributação.

1.3.1.1 Sociedades controladas diretas e indiretamente

Conforme exposto *supra*,[75] o regime de tributação do art. 74 da MP nº 2.158-35/01 não contemplava referência expressa à tributação da controlada indireta (a sociedade controlada por sociedade no exterior controlada de sociedade brasileira).

Entretanto, considerando-se a prescrição de que o Método da Equivalência Patrimonial (MEP) fosse empregado para determinar a base de cálculo da tributação do lucro da controlada estrangeira (art. 7º da IN SRF nº 213/01), havia, em termos práticos, uma consolidação vertical de todos os resultados das pessoas jurídicas indiretamente controladas pela sociedade brasileira, no resultado da controlada direta. Isso decorre do fato de as normas brasileiras de contabilidade determinarem que, para fins do MEP, devem-se tomar as demonstrações contábeis da sociedade investida no exterior, elaboradas originalmente conforme as normas locais de contabilidade (*local GAAP*), e adaptá-las, evento a evento, às normas contábeis do Brasil (item 36 do Pronunciamento Técnico CPC 18 – R2). Isso resulta no seguinte quadro, já reproduzido acima:

---

[75] Cf. itens 1.2.1.2 e 1.2.2.1.2.

Figura 4 – Consolidação vertical no MEP

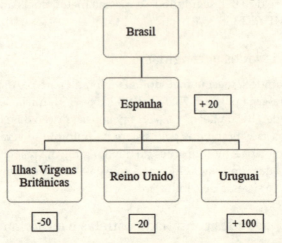

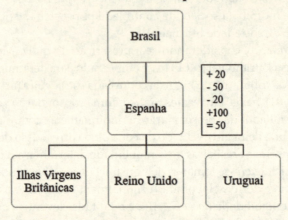

Elaborada pelo autor.

É dizer, sob o regime da MP nº 2.158-35/01, as variações das participações em controladas indiretas eram consideradas indiretamente para a formação da base de cálculo do imposto sobre a renda e da contribuição social sobre o lucro líquido no Brasil, por meio da consolidação vertical na controlada direta (sediada na Espanha, no exemplo em tela).

A Lei nº 12.973/14, contudo, modificou essa sistemática, passando a tributar diretamente os lucros das controladas indiretas da sociedade brasileira, o que era logrado apenas de maneira indireta pelo regime anterior. Com efeito, prescreve o *caput* do art. 76 da Lei nº 12.973/14, que inicia o regramento do novo regime de TBU:

> Art. 76. A pessoa jurídica controladora domiciliada no Brasil ou a ela equiparada, nos termos do art. 83, *deverá registrar em subcontas da conta de investimentos em controlada direta no exterior, de forma individualizada,* o resultado contábil na variação do valor do investimento equivalente aos lucros ou prejuízos auferidos pela própria *controlada direta e suas controladas, direta ou indiretamente,* no Brasil ou no exterior, relativo ao ano-calendário em que foram apurados em balanço, observada a proporção de sua participação em cada controlada, direta ou indireta.
> §1º Dos resultados das controladas diretas ou indiretas não deverão constar os resultados auferidos por outra pessoa jurídica sobre a qual a pessoa jurídica controladora domiciliada no Brasil mantenha o controle direto ou indireto.
> §2º A variação do valor do investimento equivalente ao lucro ou prejuízo auferido no exterior será convertida em reais, para efeito da apuração da base de cálculo do imposto de renda e da CSLL, com base na taxa de câmbio da moeda do país de origem fixada para venda, pelo Banco Central do Brasil, correspondente à data do levantamento de balanço da controlada direta ou indireta.
> §3º Caso a moeda do país de origem do tributo não tenha cotação no Brasil, o seu valor será convertido em dólares dos Estados Unidos da América e, em seguida, em reais.

O dispositivo em questão exige controles individualizados dos lucros das sociedades estrangeiras controladas diretamente pelo contribuinte brasileiro, bem como daquelas que são controladas de forma indireta. Nesse sentido, ao determinar a tributação, o art. 77 da Lei nº 12.973/14 remete à "parcela do ajuste do valor do investimento em controlada, direta ou indireta, domiciliada no exterior equivalente aos lucros por ela auferidos antes do imposto sobre a renda". Com isso, inaugura-se o que Alberto Xavier denominou tributação *per saltum*, que ignora a existência da sociedade intermediária, para determinar a tributação direta da controlada indireta.[76]

---
[76] XAVIER, Alberto. A Lei nº 12.973, de 3 de maio de 2014, em matéria de lucros no exterior: objetivos e características essenciais. *In*: ROCHA, Valdir de Oliveira. *Grandes questões atuais de direito tributário*. São Paulo: Dialética, 2014. v. 18. p. 13.

Como se verá com maior vagar a seguir,[77] para implementar essa modificação na sistemática de tributação em bases universais, o MEP se mostraria inadequado, uma vez que os resultados da controlada direta no exterior não mais podem conter reflexos de seus investimentos em controladas indiretas da sociedade brasileira. Assim, embora o art. 76 da Lei nº 12.973/14 faça referência ao "resultado contábil na variação do valor do investimento", o §7º do art. 25 da Lei nº 9.249/96, inserido pela Lei nº 12.973/14, prescreve que "os lucros serão apurados segundo as normas da legislação comercial do país de domicílio". No mesmo sentido, determina o art. 8º, §1º da Instrução Normativa RFB nº 1.520/14, que regulamenta o regime de tributação em bases universais da Lei nº 12.973/14. Analisando-se novamente o exemplo-base, verifica-se que o montante a princípio tributável deixará de corresponder à soma algébrica de todos os resultados das controladas diretas e indiretas (que resultara em 50 unidades monetárias), para abarcar o resultado da Espanha (20 u.m.) e o resultado do Uruguai (50 u.m.), isoladamente considerados. Veja-se:

Figura 1 – Exemplo-base

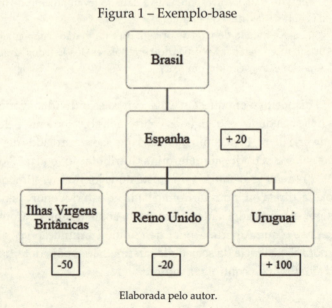

Elaborada pelo autor.

---

[77] Cf. item 1.3.2.1.

Nesse passo, pode-se concluir que a Lei nº 12.973/14 não apenas manteve a tributação automática dos lucros das sociedades controladas no exterior, independentemente de sua efetiva disponibilização ao contribuinte brasileiro, como tornou-a individualizada, inclusive para as controladas indiretas. Com isso, desaparece a possibilidade de consolidação vertical de resultados na controlada direta, existente no regime anterior, que foi substituído por um regime de consolidação horizontal optativo, sujeito a condicionantes legais (art. 78 da Lei nº 12.973/14).[78]

1.3.1.2 Sociedades coligadas

Também houve modificações relevantes no tocante à tributação das sociedades coligadas no exterior, especialmente considerando que o STF julgou inconstitucional a tributação automática, independentemente de distribuição, de coligadas não residentes em países de tributação favorecida (ADI nº 2.588).[79]

O conceito de sociedade coligada, para fins do novo regime de TBU, permanece o mesmo,[80] caracterizado pela influência significativa, com percentual de ao menos 10% de participação no capital social, na forma do art. 1.099 do CC/02. Por expressa disposição legal (art. 81, §5º), o mesmo regime das coligadas se aplica às sociedades controladas em conjunto com parte não vinculada (*joint ventures*).

O *caput* do art. 81 da Lei nº 12.973/14 enuncia, como regra geral, que os:

> lucros auferidos por intermédio de coligada domiciliada no exterior serão computados na determinação do lucro real e da base de cálculo da CSLL no balanço levantado no dia 31 de dezembro do ano-calendário em que tiverem sido disponibilizados para a pessoa jurídica domiciliada no Brasil.

É dizer, esse dispositivo reestabelece a regra vigente antes da MP nº 2.158-35/01, no sentido de que os lucros auferidos pela coligada no exterior somente serão tributados quando efetivamente disponibilizados à coligada brasileira, momento em que eles efetivamente poderão ser tidos como rendimentos dessa sociedade.

---

[78] Cf. item 1.3.3.
[79] Cf. item 2.1.1.2.2.
[80] Cf. item 1.2.1.1.

Conforme os §§1º e 2º do referido dispositivo, considera-se disponibilizado o rendimento à coligada brasileira quando: (i) houver efetivo pagamento, assim considerado também emprego de valores em benefício da sociedade brasileira; (ii) quando do crédito contábil da importância em conta de passivo exigível da coligada estrangeira; (iii) quando da contratação de mútuo, na hipótese de a mutuante coligada estrangeira ter lucros ou reservas de lucros; e (iv) no caso de adiantamento de recursos efetuado pela coligada estrangeira à sociedade brasileira, em razão de venda futura, cuja liquidação ocorra em prazo superior ao ciclo de produção do bem ou serviço.

As duas primeiras hipóteses efetivamente dizem respeito à disponibilização do lucro da sociedade estrangeira ao contribuinte brasileiro, mediante distribuição de lucros. Com efeito, somente haverá pagamento ou crédito dos resultados da sociedade estrangeira ao seu sócio com a distribuição dos lucros, na forma da legislação societária do país de residência da coligada no exterior. Essa circunstância deixa clara a improcedência da classificação feita pela IN RFB nº 1.520/14, que se refere ao regime de tributação ora analisado como "regime de caixa", reservando a expressão "regime de competência" à tributação automática dos lucros no exterior. Na realidade, o que a regra geral aplicável às coligadas faz é tributar a efetiva disponibilização dos lucros à sociedade brasileira, seja ela aferida pelo regime de caixa ou competência. Fosse verdadeiramente um regime de caixa, não haveria tributação quando do reconhecimento do direito da sociedade brasileira ao dividendo por meio do seu registro em conta de passivo exigível da sociedade estrangeira.

Diferentemente, as duas últimas hipóteses referidas possuem caráter antielisivo, visando a impedir condutas que levariam o contribuinte brasileiro a efetivamente ter acesso a recursos da coligada estrangeira sem que houvesse distribuição de lucros. Trata-se de regras similares àquelas adicionadas pela Lei nº 9.959/2000 às alíneas "c" e "d" no §1º do art. 1º da Lei nº 9.532/95, no regime anterior à MP nº 2.158-35/01.

No caso em exame, o valor a ser tributado corresponderá efetivamente ao rendimento da sociedade brasileira coligada da sociedade estrangeira. Isso significa não apenas que o critério temporal da tributação corresponderá ao momento da disponibilização, mas também que a base de cálculo do tributo será o montante disponibilizado ao contribuinte brasileiro. Isso significa que, diferentemente do que ocorre com as sociedades controladas, não se oferecerão à tributação brasileira os lucros auferidos pela sociedade estrangeira antes do imposto sobre a renda estrangeiro, mas sim o valor distribuído que, invariavelmente, será calculado após a incidência de todos os tributos no exterior.

A par desse regime de tributação dos lucros de coligadas no exterior apenas quando da sua distribuição à sociedade brasileira, os arts. 81 e 82 da Lei nº 12.973/14 previram a aplicabilidade de regime de tributação automática, independentemente de distribuição de lucros, às coligadas que não satisfizerem três condições, quais sejam: (i) não for sujeita a regime de subtributação; (ii) não estiver localizada em país com tributação favorecida ou ser beneficiária de regime fiscal privilegiado; (iii) não ser controlada, direta ou indiretamente, por pessoa jurídica em país de tributação favorecida.

De um lado, os conceitos de tributação favorecida e de regime fiscal privilegiado são firmados mediante remissão aos arts. 24 e 24-A da Lei nº 9.430/96. Trata-se de conceitos originalmente aplicados às regras de preços de transferência. Conforme o primeiro dos dispositivos referidos, é considerado país de tributação favorecida aquele que "não tribute a renda ou que a tribute a alíquota máxima inferior a vinte por cento" (*caput*), bem como aquele "cuja legislação não permita o acesso a informações relativas à composição societária de pessoas jurídicas, à sua titularidade ou à identificação do beneficiário efetivo de rendimentos atribuídos a não residentes" (§4º, inserido pela Lei nº 11.727/08).

O art. 24-B da Lei nº 9.430/96 conferiu ao Poder Executivo a faculdade de reduzir e restabelecer o patamar de alíquota de 20% referido *supra*. Essa atribuição foi exercida por intermédio da Portaria do Ministério da Fazenda nº 488/2014, cujo art. 1º reduziu a tributação mínima para que um país não seja considerado como de tributação favorecida para 17%. Nesse passo, a IN RFB nº 1.037/2010, atualizada por diversos instrumentos posteriores, veiculou, em seu art. 1º, uma lista de países e dependências que se enquadram nessas condições. Segundo nos parece, a lista constante desse ato regulamentar deve ser considerada exaustiva para fins da aplicabilidade do regime de tributação mais gravoso de que trata o art. 82 da Lei nº 12.973/14. Com efeito, trata-se de medida que visa a incrementar a segurança jurídica, no seu vetor de cognoscibilidade, consistente na determinabilidade de conteúdo do direito tributário positivo.[81] A listagem dos países que tributam a renda das empresas a uma alíquota máxima inferior a 17% visa a possibilitar

---

[81] ÁVILA, Humberto. *Teoria da segurança jurídica*. 4. ed. São Paulo: Malheiros, 2016. p. 340.

que os contribuintes possam conhecer o regime jurídico aplicável à sua situação de maneira imediata, sem a necessidade de consultar o direito estrangeiro. Nesse passo, considerar-se que poderia ser qualificado como de tributação favorecida algum país não constante da lista equivaleria a retirar todo o propósito dessa listagem. Com efeito, a previsão regulamentar em questão cria uma base de confiança nos particulares[82] no sentido de que apenas os países constantes da IN RFB nº 1.037/10 serão considerados como de tributação favorecida.

De sua parte, o conceito de regime fiscal privilegiado decorre do art. 24-A da Lei nº 9.430/96, inserido pela Lei nº 11.727/08, sendo satisfeito pela presença de pelo menos um entre os seguintes requisitos: (i) não tributação da renda ou tributação com alíquota máxima inferior a 17%; (ii) concessão de vantagem a não residente sem exigência de realização de atividade econômica substantiva no país ou com obrigação de sua não realização; (iii) não tributação de rendimentos auferidos fora de seu território ou tributação inferior a 17%; e (iv) não permita acesso a "informações relativas à composição societária, titularidade de bens ou direitos ou às operações econômicas realizadas".

Os requisitos são similares àqueles examinados relativamente aos regimes fiscais privilegiados. Contudo, a principal diferença é a de que o regime fiscal privilegiado consiste em um regime particular aplicável a determinadas sociedades em um país, enquanto o conceito de país de tributação favorecida envolve a consideração global do sistema tributário do país da sociedade estrangeira. Nesse passo, o art. 2º da IN RFB nº 1.037/2010, com uma série de alterações posteriores, veicula lista de regimes de tributação favorecida, que também deve ser considerada taxativa, pelos mesmos motivos arrolados *supra*.

Já o conceito de "subtributação" é definido pela própria Lei nº 12.973/14, cujo art. art. 84, III, determina tratar-se do regime "que tributa os lucros da pessoa jurídica domiciliada no exterior a alíquota nominal inferior a 20% (vinte por cento)". A doutrina aponta dúvidas a respeito do motivo da introdução desse novo conceito na legislação, haja vista a possível sobreposição com o conceito de país com tributação favorecida. Entre as possíveis justificativas para tanto estariam a possibilidade de o conceito de subtributação abranger a alíquota nominal e o de tributação

---

[82] Cf. KOURY, Paulo Arthur Cavalcante. *Competência regulamentar em matéria tributária*. Funções e limites dos decretos, instruções normativas e outros atos regulamentares. Belo Horizonte: Fórum, 2019. p. 183 e ss.

favorecida, a alíquota efetiva, bem como a circunstância de a Portaria MF nº 488/2014, que reduziu o percentual para 17% no caso de tributação favorecida, não se aplicar à subtributação.[83]

Essas justificativas, contudo, não parecem coerentes. De um lado, não é procedente que o conceito de país de tributação favorecida se refira às alíquotas efetivas, uma vez que, fosse assim, sequer seria possível listar os países que se enquadram no conceito, como fez a IN RFB nº 1.037/10, uma vez que seria necessário considerar as características específicas de cada empresa. De outro lado, tampouco parece ter alguma procedência a explicação pautada na inaplicabilidade da Portaria MF nº 488/2014 ao conceito de "subtributação", pois haveria maneiras mais diretas de o legislador proceder a essa exclusão. Não obstante, parece que o regime de subtributação a que se refere o art. 84 da Lei nº 12.973/14 efetivamente se iguala ao regime de tributação favorecida, porém sem a diminuição promovida pela Portaria MF nº 488/2014.

Além das coligadas estrangeiras diretamente submetidas à subtributação, à tributação favorecida ou a regime fiscal privilegiado, também são excluídas da regra de tributação apenas quando da efetiva disponibilização dos lucros as sociedades estrangeiras que sejam direta ou indiretamente controladas por pessoa jurídica submetida a um desses regimes. É dizer, se a sociedade brasileira tiver uma controlada com sede na Irlanda (país de tributação favorecida conforme o art. 1º, LXVIII da IN RFB nº 1.037/10) que, por sua vez, tiver uma controlada na França (país de alta pressão fiscal), esta última deverá ser isoladamente considerada para fins da tributação brasileira, sendo-lhe, contudo, aplicável o regime das controladas sujeitas à tributação automática, independentemente de disponibilização.

Caso a coligada da sociedade brasileira esteja em uma das situações referidas acima, aplica-se a previsão do art. 82 da Lei nº 12.973/14, que assim dispõe:

> Art. 82. Na hipótese em que se verifique o descumprimento de pelo menos uma das condições previstas no caput do art. 81, o resultado na coligada domiciliada no exterior equivalente aos lucros ou prejuízos por ela apurados deverá ser computado na determinação do lucro real e na

---

[83] SANTOS, Ramon Tomazela. *O regime de tributação dos lucros auferidos no exterior na Lei nº 12.973/14*. Rio de Janeiro: Lumen Juris, 2017. p. 147-148.

base de cálculo da CSLL da pessoa jurídica investidora domiciliada no Brasil, nas seguintes formas:

I - se positivo, deverá ser adicionado ao lucro líquido relativo ao balanço de 31 de dezembro do ano-calendário em que os lucros tenham sido apurados pela empresa domiciliada no exterior; e

II - se negativo, poderá ser compensado com lucros futuros da mesma pessoa jurídica no exterior que lhes deu origem, desde que os estoques de prejuízos sejam informados na forma e prazo estabelecidos pela Secretaria da Receita Federal do Brasil - RFB.

§1º Os resultados auferidos por intermédio de outra pessoa jurídica, na qual a coligada no exterior mantiver qualquer tipo de participação societária, ainda que indiretamente, serão consolidados no seu balanço para efeito de determinação do lucro real e da base de cálculo da CSLL da coligada no Brasil. [...].

De maneira geral, esse regime de tributação das coligadas não qualificadas é idêntico ao regime aplicável às sociedades controladas no exterior. Diferentemente do que ocorre em relação ao regime das coligadas em geral, a referência legal ao resultado "equivalente aos lucros ou prejuízos por ela apurados" abrange o lucro após o imposto sobre a renda local.[84]

Ademais, o §1º do dispositivo transcrito determina que os resultados de outras pessoas jurídicas nas quais a coligada mantiver participação deverão ser consolidados em seu resultado, para fins da tributação brasileira. Trata-se de um caso em que a lei exige a consolidação vertical, de maneira similar ao que ocorria sob o regime da MP nº 2.158-35/01. Contudo, diferentemente do que acontecia no regime anterior, essa consolidação vertical não é uma decorrência do emprego do MEP como base de cálculo da tributação, mas sim de determinação legal expressa. No caso das controladas não qualificadas ao regime da tributação apenas na distribuição, não há tributação *per saltum*, como a que ocorre com as controladas. Por isso, a lei determina que o resultado dessas outras sociedades controladas ou coligadas da sociedade diretamente coligada ao contribuinte brasileiro seja adicionado ao resultado da própria coligada. É dizer, não existe tributação direta do resultado da coligada indireta, como há em relação às controladas.

A título ilustrativo, modificando-se o exemplo-base de modo que o contribuinte brasileiro tenha 20% de participação em sociedade

---

[84] Nesse sentido: SANTOS, Ramon Tomazela. *O regime de tributação dos lucros auferidos no exterior na Lei nº 12.973/14*. Rio de Janeiro: Lumen Juris, 2017. p. 173.

irlandesa (país de tributação favorecida), o que a qualificaria como coligada sujeita à tributação automática, os resultados de sociedades controladas pela sociedade irlandesa deveriam ser somados ao seu próprio resultado, para serem proporcionalmente submetidos à tributação no Brasil. Veja-se:

Figura 7 – Exemplo-base adaptado à coligação

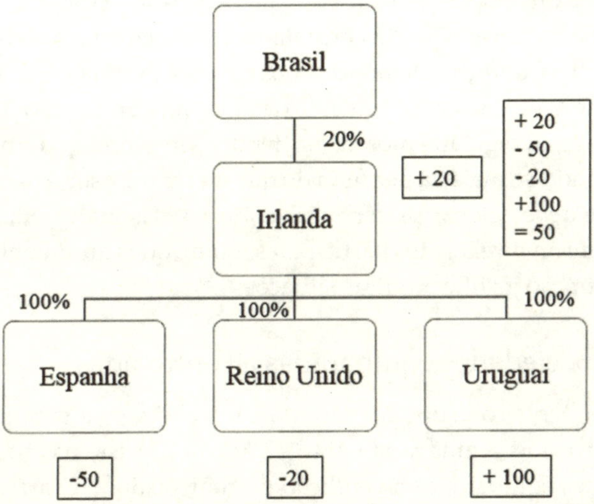

```
              Brasil
                │
               20%            + 20
                │             - 50
               +20            - 20
                │            +100
             Irlanda          = 50
    ┌───────────┼───────────┐
  100%        100%        100%
    │           │           │
 Espanha   Reino Unido   Uruguai
    │           │           │
   -50         -20        +100
```

Elaborada pelo autor.

Nesse exemplo, seria submetida à tributação no Brasil a importância de 10 u.m. (equivalente a 20% de 50 u.m.). Diferentemente, caso fossem considerados apenas os lucros próprios da sociedade irlandesa, o valor submetido à tributação seria da ordem de 4 u.m. (20% de 20 u.m.).

Finalizando a análise do regime aplicável às coligadas, cumpre destacar que o art. 82-A da Lei nº 12.973/14, incluído pela Lei nº 13.259/16, confere ao contribuinte brasileiro a faculdade de oferecer à tributação brasileira o resultado das sociedades estrangeiras coligadas, ainda que elas se qualifiquem ao regime de tributação apenas quando da distribuição. Essa opção pode ser interessante ao contribuinte para a inclusão de coligadas no regime de consolidação horizontal de que trata o art. 87 da Lei nº 12.973/14.[85]

---

[85] Cf. item 1.3.3.

Contudo, ao regulamentar o dispositivo, o art. 19-A, §2º, II, da IN RFB nº 1.520/14, incluído pela IN RFB nº 1.674/16, determinou que a opção "deve englobar todas as coligadas no exterior, não sendo possível a opção parcial". Trata-se, a nosso ver, de dispositivo que confere interpretação restritiva ao comando do art. 82-A da Lei nº 12.973/14, que apresenta certa ambiguidade quanto à questão, ao referir-se aos "lucros auferidos por intermédio de suas coligadas no exterior". Entretanto, por tratar-se de um dispositivo que confere direitos ao particular, a instrução normativa deveria tê-lo interpretado de maneira mais favorável ao contribuinte. Conforme demonstramos em obra destinada ao exame da competência regulamentar, "quando da interpretação de preceitos legais mitigadores, os regulamentos devem tender à interpretação ampliativa, aproximando-se mais da periferia do que do centro", sob a justificativa de que se deve "alocar preferência, *a priori*, pelas interpretações que não restrinjam direitos dos particulares, sendo ônus argumentativo da Administração justificar outras situações".[86]

1.3.1.3 Sociedades equiparadas a controladas

Um terceiro grupo de sociedades incluídas na tributação em bases universais regida pela Lei nº 12.973/14 consiste nas sociedades controladas equiparadas à condição de controladora. O art. 83 da lei em questão determina que se equiparam à condição de controladora as pessoas jurídicas domiciliadas no Brasil que, em conjunto com outras partes relacionadas, sejam elas brasileiras ou não, tenha mais de 50% do capital votante de sociedade estrangeira. Os incisos do parágrafo único desse dispositivo enumeram uma série de hipóteses em que outras partes serão consideradas vinculadas, para fins do dispositivo. Veja-se:

> Da Equiparação à Controladora
> Art. 83. Para fins do disposto nesta Lei, equipara-se à condição de controladora a pessoa jurídica domiciliada no Brasil que detenha participação em coligada no exterior e que, em conjunto com pessoas físicas ou jurídicas residentes ou domiciliadas no Brasil ou no exterior, consideradas a ela vinculadas, possua mais de 50% (cinquenta por cento) do capital votante da coligada no exterior. (Vigência)

---

[86] KOURY, Paulo Arthur Cavalcante. *Competência regulamentar em matéria tributária*. Funções e limites dos decretos, instruções normativas e outros atos regulamentares. Belo Horizonte: Fórum, 2019. p. 174.

Parágrafo único. Para efeitos do disposto no caput, será considerada vinculada à pessoa jurídica domiciliada no Brasil:
I - a pessoa física ou jurídica cuja participação societária no seu capital social a caracterize como sua controladora, direta ou indireta, na forma definida nos §§1º e 2º do art. 243 da Lei nº 6.404, de 15 de dezembro de 1976;
II - a pessoa jurídica que seja caracterizada como sua controlada, direta ou indireta, ou coligada, na forma definida nos §§1º e 2º do art. 243 da Lei nº 6.404, de 15 de dezembro de 1976;
III - a pessoa jurídica quando esta e a empresa domiciliada no Brasil estiverem sob controle societário ou administrativo comum ou quando pelo menos 10% (dez por cento) do capital social de cada uma pertencer a uma mesma pessoa física ou jurídica;
IV - a pessoa física ou jurídica que seja sua associada, na forma de consórcio ou condomínio, conforme definido na legislação brasileira, em qualquer empreendimento;
V - a pessoa física que for parente ou afim até o terceiro grau, cônjuge ou companheiro de qualquer de seus conselheiros, administradores, sócios ou acionista controlador em participação direta ou indireta; e
VI - a pessoa jurídica residente ou domiciliada em país com tributação favorecida ou beneficiária de regime fiscal privilegiado, conforme dispõem os arts. 24 e 24-A da Lei nº 9.430, de 27 de dezembro de 1996, desde que não comprove que seus controladores não estejam enquadrados nos incisos I a V.

Em linhas gerais, o dispositivo transcrito estende às sociedades coligadas "equiparadas à controladora" o regime de tributação das sociedades controladoras. Trata-se de uma ficção jurídica, uma norma por meio da qual se determina a aplicabilidade, "a dada hipótese de incidência (*fingierter Tatbestand*, ou hipótese ficta), [de] determinadas sanções previamente definidas para outra situação (*Fiktion basis*, ou base da ficção)".[87]

A lógica do dispositivo parece residir na pressuposição de que o contribuinte brasileiro que, em conjunto com outras partes relacionadas, efetivamente controlar a sociedade estrangeira, teria a mesma capacidade de acesso aos seus lucros daquele que a controla individualmente. Contudo, ainda que se aceitasse essa pressuposição, cuja constitucionalidade é altamente questionável pelo fato de que controle

---

[87] SCHOUERI, Luís Eduardo. *Distribuição disfarçada de lucros*. São Paulo: Dialética, 1996. p. 104.

societário não significa disponibilidade sobre os lucros,[88] verifica-se que algumas das hipóteses de vinculação previstas no parágrafo único vão muito além desse mister. Com efeito, considera-se vinculada uma pessoa jurídica que participar de qualquer consórcio com o contribuinte (inc. IV do parágrafo único). Trata-se de uma espécie de vinculação específica que dificilmente denotaria a proximidade para o exercício do controle conjunto pressuposta pela lei.

Além disso, o inc. VI do parágrafo único do art. 83 da Lei nº 12.973/14 veicula uma presunção no sentido de que qualquer sociedade estrangeira residente em país de tributação favorecida ou sujeita a regime fiscal privilegiado será considerada vinculada ao contribuinte brasileiro, a menos que este demonstre não ter qualquer relação com aquela. Não é difícil imaginar casos em que o contribuinte brasileiro possua participação em sociedade estrangeira e um terceiro totalmente desvinculado sediado em país de tributação favorecida também detenha participação, mas não disponibilize sua cadeia societária ao contribuinte brasileiro. Nesse caso, apesar da clara ausência de controle, a sociedade estrangeira seria equiparada à controladora, para fins do regime de TBU.

Desse modo, parece-nos que os incs. IV e VI do parágrafo único do art. 83 da Lei nº 12.973/14 são manifestamente desproporcionais, por irem muito além do necessário para a consecução da sua finalidade. Com efeito, ainda que se aceitasse que o controle em conjunto com outra entidade justificaria a tributação automática dos lucros da sociedade estrangeira, haja vista o direito de deliberar sobre sua destinação, esses dispositivos abrangem situações em que não se verificam essas condições.

1.3.1.4 Filiais da sociedade brasileira e filiais das sociedades controladas?

Ainda relativamente à inclusão das sociedades controladas e coligadas no exterior no regime de tributação da Lei nº 12.973/14, cumpre analisar o caso das filiais, sejam elas do próprio contribuinte brasileiro, sejam de sociedade estrangeira controlada por este. De maneira geral, os arts. 76 e 77 da Lei nº 12.973/14 apenas fazem referência às sociedades controladas e coligadas no exterior, nada dizendo sobre as filiais.

---

[88] Cf. itens 2.1.1.2.1 e 2.1.2.

Contudo, o art. 92 da mesma lei determina que se aplica "o disposto nos arts. 77 a 80 e nos arts. 85 a 91 ao resultado obtido por *filial ou sucursal, no exterior*". É dizer, o regramento da tributação das controladas no exterior é estendido às filiais.

De um lado, esse dispositivo claramente alberga as filiais e sucursais no exterior do próprio contribuinte brasileiro. Ainda que localizadas no exterior, as filiais são parte da pessoa jurídica brasileira, de modo que, não havendo exclusão do lucro decorrente de atividades no exterior da base de cálculo da tributação brasileira, é natural que suas receitas e despesas componham a base de cálculo da tributação do contribuinte brasileiro. Entretanto, a consideração isolada do lucro das filiais no exterior, sem a possibilidade de sua confrontação com as demais receitas e despesas da pessoa jurídica brasileira, sejam elas referentes ao Brasil, sejam ao exterior, viola a exigência de universalidade do Imposto sobre a Renda (CF/88, art. 153, §2º, I), que exige a consideração da integralidade das mutações patrimoniais do contribuinte. Ora, se a filial no exterior é parte integrante da pessoa jurídica brasileira, não poderia haver segregação do seu resultado em relação ao resultado brasileiro, para fins de tributação. Trata-se de uma espécie de tributação cedular, que viola o critério da universalidade.

De outro lado, há dúvidas se a prescrição do art. 92 da Lei nº 12.973/14 albergaria também as filiais ou sucursais de sociedades estrangeiras controladas por contribuintes brasileiros. Parece-nos que a resposta negativa é mais coerente com a análise sistemática da legislação, de modo que os resultados das filiais de sociedades estrangeiras controladas por contribuintes brasileiros serão tributados no Brasil como parte do lucro da controlada estrangeira a que pertencem.

Em primeiro lugar, o próprio texto do art. 92 não conduz à conclusão de que ele se aplicaria às filiais de sociedades controladas no exterior. Se a intenção legal fosse a de criar mais essa hipótese de inclusão no regime de TBU, deveria tê-lo feito de forma expressa, como procedeu em relação às controladas indiretas, por exemplo.

Analisando-se a regulamentação do regime de TBU pela IN RFB nº 1.520/14, percebe-se, especialmente a partir de seu art. 8º,[89] não haver

---

[89] "Art. 8º Os resultados positivos auferidos no exterior, por intermédio de *filiais, sucursais, controladas, direta ou indireta, ou coligadas* serão computados para fins de determinação do lucro real e da base de cálculo da CSLL no balanço levantado em 31 de dezembro do ano-calendário em que tiverem sido disponibilizados para a pessoa jurídica domiciliada no Brasil. §1º O resultado auferido no exterior de que trata o caput deve ser apurado segundo

referências ao conceito de "filial indireta" ou de "filial de controlada". Assim como a Lei nº 12.973/14, o diploma regulamentar em questão apenas se refere à controlada indireta, nunca à figura da filial indireta.

Em segundo lugar, ao determinar a exclusão de reflexos de participações indiretas dos resultados das participações diretas, o art. 76, §1º da Lei nº 12.973/14[90] apenas alberga as controladas indiretas do contribuinte brasileiro. Se a intenção da legislação fosse a tributação individualizada das filiais das sociedades controladas pelo contribuinte brasileiro, também os resultados dessa filial deveriam ser excluídos da tributação da controlada direta.

Em terceiro lugar, também a supressão do texto original do art. 88 da MP nº 627/14, na redação promulgada da Lei nº 12.973/14 corrobora a interpretação em questão. O dispositivo referido determinava

---

as normas da legislação comercial do país de domicílio e antes da tributação no exterior sobre o lucro. §2º Nos casos de inexistência de normas expressas que regulem a elaboração de demonstrações financeiras no país de domicílio da filial, sucursal, controlada ou coligada, estas deverão ser elaboradas com observância dos princípios contábeis geralmente aceitos, segundo as normas da legislação brasileira. §3º No caso de encerramento do processo de liquidação da empresa no Brasil, os resultados positivos auferidos no exterior por intermédio de suas filiais, sucursais, controladas, diretas ou indiretas, e coligadas serão considerados disponibilizados na data do balanço de encerramento, devendo, nessa mesma data, serem computados para fins de determinação do lucro real e da base de cálculo da CSLL. §4º No caso de encerramento de atividades da *filial, sucursal, controlada, direta ou indireta, ou coligada*, domiciliadas no exterior, os lucros auferidos por seu intermédio, ainda não tributados no Brasil, serão considerados disponibilizados, devendo ser computados para fins de determinação do lucro real e da base de cálculo da CSLL no balanço levantado em 31 de dezembro do respectivo ano-calendário ou na data do encerramento das atividades da empresa no Brasil. §5º Ocorrendo a absorção do patrimônio da *filial, sucursal, controlada, direta ou indireta, ou coligada* por empresa sediada no exterior, os lucros ainda não tributados no Brasil, apurados até a data do evento, serão considerados disponibilizados, devendo ser computados para fins de determinação do lucro real e da base de cálculo da CSLL da beneficiária no Brasil, no balanço levantado em 31 de dezembro do ano-calendário do respectivo evento. §6º Na hipótese de alienação do patrimônio *da filial ou sucursal, ou da participação societária em controlada, direta ou indireta, ou coligada*, no exterior, os lucros ainda não tributados no Brasil deverão ser considerados para fins de determinação do lucro real e da base de cálculo da CSLL da alienante no Brasil, no balanço levantado em 31 de dezembro do ano-calendário em que ocorrer a alienação".

[90] "Art. 76. A pessoa jurídica controladora domiciliada no Brasil ou a ela equiparada, nos termos do art. 83, deverá registrar em subcontas da conta de investimentos em controlada direta no exterior, de forma individualizada, o resultado contábil na variação do valor do investimento equivalente aos lucros ou prejuízos auferidos pela própria controlada direta e suas controladas, direta ou indiretamente, no Brasil ou no exterior, relativo ao ano-calendário em que foram apurados em balanço, observada a proporção de sua participação em cada controlada, direta ou indireta. *§1º Dos resultados das controladas diretas ou indiretas não deverão constar os resultados auferidos por outra pessoa jurídica sobre a qual a pessoa jurídica controladora domiciliada no Brasil mantenha o controle direto ou indireto.* [...]".

expressamente a tributação individualizada dos resultados da filial da controlada em país distinto da matriz. Veja-se a sua redação:

> Art. 88. Aplica-se o disposto nos arts. 86 e 87 ao resultado da filial ou da sucursal, no exterior.
> §1º Para efeitos desta Medida Provisória, o resultado de filial ou sucursal da pessoa jurídica domiciliada no Brasil ou de suas controladas, direta ou indireta, no exterior, terá o mesmo tratamento conferido à subsidiária integral domiciliada no exterior.
> §2º Não se aplica o disposto no §1º a filiais ou sucursais de controladas, direta ou indireta, de pessoa jurídica domiciliada no Brasil que esteja situada no mesmo país de sua matriz.
> §3º Na hipótese prevista no §2º, os resultados de matriz e filiais ou sucursais deverão ser consolidados e entendidos como uma única pessoa jurídica.

Contudo, esse dispositivo foi suprimido da redação final da lei. Como esclarece Tomazela Santos, a própria Emenda Parlamentar nº 271, que suprimiu esse dispositivo, foi expressa em afirmar que "de acordo com a natureza jurídica, as filiais ou sucursais devem ser entendidas como uma extensão da própria matriz, na medida em que são desprovidas de personalidade jurídica própria".[91] Ora, se o dispositivo que expressamente determinava a consideração individualizada das filiais das controladas estrangeiras foi retirado do texto legal, justamente por conta da unidade de personalidade jurídica, então a inaplicabilidade do art. 92 a essas situações decorre, também, da própria intenção manifestada pelo legislador, no processo de produção do texto normativo.

Veja-se que a circunstância de a filial de controlada estrangeira ser considerada parte da própria controlada estrangeira produz efeitos importantes na tributação brasileira. Modificando-se o exemplo-base de modo que a controlada espanhola do contribuinte brasileiro tenha uma filial na Irlanda, caso se considere que a filial faz parte da pessoa jurídica espanhola, oferecer-se-ão 10 u.m. à tributação. Diversamente, caso se considerasse a filial de forma isolada, o seu prejuízo de 10 u.m. somente poderia ser compensando com lucros futuros da mesma filial,[92] sendo vedada a sua consolidação horizontal,[93] haja vista sua localiza-

---

[91] Cf. SANTOS, Ramon Tomazela. *O regime de tributação dos lucros auferidos no exterior na Lei nº 12.973/14*. Rio de Janeiro: Lumen Juris, 2017. p. 235.
[92] Cf. item 1.3.2.2.3.
[93] Cf. item 1.3.3.

ção em país de tributação favorecida. Veja-se a representação gráfica do exemplo:

Figura 8 – Exemplo-base adaptado à filial da controlada

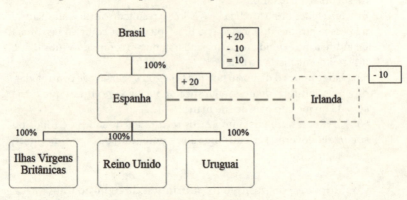

Elaborada pelo autor.

Nesse caso, segundo nos parece, o correto seria considerar-se que as receitas e despesas atribuídas à filial irlandesa pertencem à pessoa jurídica espanhola, para fins da tributação brasileira. Isso porque a prescrição do art. 92 da Lei nº 12.973/14 é restrita às filiais ou sucursais das próprias sociedades brasileiras no exterior.

1.3.2 Base tributável

Analisadas as entidades estrangeiras cujo resultado deve ser submetido à tributação no Brasil, passa-se à análise da base de cálculo dessa tributação, que deve ser dividida entre os fatores positivos e os negativos.

1.3.2.1 Fatores positivos: o lucro da sociedade estrangeira conforme as regras contábeis locais

Iniciando-se pelos fatores positivos, vê-se que, com exceção do regime de tributação dos resultados de coligadas qualificadas apenas quando da sua efetiva distribuição, a Lei nº 12.973/14 determina a tributação das controladas e coligadas sujeitas à tributação antes da distribuição pelos "lucros ou prejuízos por ela apurados".

Ao assim dispor em relação às controladas, o art. 77 da Lei nº 12.973/14 refere-se ao conceito de "parcela do ajuste do valor do investimento". Veja-se:

> Art. 77. *A parcela do ajuste do valor do investimento* em controlada, direta ou indireta, domiciliada no exterior equivalente aos *lucros por ela auferidos antes do imposto sobre a renda*, excetuando a variação cambial, deverá ser computada na determinação do lucro real e na base de cálculo da Contribuição Social sobre o Lucro Líquido – CSLL da pessoa jurídica controladora domiciliada no Brasil, observado o disposto no art. 76.
> §1º A parcela do ajuste de que trata o caput compreende apenas os lucros auferidos no período, não alcançando as demais parcelas que influenciaram o patrimônio líquido da controlada, direta ou indireta, domiciliada no exterior. [...].

A redação do dispositivo é pouco clara e pode levar à impressão de que a "parcela do ajuste do valor do investimento" seria a própria contrapartida da avaliação do investimento pelo método da equivalência patrimonial. Entretanto, o novo §7º no art. 25 da Lei nº 9.249/96, incluído pela Lei nº 12.973/14, determina que "os lucros serão apurados segundo as normas da legislação comercial do país de domicílio". Na mesma linha, dispõe o §1º do art. 8º da Instrução Normativa nº 1.520/14 que "o resultado auferido no exterior [...] deve ser apurado segundo as normas da legislação comercial do país de domicílio e antes da tributação no exterior sobre o lucro". Além disso, o art. 76 da Lei nº 12.973/14 determina que a controladora brasileira deverá registrar o "resultado contábil na variação do valor do investimento equivalente aos lucros ou prejuízos auferidos pela própria controlada direta e suas controladas" em subcontas da conta de investimentos. Isso significa que, na contabilidade da pessoa jurídica brasileira, haverá uma linha separada, diferente da equivalência patrimonial, que refletirá os lucros ou prejuízos da controlada estrangeira.[94]

Contraditoriamente, não foi expressamente revogado o §2º, I,[95] do mesmo art. 25 da Lei nº 9.249/96, que determina que as controladas

---

[94] Cf. item 1.3.2.2.1 *infra*.
[95] "[...] §2º Os lucros auferidos por filiais, sucursais ou controladas, no exterior, de pessoas jurídicas domiciliadas no Brasil serão computados na apuração do lucro real com observância do seguinte: I - as filiais, sucursais e controladas deverão demonstrar a apuração dos lucros que auferirem em cada um de seus exercícios fiscais, segundo as normas da legislação brasileira. [...]".

deverão demonstrar a apuração de lucros "segundo as normas da legislação brasileira". Não obstante, qualquer incompatibilidade entre estes dispositivos deverá ser resolvida em favor da prevalência do §7º do art. 25 da Lei nº 9.249/95, inserido pela Lei nº 12.973/14, que consubstancia *lex posteriori* a teor do art. 2º, §1º da Lei de Introdução às Normas do Direito Brasileiro.

O art. 25, §7º da Lei nº 9.249/95 e o art. 8º, §1º da IN RFB nº 1.520/14, aliados com a tributação dos resultados da controlada indireta no Brasil *per saltum*, isto é, independentemente de seu reflexo na controlada direta,[96] conduzem ao entendimento de que a nova base da tributação brasileira são lucros auferidos diretamente pela controlada, direta ou indireta, ou coligada no exterior, apurados conforme os demonstrativos financeiros realizados em consonância com as normas de contabilidade do local da residência da controlada ou coligada. A base de cálculo baseada na contabilidade local da controlada estrangeira permite a consideração isolada da controlada indireta, que não seria possível por meio do MEP.

Relativamente às coligadas sujeitas ao regime de tributação independentemente da distribuição de resultados (impropriamente denominado de "regime de competência" pela IN RFB nº 1.520/14), o art. 82 da Lei nº 12.973/14 é ainda mais transparente, ao determinar a tributação do resultado da coligada, equivalente aos seus lucros. Veja-se:

> Art. 82. Na hipótese em que se verifique o descumprimento de pelo menos uma das condições previstas no caput do art. 81, o resultado na coligada domiciliada no exterior equivalente aos lucros ou prejuízos por ela apurados deverá ser computado na determinação do lucro real e na base de cálculo da CSLL da pessoa jurídica investidora domiciliada no Brasil, nas seguintes formas:
> I - se positivo, deverá ser adicionado ao lucro líquido relativo ao balanço de 31 de dezembro do ano-calendário em que os lucros tenham sido apurados pela empresa domiciliada no exterior; e
> II - se negativo, poderá ser compensado com lucros futuros da mesma pessoa jurídica no exterior que lhes deu origem, desde que os estoques de prejuízos sejam informados na forma e prazo estabelecidos pela Secretaria da Receita Federal do Brasil – RFB.

---

[96] XAVIER, Alberto. A Lei nº 12.973, de 3 de maio de 2014, em matéria de lucros no exterior: objetivos e características essenciais. *In*: ROCHA, Valdir de Oliveira. *Grandes questões atuais de direito tributário*. São Paulo: Dialética, 2014. v. 18. p. 13.

§1º Os resultados auferidos por intermédio de outra pessoa jurídica, na qual a coligada no exterior mantiver qualquer tipo de participação societária, ainda que indiretamente, serão consolidados no seu balanço para efeito de determinação do lucro real e da base de cálculo da CSLL da coligada no Brasil.
§2º O disposto neste artigo não se aplica às hipóteses em que a pessoa jurídica coligada domiciliada no Brasil é equiparada à controladora nos termos do art. 83.

Desse modo, sob o regime atualmente vigente, o que se tributa são os lucros de cada controlada, seja ela direta ou indireta, apurados conforme as regras contábeis vigentes no país onde a controlada reside.[97] Não se trata da tributação de reflexo do patrimônio de sociedade estrangeira refletido na contabilidade da pessoa jurídica brasileira em conformidade com o MEP (apurado sob as normas de contabilidade do Brasil), mas sim do lucro auferido pela controlada direta ou indireta antes dos impostos (*net before tax*), conforme as normas contábeis de seu país de residência (*local GAAP*).[98]

Apenas no caso de "inexistência de normas expressas que regulem a elaboração de demonstrações financeiras no país de domicílio da filial, sucursal, controlada ou coligada", o art. 8º, §2º da IN RFB nº 1.520/14 permite o emprego de demonstrações financeiras individuais "pró-forma" (i.e., não oficiais), elaboradas exclusivamente para os fins da aplicação da Lei nº 12.973/14, conforme as regras da legislação societária e contábil brasileira.

Segundo nos parece, a referência do dispositivo à "inexistência de normas expressas" não abarca a situação em que, embora existam normas contábeis sobre demonstrações individuais, a lei societária apenas exija a apresentação oficial de demonstrações consolidadas das diversas entidades do grupo residentes no país. É o que ocorre, por exemplo, com a legislação australiana. Se um contribuinte brasileiro tiver duas controladas na Austrália, a legislação daquele país exige apenas a apresentação de demonstração financeira consolidada dos resultados

---

[97] TAKATA, Marcos Shigueo. Lucros no exterior, equivalência e tributação da "parcela do ajuste do valor do investimento" à luz dos acordos de bitributação brasileiros. *In*: MOSQUERA, Roberto Quiroga; LOPES, Alexsandro Broedel. *Controvérsias jurídico-contábeis (aproximações e distanciamentos)*. São Paulo: Dialética, 2015. v. 6. p. 350.

[98] TAKATA, Marcos Shigueo. Lucros no exterior, equivalência e tributação da "parcela do ajuste do valor do investimento" à luz dos acordos de bitributação brasileiros. *In*: MOSQUERA, Roberto Quiroga; LOPES, Alexsandro Broedel. *Controvérsias jurídico-contábeis (aproximações e distanciamentos)*. São Paulo: Dialética, 2015. v. 6. p. 350.

das duas controladas. Nesse cenário, parece-nos que a aplicação da regra da IN RFB nº 1.520/14 exigiria a preparação de demonstrações financeiras individuais conforme as regras australianas aplicáveis aos balanços individuais, ainda que esses demonstrativos financeiros não fossem oficiais para fins da legislação daquele país. Apenas no caso de o país de residência da controlada ou coligada estrangeira efetivamente não possuir normas contábeis sobre demonstrações individuais é que se permitiria o emprego das normas brasileiras.

Por fim, cumpre destacar que a relação entre a contabilidade e a tributação brasileira no tocante aos lucros de controladas e coligadas no exterior é diferente do que ocorre relativamente aos lucros de pessoas jurídicas residentes no país. Em relação a estas últimas, tem-se tributo cuja base de cálculo é composta de receitas e despesas analisadas de maneira individualizada, aplicando-se os ajustes de neutralização previstos na Lei nº 12.973/14, de modo que receitas e despesas reconhecidas contabilmente, mas não realizadas para fins jurídicos, não compõem a base de cálculo dos tributos.[99] Ademais, as contrapartidas do MEP relativas a controladas brasileiras são desconsideradas para fins tributários (art. 23 do DL nº 1.598/77), de modo a evitar-se a bitributação do mesmo rendimento no âmbito de duas pessoas jurídicas.

De maneira distinta, a tributação relativa a controladas e coligadas no exterior incide sobre o resultado líquido antes de impostos (*net before tax*) dessas pessoas jurídicas, elaborados conforme as regras contábeis do local de sua residência ou GAAP local. Assim, por tratar-se de tributo sobre resultado líquido, não se aplicam os ajustes de neutralização previstos na legislação brasileira para a conversação entre a contabilidade nacional e a tributação da renda.[100] Isso significa que, no resultado de controladas e coligadas no exterior que será tributado no Brasil, incluem-se rubricas contábeis estimativas e não realizadas (ajustes a valor justo – AVJ, por exemplo), que não seriam tributadas se fossem referentes a pessoas domiciliadas no Brasil.

---

[99] BARRETO, Paulo Ayres; KOURY, Paulo Arthur Cavalcante. A tributação direta do resultado de controladas indiretas no exterior: problemas na aplicação da Lei 12.973/14. In: SCHOUERI, Luís Eduardo; BIANCO, João Francisco (Org.). *Estudos de direito tributário em homenagem ao Professor Gerd Willi Rothmann*. São Paulo: Quartier Latin, 2016. p. 378.

[100] BARRETO, Paulo Ayres; KOURY, Paulo Arthur Cavalcante. A tributação direta do resultado de controladas indiretas no exterior: problemas na aplicação da Lei 12.973/14. In: SCHOUERI, Luís Eduardo; BIANCO, João Francisco (Org.). *Estudos de direito tributário em homenagem ao Professor Gerd Willi Rothmann*. São Paulo: Quartier Latin, 2016. p. 379-380.

Essa incoerência decorre do fato de que se trata de um tributo que deveria incidir sobre distribuições de lucro efetivamente realizadas (contexto em que não importaria para a controladora ou coligada brasileira se o dividendo foi distribuído com base em AVJ ou não), como um tributo sobre lucro líquido apurado no exterior.[101]

No regime de TBU, há uma remissão ao resultado da aplicação das normas estrangeiras de contabilidade. Trata-se de situação diferente da incorporação de normas estrangeiras ao direito brasileiro. O resultado da aplicação das normas contábeis estrangeiras é objeto de remissão pela legislação brasileira na condição de mero dado fático. Por isso, não é dado às autoridades fiscais brasileiras "auditar" a contabilidade da sociedade estrangeira, para verificar se houve correta aplicação da legislação societária local, por exemplo.[102]

1.3.2.2 Fatores negativos

1.3.2.2.1 Variação cambial

Conforme exposto acima, ao inaugurar a regulamentação do regime de tributação em bases universais na Lei nº 12.973/14, o art. 76 desse diploma legislativo determina que a pessoa jurídica brasileira deverá registrar o valor dos "lucros ou prejuízos auferidos pela própria controlada direta e suas controladas", de forma individualizada, em subconta da conta de investimentos. Trata-se de uma maneira de estabelecer o controle contábil de um valor (lucros e prejuízos da controlada estrangeira), que não está diretamente refletido na contabilidade da controladora brasileira, senão por meio do MEP. A evidenciação em subcontas da conta de investimento (cujo saldo segue sendo o MEP) foi a forma encontrada pelo legislador da Lei nº 12.973/14 de estabelecer controles contábeis para diversos fins fiscais, sem, contudo, modificar de maneira relevante a própria contabilidade. O controle em subcontas permite à fiscalização tributária ter acesso aos valores relevantes para fins fiscais, sem alterar os saldos das contas principais, que seguem tendo o tratamento exigido pelas normas contábeis.

---

[101] KOURY, Paulo Arthur Cavalcante. Quem se beneficia? A tributação da controlada indireta e os Tratados. *Direito Tributário Atual*, v. 36, 2016.
[102] Nesse sentido: CARF, 2ª TO, 3ª C., 1ª Sejul, Acórdão nº 1302-000.702 sessão 11.12.2018; CARF, Acórdão nº 1401003.052, 1ª TO, 4ª C., 1ª Sejul, sessão 12.12.2018; CARF, Acórdão nº 1401-002.834, 1ª TO, 4ª C., 1ª Sejul, sessão 15.8.2018.

Nessa linha, ao determinar a tributação da "parcela do ajuste do valor do investimento", o art. 77 da Lei nº 12.973/14 prescreve que a parcela tributável excetuará a variação cambial. Por meio da Solução de Consulta Cosit nº 34/2015, a Receita Federal do Brasil afirmou que a "parcela do ajuste do valor do investimento em controlada, direta ou indireta, domiciliada no exterior, relativa à variação cambial, não deve ser computada na determinação do lucro real".

Entretanto, os §§2º e 3º art. 76 da Lei nº 12.973/14 determinam que o valor dos lucros da controlada estrangeira deverá ser convertido para a moeda nacional conforme a taxa de câmbio correspondente à data do levantamento do balanço da controlada estrangeira. Veja-se:

> §2º A variação do valor do investimento equivalente ao lucro ou prejuízo auferido no exterior será convertida em reais, para efeito da apuração da base de cálculo do imposto de renda e da CSLL, com base na taxa de câmbio da moeda do país de origem fixada para venda, pelo Banco Central do Brasil, correspondente à data do levantamento de balanço da controlada direta ou indireta.
> §3º Caso a moeda do país de origem do tributo não tenha cotação no Brasil, o seu valor será convertido em dólares dos Estados Unidos da América e, em seguida, em reais.

Inicialmente, poderia haver alguma confusão entre as prescrições que excetuam da tributação a variação cambial e aquelas que determinam que o lucro apurado no exterior será tributado no Brasil conforme o resultado da sua conversão em reais pelo valor do câmbio da data do levantamento do balanço da sociedade estrangeira. Essa confusão, entretanto, decorre de uma falsa impressão de que modificações na taxa de câmbio não teriam qualquer influência na tributação brasileira pelo sistema de TBU, quando em verdade só não há tributação das parcelas de variação cambial do valor investido no exterior e dos lucros de períodos anteriores. Um exemplo ajuda a demonstrar os efeitos da variação cambial na tributação ditada pela Lei nº 12.973/14. Veja-se:

Figura 9 – Variação cambial na Lei nº 12.973/14

Variação cambial na Lei 12.973/14

Ano 1 - câmbio: R$ 1 = 1 US$	
Controladora -R$	
Investimento em controlada	100
Investimento original	80
Lucros e prejuízos acumulados	0
Lucro do exercício	20
Variação cambial	0

Ano 2 - câmbio: R$ 1 = 0,5 US$	
Controladora -R$	
Investimento em controlada	260
Investimento original	80
Lucros e prejuízos acumulados	20
Lucro do exercício	60
Variação cambial	100

Controlada -US$	
Lucro do exercício	20
Patrimônio líquido	100

Controlada -US$	
Lucro do exercício	30
Patrimônio líquido	130

Elaborada pelo autor.

O exemplo demonstra, inicialmente, como se dá o chamado controle em subcontas, determinado pelo art. 76 da Lei nº 12.973/14. No ano 1, em que a taxa de câmbio era de R$1 para US$1, a controlada no exterior teve um lucro de US$20 (equivalente a R$20). Nesse passo, partindo-se do pressuposto que o patrimônio líquido da controlada estrangeira anteriormente era de R$80, esse lucro acrescerá esse montante, que será refletido nas demonstrações contábeis da investidora brasileira, por meio do Método da Equivalência Patrimonial, pelo valor total de R$100. O que o art. 76 da Lei nº 12.973/14 determina é que, em subconta, se evidencie a parte desse valor total que efetivamente equivale aos lucros da sociedade estrangeira (R$20).

A questão dos impactos da variação cambial é demonstrada na segunda coluna, pertinente ao "ano 2", em que houve uma modificação de câmbio, de modo que R$1 passou a equivaler a 0,5 US$. Para fins contábeis, o MEP exige que a conta de investimentos reflita o patrimônio líquido atual da sociedade estrangeira, convertido a reais conforme a taxa de câmbio atual, o que resulta em um saldo de R$260 na conta investimentos (equivalente a US$130 pelo câmbio do ano 2). Contudo, a Lei nº 12.973/14 exige, para fins fiscais, que se evidencie em subconta quanto desse valor corresponde ao lucro do exercício da controlada em questão. Considerando-se o lucro de US$30, esse valor corresponde a R$60, pelo câmbio atual. Entretanto, para que o somatório das subcontas seja igual ao valor total da conta investimentos, é necessário também segregar a variação cambial aplicada ao saldo de patrimônio líquido do exercício anterior, o que se fez por meio da subconta "variação cambial".

É esse valor, que deve ser contabilmente reconhecido à contrapartida de ORA, sem trânsito pelo resultado (Pronunciamento Técnico CPC 02-R2, Efeitos das Mudanças nas Taxas de Câmbio e Conversão de Demonstrações Contábeis, item 32), que não será submetido à tributação neste momento, conforme determina o art. 77 da Lei nº 12.973/14.

Percebe-se, portanto, que a ficção de disponibilização automática do lucro da sociedade estrangeira "justifica", para a Lei nº 12.973/14, que os resultados da controlada estrangeira sejam convertidos em reais conforme o câmbio do momento em que apurados no balanço estrangeiro. Contudo, ela não justificaria a tributação da variação cambial incidente sobre o valor do investimento original na sociedade estrangeira e dos seus lucros acumulados, por exemplo. Trata-se, a nosso sentir, de parcelas igualmente não realizadas, para o contribuinte brasileiro. Contudo, a lei estabeleceu uma distinção, de modo a reconhecer apenas o caráter de não disponibilizado da variação cambial incidente sobre o investimento original e os lucros acumulados, embora aplique uma ficção de disponibilização aos lucros do exercício.

1.3.2.2.2 Reflexos de outras participações no exterior e no Brasil

Outra parcela que deve ser excluída para fins da tributação em bases universais de controladas de que trata a Lei nº 12.973/14 consiste nos "resultados auferidos por outra pessoa jurídica", que assim dispõe:

> §1º Dos resultados das controladas diretas ou indiretas não deverão constar os resultados auferidos por outra pessoa jurídica sobre a qual a pessoa jurídica controladora domiciliada no Brasil mantenha o controle direto ou indireto.

Por sua vez, o art. 85 da Lei nº 12.973/14 traz prescrição similar, no tocante às participações detidas por controlada estrangeira em sociedades brasileiras:

> Art. 85. Para fins de apuração do imposto sobre a renda e da CSLL devida pela controladora no Brasil, poderá ser deduzida da parcela do lucro da pessoa jurídica controlada, direta ou indireta, domiciliada no exterior, a parcela do lucro oriunda de participações destas em pessoas jurídicas controladas ou coligadas domiciliadas no Brasil.

A lógica desses dispositivos é bastante clara, decorrendo da sistemática de tributação individualizada das controladas indiretas instituída pela Lei nº 12.973/14. Se os resultados das controladas indiretas serão considerados imediata e individualmente para fins da tributação brasileira, então não poderá haver reflexos dos resultados dessas controladas indiretas no resultado da controlada direta que será tributado no Brasil, sob pena de bitributação. O mesmo será verdade se essas controladas indiretas forem residentes no Brasil, hipótese em que o regime de TBU não se aplicará a elas, mas elas recolherão o IRPJ e a CSLL, na condição de contribuintes. Retome-se o exemplo-base:

Figura 1 – Exemplo-base

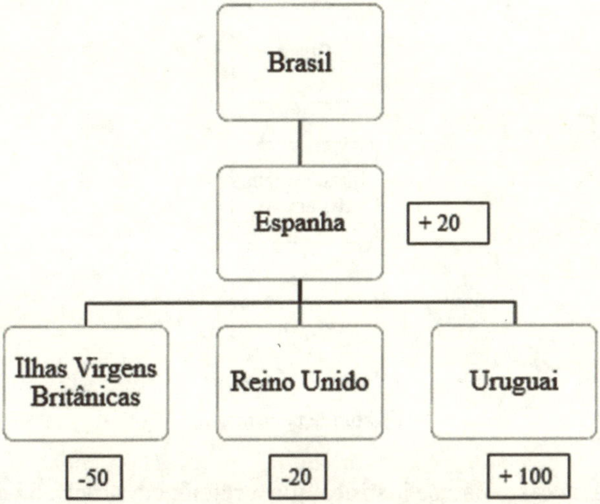

Elaborada pelo autor.

Nesse caso, o lucro a ser tributado em relação à controlada direta espanhola não poderá refletir o lucro da controlada indireta uruguaia, por exemplo, pois este será tributado de forma individualizada, no regime da Lei nº 12.973/14.

Caso houvesse uma controlada da pessoa jurídica espanhola que fosse residente no Brasil, ela seria tributada conforme as regras locais do IRPJ e da CSLL, tampouco se justificando o reflexo dos seus resultados na controlada intermediária espanhola.

Uma primeira questão relevante acerca desses dispositivos consiste na circunstância de nenhum deles fazer expressa referência às pessoas jurídicas coligadas sujeitas à tributação automática ("regime de competência", na equivocada nomenclatura da IN RFB nº 1.520/14). No tocante aos reflexos de participações no exterior, a inexistência de referência às coligadas tributadas automaticamente, no art. 76, §1º da Lei nº 12.973/14 justifica-se pelo fato de que não há tributação das chamadas coligadas indiretas, de modo que a *ratio* legal encampa a inclusão dos reflexos de outras participações na coligada sujeita à tributação automática. O mesmo não se verifica, contudo, no tocante às participações dessa coligada em uma pessoa jurídica brasileira, em conformidade com o seguinte exemplo:

Figura 10 – Coligada com participação em sociedade brasileira

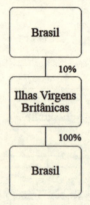

Elaborada pelo autor.

Nesse caso, não se justifica que a referência do art. 85 da Lei nº 12.973/14 apenas abranja as controladas, uma vez que as pessoas jurídicas brasileiras que sejam controladas ou coligadas da coligada estrangeira serão integralmente tributadas no Brasil, não se justificando a inclusão de reflexos de seus lucros nos resultados da coligada estrangeira.

Logo, parece-nos que a solução mais adequada consiste em interpretar teleologicamente o art. 85 da Lei nº 12.973/14, considerando-se que a sua finalidade é a de evitar a dupla tributação do mesmo lucro brasileiro, diretamente na pessoa jurídica que o aufere (residente no Brasil) e na controladora ou coligada (residente nas Ilhas Virgens Britânicas, no exemplo supra). Ademais, a finalidade de evitar o que a legislação considera um diferimento não justifica a dupla tributação do lucro da pessoa jurídica brasileira. Tampouco se justifica, em face do princípio da igualdade, a diferenciação entre o contribuinte brasileiro que possui controlada no exterior e aquele que possui coligada no exterior, permitindo-se apenas ao primeiro o expurgo dos reflexos de participações da pessoa jurídica estrangeira em outro contribuinte brasileiro.

Em segundo lugar, há dificuldades na aplicação dos conceitos de "resultados auferidos por outra pessoa jurídica" e de "parcela do lucro oriunda de participações". Considerando-se que o resultado das controladas estrangeiras é determinado conforme a sua contabilidade local (§7º no art. 25 da Lei nº 9.249/96, incluído pela Lei nº 12.973/14), será necessário verificar se a forma de contabilização do investimento pela controlada direta reflete, ou não, resultados da controlada indireta. Em caso afirmativo, esses resultados refletidos (positivos ou negativos) deverão ser expurgados para fins da tributação brasileira.

De maneira geral, o padrão contábil internacional não proporciona uniformização das formas de reconhecimento dos investimentos em controladas e coligadas nas demonstrações financeiras individuais da entidade, uma vez que normatiza apenas as demonstrações consolidadas.[103]

Assim, haverá grande variação entre as regras contábeis aplicáveis a demonstrações financeiras individuais, entre diferentes países. De um lado, a verificação da subsunção ao conceito de "resultados auferidos por outra pessoa jurídica" ou "parcela do lucro oriunda de participações" será bastante simples quando o país de residência da controlada direta (Espanha, no exemplo acima) adota a contabilização de investimentos em outras sociedades pelo Método da Equivalência Patrimonial (MEP). Nesse caso, as contrapartidas de equivalência patrimonial constituirão, claramente, reflexos dos lucros de outra pessoa jurídica, que serão considerados individualmente para fins da tributação brasileira. Logo, essas receitas e despesas deverão ser expurgadas dos resultados da controlada intermediária, para fins da aplicação do regime de TBU.

De outro lado, essa verificação será mais complexa no caso de a controladora intermediária reconhecer os ativos correspondentes à participação em outras entidades pelo seu custo, submetendo-os a

---

[103] Cf. nosso KOURY, Paulo Arthur Cavalcante. Demonstrações financeiras de grupos de empresas no padrão IFRS e a tributação em bases universais no Brasil. *Revista Direito Tributário Atual*, v. 40, 2018.

testes de redução ao valor recuperável (*impairment*), que podem reduzir o seu valor, com contrapartida em despesa, reduzindo o lucro líquido. Situação similar ocorrerá no caso de mensuração do investimento pelo valor justo, em que haverá flutuações igualmente refletidas em contrapartida de resultados, podendo gerar receitas (caso positiva) ou despesas (caso negativa). Tanto o *impairment* como a avaliação a valor justo aferem o valor de mercado do investimento, com a distinção que o primeiro somente toma essa circunstância por relevante quando apresenta valor inferior ao valor contábil e superior ao valor em uso (valor recuperável por meio da exploração do ativo).

Em determinados casos, poder-se-ia argumentar que a redução do valor do investimento por *impairment* ou sua redução ao aumento por ajuste a valor justo equivaleriam, materialmente, a um reflexo de resultados auferidos por outra pessoa jurídica. No entanto, nem sempre isso será verdade. O reflexo de resultados de outra pessoa jurídica refere-se a resultados já incorridos, enquanto que o *impairment* e a mensuração a valor justo dizem respeito a estimativas de eventos futuros (caso do valor em uso) e estimativas de valor de mercado presente, que, por sua vez, são influenciadas pelas estimativas de resultados futuros, e não pelos resultados pretéritos. Além disso, há diversos itens tomados em conta na marcação a mercado que não o são nos demonstrativos financeiros da investida, como intangíveis gerados internamente.

Assim, em função do sentido literal do dispositivo legal, que fala em "resultados auferidos por outra pessoa jurídica", parece que a resposta mais coerente, em termos gerais, seja não considerar que os ajustes a valor presente ou reduções ao valor recuperável se enquadram no conceito.[104]

É claro que essa solução gera perplexidade, pois, em determinados casos, será possível identificar, de alguma forma, a redução do valor justo com a redução do valor patrimonial da investida, por exemplo. No entanto, a mesma perplexidade seria gerada na hipótese de se entender que esses ajustes seriam enquadrados no conceito legal de "resultados auferidos por outra pessoa jurídica", nos casos em que a mudança de valor justo não encontrasse reflexo no valor patrimonial da investida. Desse modo, como solução geral, parece-nos mais adequada

---

[104] BARRETO, Paulo Ayres; KOURY, Paulo Arthur Cavalcante. A tributação direta do resultado de controladas indiretas no exterior: problemas na aplicação da Lei 12.973/14. *In*: SCHOUERI, Luís Eduardo; BIANCO, João Francisco (Org.). *Estudos de direito tributário em homenagem ao Professor Gerd Willi Rothmann*. São Paulo: Quartier Latin, 2016. p. 384.

a interpretação de que os *impairments* e as contrapartidas de valor justo não correspondem a "resultados auferidos por outra pessoa jurídica" ou "parcela do lucro oriunda de participações" para fins da aplicação do regime brasileiro de TBU.

1.3.2.2.3 Compensação de prejuízos

O terceiro elemento negativo que conforma a base de cálculo da tributação automática das sociedades controladas no exterior determinada pela Lei nº 12.973/14 consiste na compensação dos prejuízos de exercícios anteriores, que é limitada pelo diploma normativo em questão aos lucros posteriores das mesmas pessoas jurídicas que geraram o prejuízo anterior.

Ao tratar das sobras de prejuízos após o procedimento opcional de consolidação horizontal,[105] o art. 78, §4º da Lei nº 12.973/14 determina:

> o saldo remanescente de prejuízo de cada pessoa jurídica poderá ser utilizado na compensação com lucros futuros das mesmas pessoas jurídicas no exterior que lhes deram origem, desde que os estoques de prejuízos sejam informados na forma e prazo estabelecidos pela RFB.

O art. 79, II, do mesmo diploma normativo, veicula prescrição similar, no tocante às sociedades não sujeitas à consolidação horizontal. Veja-se:

> Art. 79. Quando não houver consolidação, nos termos do art. 78, a parcela do ajuste do valor do investimento em controlada, direta ou indireta, domiciliada no exterior equivalente aos lucros ou prejuízos por ela auferidos deverá ser considerada de forma individualizada na determinação do lucro real e da base de cálculo da CSLL da pessoa jurídica controladora domiciliada no Brasil, nas seguintes formas: (Vigência)
> I - se positiva, deverá ser adicionada ao lucro líquido relativo ao balanço de 31 de dezembro do ano-calendário em que os lucros tenham sido apurados pela empresa domiciliada no exterior; e
> II - se negativa, poderá ser compensada com lucros futuros da mesma pessoa jurídica no exterior que lhes deu origem, desde que os estoques de prejuízos sejam informados na forma e prazo estabelecidos pela Secretaria da Receita Federal do Brasil - RFB.

---

[105] Cf. item 1.3.3 *infra*.

A exemplo do que fazia o §2º do art. 4º da IN SRF nº 213/02, relativamente ao regime do art. 74 da MP nº 2.158-35/01, os dispositivos transcritos criam uma espécie de regime cedular de tributação, em que os prejuízos anteriores de uma controlada somente são passíveis de compensação com os lucros posteriores da mesma controlada. Rigorosamente, assim como se sustentou em relação ao dispositivo vigente no regime anterior, essa sistemática de segregação da aferição da base de cálculo do Imposto sobre a Renda do contribuinte brasileiro, que é um só, em diferentes cédulas ou cestas (*baskets*), a depender da controlada estrangeira que tenha gerado os prejuízos e os posteriores lucros, viola o critério da universalidade (CF/88, art. 153, §2º, I), que demanda a consideração universal de todas as receitas e despesas do contribuinte.

Aliás, há duas segregações distintas, que, individualmente, violam o critério da universalidade. De um lado, os prejuízos do próprio exercício, de uma controlada estrangeira, são isolados dos lucros nacionais da pessoa jurídica, dos quais não podem ser abatidos. Nesse ponto, é perfeito o diagnóstico de Alberto Xavier, para quem essa:

> radical separação entre prejuízos internos e externos, como se uma cortina de ferro separasse dois compartimentos hermeticamente fechados e incomunicáveis, releva uma "xenofobia fiscal", aliás, pouco consentânea com a denominação ambiciosa de "tributação em bases universais".[106]

De outro, esses prejuízos também são isolados dos lucros das outras entidades no exterior em exercícios subsequentes. Qualquer das formas de segregação artificial de prejuízos de uma controlada em relação aos lucros de outra controlada ou da pessoa jurídica brasileira viola o critério da universalidade, criando separações cedulares dos rendimentos do mesmo contribuinte.

Não obstante, da perspectiva eminentemente legal, caso vencida a inconstitucionalidade do regime cedular de compensação de prejuízos de exercícios anteriores, outra questão que se põe consiste na inexistência de disposição expressa que admita a transferência de prejuízos de controlada estrangeira de contribuinte brasileiro para outra pessoa jurídica que a venha a incorporar, ou que resulte de sua fusão com uma terceira pessoa jurídica. Segundo nos parece, nessa hipótese, a

---

[106] XAVIER, Alberto. *Direito tributário internacional do Brasil*. 8. ed. Rio de Janeiro, 2015. p. 445.

referência legal aos "lucros futuros da mesma pessoa jurídica no exterior que lhes deu origem" deve ser interpretada como uma referência aos lucros decorrentes da mesma atividade no exterior que deu origem ao prejuízo, caso essa seja continuada pela sociedade incorporadora ou resultante da fusão.

Nessa linha, a própria lógica do regime cedular de aproveitamento de prejuízos de exercícios anteriores pela mesma pessoa jurídica, nos exercícios subsequentes, demandaria uma regra permissiva da compensação no caso de incorporação da sociedade estrangeira por outra controlada pelo mesmo contribuinte brasileiro, ou de sua fusão com outra sociedade controlada pelo mesmo contribuinte brasileiro. Essa questão é resolvida pela interpretação teleológica do conceito de "lucros futuros da mesma pessoa jurídica no exterior que lhes deu origem", que deve ser reconstruída pelo intérprete como referência aos lucros decorrentes da mesma atividade no exterior que deu origem ao prejuízo. Trata-se de interpretação que se coaduna com a sua finalidade de instituir um regime cedular de tributação das controladas estrangeiras (que viola o art. 153, §2º, I, da CF/88). Não se aplica, nesse caso, a regra de interpretação literal do art. 111 do Código Tributário Nacional, vez que não se está diante de nenhuma das categorias referidas por seus incisos (suspensão ou exclusão do crédito tributário, outorga de isenção ou dispensa do cumprimento de obrigações tributárias acessórias).

Não obstante, ainda que não se entendesse possível a interpretação finalística proposta, ter-se-ia uma verdadeira lacuna normativa, que teria que ser objeto de colmatação conforme os métodos constantes do art. 108 do CTN, que assim dispõe:

> Art. 108. Na ausência de disposição expressa, a autoridade competente para aplicar a legislação tributária utilizará sucessivamente, na ordem indicada:
> I - a analogia;
> II - os princípios gerais de direito tributário;
> III - os princípios gerais de direito público;
> IV - a eqüidade.
> §1º O emprego da analogia não poderá resultar na exigência de tributo não previsto em lei.
> §2º O emprego da eqüidade não poderá resultar na dispensa do pagamento de tributo devido.

Veja-se que, longe de proibir o emprego da analogia no direito tributário, como apressadamente concluem alguns, esse dispositivo apenas veda o seu emprego em casos em que resulte na exigência de tributo não previsto em lei. Desse modo, afigura-se adequada, relativamente à situação analisada, a analogia da transferência de prejuízos à incorporadora ou sociedade resultante da fusão no exterior com a hipótese de o próprio contribuinte brasileiro incorporar a sua controlada estrangeira. Nesse caso, há norma expressa reconstruída a partir do art. 4º, §4º, da IN SRF nº 213/02, ainda em vigor, que assim dispõe:

> Art. 4º É vedada a compensação de prejuízos de filiais, sucursais, controladas ou coligadas, no exterior, com os lucros auferidos pela pessoa jurídica no Brasil.
> §1º Os prejuízos a que se refere este artigo são aqueles apurados com base na escrituração contábil da filial, sucursal, controlada ou coligada, no exterior, efetuada segundo as normas legais do país de seu domicílio, correspondentes aos períodos iniciados a partir do ano-calendário de 1996.
> §2º Os prejuízos apurados por uma controlada ou coligada, no exterior, somente poderão ser compensados com lucros dessa mesma controlada ou coligada.
> §3º Na compensação dos prejuízos a que se refere o §2º não se aplica a restrição de que trata o art. 15 da Lei nº 9.065, de 1995.
> §4º *A pessoa jurídica brasileira que absorver patrimônio de filial, sucursal, controlada ou coligada, no exterior, de outra pessoa jurídica brasileira, e continuar a exploração das atividades no exterior, poderá compensar os prejuízos acumulados pela referida filial, sucursal, controlada ou coligada, correspondentes aos períodos iniciados a partir do ano-calendário de 1996, observado o disposto neste artigo.*
> §5º Tratando-se de filiais e sucursais, domiciliadas num mesmo país, quando a matriz no Brasil indicar uma dessas filiais ou sucursais como entidade líder, os resultados poderão ser consolidados por país e os prejuízos de uma poderão ser compensados com os lucros de outra.

O dispositivo em questão permite que a pessoa jurídica brasileira que absorver o patrimônio de sua controlada estrangeira e continuar com a exploração das mesmas atividades no exterior compense os prejuízos passados da controlada com os seus próprios lucros futuros, em linha com o regime cedular de aproveitamento de prejuízos. Em face desse regime cedular, é coerente que a mesma solução seja aplicada no caso de incorporação ou fusão de sociedade controlada no exterior, em que a sociedade resultante da operação siga explorando as mesmas atividades da sociedade incorporada ou fundida.

1.3.2.2.4 Ajustes de preços de transferência e subcapitalização

O último fator negativo a ser considerado, para a conformação da base de cálculo do Imposto sobre a Renda e da CSLL, consiste nos ajustes realizados pelo contribuinte em conformidade com as regras de preços de transferência e de subcapitalização. Trata-se de hipótese prevista no art. 86 da Lei nº 12.973/14, que assim dispõe:

> Art. 86. Poderão ser deduzidos do lucro real e da base de cálculo da CSLL os valores referentes às adições, espontaneamente efetuadas, decorrentes da aplicação das regras de preços de transferência, previstas nos arts. 18 a 22 da Lei nº 9.430, de 27 de dezembro de 1996, e das regras previstas nos arts. 24 a 26 da Lei nº 12.249, de 11 de junho de 2010, desde que os lucros auferidos no exterior tenham sido considerados na respectiva base de cálculo do Imposto sobre a Renda da Pessoa Jurídica - IRPJ e da CSLL da pessoa jurídica controladora domiciliada no Brasil ou a ela equiparada, nos termos do art. 83 e cujo imposto sobre a renda e contribuição social correspondentes, em qualquer das hipóteses, tenham sido recolhidos.
> §1º A dedução de que trata o caput:
> I - deve referir-se a operações efetuadas com a respectiva controlada, direta ou indireta, da qual o lucro seja proveniente;
> II - deve ser proporcional à participação na controlada no exterior;
> III - deve estar limitada ao valor do lucro auferido pela controlada no exterior; e
> IV - deve ser limitada ao imposto devido no Brasil em razão dos ajustes previstos no caput.
> §2º O disposto neste artigo aplica-se à hipótese prevista no art. 82.

O objetivo da faculdade de dedução dos ajustes de preços de transferência e de subcapitalização relativamente à tributação em bases universais consiste em evitar que haja *bis in idem* (dupla tributação pelo mesmo ente), mediante a inclusão das mesmas receitas na base de cálculo da tributação própria do contribuinte brasileiro e de suas controladas ou coligadas no exterior, ou da negação da dedutibilidade de um pagamento por uma dessas partes, cuja receita correspondente será tributada pela outra parte.

As regras brasileiras de subcapitalização são reconstruídas a partir dos arts. 24 e 25 da Lei nº 12.249/10, funcionando como condicionantes específicas para a dedutibilidade de despesas com juros, em adição às regras gerais que limitam a dedutibilidade das despesas à sua vinculação à atividade do contribuinte (art. 47 da Lei nº 4.506/64)[107] e a outras regras também específicas (por exemplo, o art. 17, §§1º a 3º do DL nº 1.598/77, com redação determinada pela Lei nº 12.973/14,[108] e o art. 1º, §3º da Lei nº 9.532/97, com redação determinada pela MP nº 2.158-35/01)[109] e às regras de preços de transferência, que tratam do valor dos juros pagos a partes vinculadas (art. 22 da Lei nº 9.430/96).

De um lado, o propósito da regra do art. 24 da Lei nº 12.249/10 consiste em diminuir o incentivo tributário ao endividamento em

---

[107] Assim: MOSQUERA, Roberto Quiroga; DINIZ, Rodrigo de Madureira Pará. As regras de subcapitalização no direito brasileiro – Questões controversas. *In*: ROCHA, Valdir de Oliveira. *Grandes questões atuais de direito tributário*. São Paulo: Dialética, 2011. v. 15. p. 97.

[108] "Art. 17. Os juros, o desconto, a correção monetária prefixada, o lucro na operação de reporte e o prêmio de resgate de títulos ou debêntures, ganhos pelo contribuinte, serão incluídos no lucro operacional e, quando derivados de operações ou títulos com vencimento posterior ao encerramento do exercício social, poderão ser rateados pelos períodos a que competirem. §1º Sem prejuízo do disposto no art. 13 da Lei no 9.249, de 26 de dezembro de 1995, os juros pagos ou incorridos pelo contribuinte são dedutíveis como custo ou despesa operacional, observadas as seguintes normas: (Incluído pela Lei nº 12.973, de 2014) a) os juros pagos antecipadamente, os descontos de títulos de crédito, a correção monetária prefixada e o deságio concedido na colocação de debêntures ou títulos de crédito deverão ser apropriados, pro rata tempore, nos exercícios sociais a que competirem; e (Incluído pela Lei nº 12.973, de 2014) b) os juros e outros encargos, associados a empréstimos contraídos, especificamente ou não, para financiar a aquisição, construção ou produção de bens classificados como estoques de longa maturação, propriedade para investimentos, ativo imobilizado ou ativo intangível, podem ser registrados como custo do ativo, desde que incorridos até o momento em que os referidos bens estejam prontos para seu uso ou venda. (Incluído pela Lei nº 12.973, de 2014) §2º Considera-se como encargo associado a empréstimo aquele em que o tomador deve necessariamente incorrer para fins de obtenção dos recursos. (Incluído pela Lei nº 12.973, de 2014) §3º Alternativamente, nas hipóteses a que se refere a alínea 'b' do §1º, os juros e outros encargos poderão ser excluídos na apuração do lucro real quando incorridos, devendo ser adicionados quando o respectivo ativo for realizado, inclusive mediante depreciação, amortização, exaustão, alienação ou baixa".

[109] "Art. 1º Os lucros auferidos no exterior, por intermédio de filiais, sucursais, controladas ou coligadas serão adicionados ao lucro líquido, para determinação do lucro real correspondente ao balanço levantado no dia 31 de dezembro do ano-calendário em que tiverem sido disponibilizados para a pessoa jurídica domiciliada no Brasil. [...] §3º Não serão dedutíveis na determinação do lucro real e da base de cálculo da Contribuição Social sobre o Lucro Líquido os juros, relativos a empréstimos, pagos ou creditados a empresa controlada ou coligada, independente do local de seu domicílio, incidentes sobre valor equivalente aos lucros não disponibilizados por empresas controladas, domiciliadas no exterior. (Redação dada pela Medida Provisória nº 2158-35, de 2001)".

detrimento da capitalização,[110] conforme o objetivo fundamental das regras de subcapitalização.[111]

Para tanto, relativamente aos juros pagos por pessoa jurídica domiciliada no Brasil à pessoa vinculada (nos moldes do art. 23 da Lei nº 9.430/96) domiciliada no exterior, em país sem tributação favorecida nem regime fiscal privilegiado (na forma dos arts. 24 e 24-A da Lei nº 9.430/96), o art. 24 da Lei nº 12.249/10 prescreve limites individual e global à dedutibilidade dos juros, conforme terminologia adotada por Alberto Xavier.[112]

No que respeita aos limites individuais, estes dependem da circunstância de a pessoa vinculada no exterior possuir ou não participação no capital social da pessoa jurídica brasileira. Em caso afirmativo, o limite individual à dedutibilidade de juros será o endividamento de até duas vezes o valor da participação da vinculada no patrimônio líquido da sociedade brasileira. No caso de a pessoa vinculada no exterior não possuir participação no capital social da pessoa jurídica brasileira, o limite de endividamento, para fins de dedutibilidade dos correspectivos juros, é de duas vezes o valor do patrimônio líquido da sociedade brasileira, considerado em sua integralidade.

Já o limite global, aplicável em qualquer caso, limita a dedutibilidade de juros pagos a pessoas vinculadas àqueles relativos a endividamento até duas vezes superior ao somatório da participação das pessoas vinculadas no patrimônio líquido da pessoa jurídica brasileira. Conforme o item 29.2 da Exposição de Motivos da MP nº 472/09, convertida posteriormente na Lei nº 12.249/10, o objetivo dessa medida "é controlar o endividamento abusivo junto a pessoa vinculada no exterior, efetuado exclusivamente para fins fiscais". De toda sorte, caso sejam ultrapassados os limites previstos no dispositivo em exame, o §3º prescreve sejam considerados indedutíveis os juros relativos ao excedente.

De outro lado, o art. 25 da Lei nº 12.249/10 visa exclusivamente a evitar que o endividamento da pessoa jurídica brasileira seja superior a uma proporção do seu patrimônio líquido e as respectivas receitas de juros sejam pagas a pessoa jurídica estrangeira cujas receitas não serão tributadas em patamares considerados adequados. Conforme esse

---

[110] Cf. nosso BARRETO, Paulo Ayres; KOURY, Paulo Arthur Cavalcante. As regras brasileiras e as diretrizes internacionais sobre subcapitalização: diversidade de perspectivas. *In*: GOMES, Edgar Santos; MOREIRA, Francisco Lisboa; MURAYAMA, Janssen; SAUNDERS, Ana Paula (Org.). *Estudos de tributação internacional*. Rio de Janeiro: Lumen Juris, 2016.

[111] Cf. MILLÁN, Emilio C.; SOLER ROCH, María T. Limit Base Erosion via Interest Deduction and Others. *Intertax*, Amsterdam, v. 43, n. 1, 2015. p. 61.

[112] XAVIER, Alberto. *Direito tributário internacional do Brasil*. 8. ed. Rio de Janeiro, 2015. p. 412.

dispositivo, serão consideradas indedutíveis da base de cálculo do IRPJ e da CSLL as despesas com juros pagos a qualquer pessoa residente em país ou dependência de tributação favorecida, ou com regime fiscal privilegiado (na forma dos arts. 24 e 24-A da Lei nº 9.430/96), independentemente de tratar-se de pessoa vinculada ou não, cujo principal exceda 30% do valor do patrimônio líquido da sociedade brasileira.

De sua parte, as regras de preços de transferência visam a atribuir às transações entre partes relacionadas o valor que lhes teria sido dado caso partes independentes realizassem o mesmo negócio, sob condições comparáveis.[113] Tais regras existem pelo fato de que os preços praticados entre partes relacionadas podem se desviar daqueles que seriam adotados entre empreendimentos não relacionados, em transações comparáveis.[114]

Com as regras de preços de transferência, evita-se o aumento de uma despesa (erosão da base tributável) de uma entidade em um país e o aumento dos lucros de outra entidade em país diverso (deslocamento de lucros), por meio de preços "reais de grupo" que sejam distintos dos valores "reais de mercado".[115]

Para tanto, a legislação se vale do chamado padrão *arm's length*, o qual, conforme, baseia-se em uma ficção seguida de uma presunção. A ficção consiste na determinação legal de que as transações entre partes relacionadas sejam tratadas como transações entre partes independentes (quando na verdade são diferentes). A presunção, de sua parte, consiste em assumir a legislação que o preço praticado pelas partes independentes, em uma situação comparável, seria aquele obtido por meio de um dos métodos aceitos.[116]

Tanto as regras de preços de transferência como as normas de subcapitalização modificam, para fins fiscais brasileiros, os valores de negócios jurídicos realizados pelo contribuinte brasileiro com as suas subsidiárias e coligadas no exterior. Contudo, como a contabilidade local das pessoas jurídicas estrangeiras (conforme a base de cálculo da

---

[113] BRAUNER, Yariv. O valor segundo o expectador: a avaliação de intangíveis para fins de preços de transferência. *In*: SCHOUERI, Luís Eduardo. *Tributos e preços de transferência*. São Paulo: Dialética, 2009. v. 3. p. 275.

[114] SCHOUERI, Luís Eduardo. *Direito tributário*. 3. ed. São Paulo: Saraiva, 2013. p. 11.

[115] Cf. nosso: KOURY, Paulo Arthur Cavalcante. Os serviços intragrupo no plano de Ação nº 10 e o Contexto Brasileiro. *In*: GOMES, Marcus Lívio; SCHOUERI, Luís Eduardo (Org.). *A tributação internacional na era pós-BEPS*: soluções globais e peculiaridades de países em desenvolvimento. 2. ed. Rio de Janeiro: Lumen Juris, 2019. p. 317-344.

[116] SCHOUERI, Luís Eduardo. Arm's Lenght: beyond the Guidelines of the OECD. *Bulletin for International Taxation*, 2016.

TBU) não necessariamente preverá ajuste similar, faz-se necessário o ajuste de que trata o art. 86 da Lei nº 12.973/14.

Imagine-se que um contribuinte brasileiro pagou 100 u.m. para sua controlada no exterior a título de juros. Se as regras de preços de transferência ou subcapitalização limitam a dedutibilidade desse pagamento a 60 u.m., a tributação da receita de 100 u.m. na pessoa jurídica estrangeira, a título de TBU, corresponderá, efetivamente, a *bis in idem* de 40 u.m. Nesse caso, a pessoa jurídica brasileira efetivamente tributará o valor de 40 u.m., em razão da aplicação conjunta de legislações cuja finalidade é evitar que se criem despesas adicionais ou que se desloquem lucros e não criar novo montante tributável que em verdade não existe.

Situação similar ocorreria no caso de o contribuinte brasileiro importar um bem de sua controlada estrangeira pelo valor de 200 u.m. e as regras brasileiras de preços de transferência reduzirem o montante dedutível da base de cálculo dos tributos sobre a renda a 150 u.m. Nessa hipótese, caso a tributação da pessoa jurídica estrangeira, por meio das regras de TBU, considere a receita de 200 u.m., estar-se-á tributando um valor ficto de 50 u.m.

De um lado, a tributação dos montantes referidos violaria a norma de competência para a tributação da renda, ao instituir tributação sobre importância que efetivamente não corresponde à renda de nenhuma das sociedades tributadas.[117] De outro lado, essa exigência seria manifestamente desproporcional em relação aos propósitos das legislações em questão, pois não apenas neutralizaria os efeitos tributários das transações intragrupo, como também penalizaria essas transações com uma tributação mais gravosa. Por esse motivo, parece-nos que a exclusão dos valores decorrentes de ajustes de preços de transferência e de subcapitalização relativamente à base de cálculo da tributação em bases universais decorre diretamente da Constituição. Logo, a regra do art. 86 da Lei nº 12.973/14 deve ser interpretada como mera decorrência interpretativa da norma constitucional de competência.

Além disso, os ajustes em questão se coadunam com a lógica cedular que preside a tributação em bases universais, especialmente em relação aos preços de transferência. É que os ajustes decorrentes dessa legislação implicam reconhecimento de que determinada parcela de lucro não é de sociedade estrangeira, mas sim do contribuinte brasileiro. Logo, está em conformidade com a lógica cedular imputar

---

[117] Sobre o conceito de renda tributável, cf. item 2.1.1.2.1 *infra*.

tais lucros às atividades brasileiras do contribuinte e não de sua controlada estrangeira.[118]

Entretanto, a previsão literal do dispositivo referido apenas abrange as adições "espontaneamente efetuadas" em razão das regras de preços de transferência e de subcapitalização. O mesmo é verdade relativamente ao art. 23 da IN RFB nº 1.520/14. Pela aplicação da literalidade desses dispositivos, não seria permitido o ajuste à base de cálculo da TBU no caso de lavratura de auto de lançamento para aplicação da legislação de preços de transferência ou subcapitalização, pois, nessa hipótese, não se estaria diante de um ajuste espontâneo. Entretanto, parece-nos que essa vedação estaria em confronto com as exigências constitucionais acima referidas e com a própria lógica do regime de TBU. Desse modo, parece-nos que, após o recolhimento do IRPJ e da CSLL devidos em decorrência de auto de infração que imputar ajustes de preços de transferência ou de subcapitalização, deve-se admitir que o contribuinte retifique a base de cálculo da sua tributação em bases universais.

1.3.3 A faculdade de consolidação horizontal

Apesar de a regra geral, no sistema de tributação em bases universais da Lei nº 12.973/14, ser a consideração individualizada das controladas diretas e indiretas, impedindo-se a consolidação vertical na controlada direta que existia no sistema da MP nº 2.158-35/01, há um regime opcional de consolidação, desde que atendidas determinadas condicionantes.

Trata-se da previsão do art. 78 da Lei nº 12.973/14, atualmente limitada temporalmente ao ano-base de 2022,[119] que assim dispõe:

> Art. 78. Até o ano-calendário de 2022, as parcelas de que trata o art. 77 poderão ser consideradas de forma consolidada na determinação do lucro real e da base de cálculo da CSLL da controladora no Brasil, excepcionadas as parcelas referentes às pessoas jurídicas investidas que se encontrem em pelo menos uma das seguintes situações:
> I - estejam situadas em país com o qual o Brasil não mantenha tratado ou ato com cláusula específica para troca de informações para fins tributários;

---

[118] Cf., em perspectiva similar: SCHOUERI, Luís Eduardo. Aplicação concomitante da legislação de preços de transferência e da tributação em bases universais. *In*: TORRES, Heleno Taveira. *Direito tributário internacional aplicado*. São Paulo: Quartier Latin, 2005. v. 3; SANTOS, Ramon Tomazela. *O regime de tributação dos lucros auferidos no exterior na Lei nº 12.973/14*. Rio de Janeiro: Lumen Juris, 2017. p. 185.

[119] Até o fechamento desta edição, não havia sido aprovada lei ou publicada medida provisória versando sobre a extensão desse prazo.

II - estejam localizadas em país ou dependência com tributação favorecida, ou sejam beneficiárias de regime fiscal privilegiado, de que tratam os arts. 24 e 24-A da Lei nº 9.430, de 27 de dezembro de 1996, ou estejam submetidas a regime de tributação definido no inciso III do caput do art. 84 da presente Lei;
III - sejam controladas, direta ou indiretamente, por pessoa jurídica submetida a tratamento tributário previsto no inciso II do caput; ou
IV - tenham renda ativa própria inferior a 80% (oitenta por cento) da renda total, nos termos definidos no art. 84.
§1º A consolidação prevista neste artigo deverá conter a demonstração individualizada em subcontas prevista no art. 76 e a demonstração das rendas ativas e passivas na forma e prazo estabelecidos pela Secretaria da Receita Federal do Brasil - RFB.
§2º O resultado positivo da consolidação prevista no caput deverá ser adicionado ao lucro líquido relativo ao balanço de 31 de dezembro do ano-calendário em que os lucros tenham sido apurados pelas empresas domiciliadas no exterior para fins de determinação do lucro real e da base de cálculo da CSLL da pessoa jurídica controladora domiciliada no Brasil.
§3º No caso de resultado negativo da consolidação prevista no caput, a controladora domiciliada no Brasil deverá informar à RFB as parcelas negativas utilizadas na consolidação, no momento da apuração, na forma e prazo por ela estabelecidos.
§4º Após os ajustes decorrentes das parcelas negativas de que trata o §3º, nos prejuízos acumulados, o saldo remanescente de prejuízo de cada pessoa jurídica poderá ser utilizado na compensação com lucros futuros das mesmas pessoas jurídicas no exterior que lhes deram origem, desde que os estoques de prejuízos sejam informados na forma e prazo estabelecidos pela RFB.
§5º O prejuízo auferido no exterior por controlada de que tratam os §§3º, 4º e 5º do art. 77 não poderá ser utilizado na consolidação a que se refere este artigo.
§6º A opção pela consolidação de que trata este artigo é irretratável para o ano-calendário correspondente.
§7º Na ausência da condição do inciso I do caput a consolidação será admitida se a controladora no Brasil disponibilizar a contabilidade societária em meio digital e a documentação de suporte da escrituração, na forma e prazo a ser estabelecido pela RFB, mantidas as demais condições.

A consolidação ou *blending* permitida por esse dispositivo importa soma algébrica dos resultados positivos e negativos das controladas estrangeiras, desde que cumpridas as condicionantes dos incisos do *caput*, em relação a cada uma das controladas inseridas na consolidação: (i) a controlada deve estar localizada em país com o qual o Brasil mantenha tratado com cláusula de troca de informações ou a controladora brasileira deve entregar a contabilidade e documentação de suporte da controlada estrangeira à RFB; (ii) a controlada não pode ser residente em país de tributação favorecida nem sujeita a regime fiscal privilegiado ou subtributação; (iii) a controlada indireta não pode ser controlada direta ou indiretamente por pessoa jurídica residente em país de tributação favorecida, sujeita a regime fiscal privilegiado ou subtributação; e (iv) a controlada não pode ter renda passiva superior a 20% de seus rendimentos totais.

O primeiro requisito é de cumprimento mais simples. De um lado, além dos 30 acordos bilaterais contra a dupla tributação, que contêm cláusulas de troca de informações, o Brasil é signatário da Convenção sobre Assistência Mútua Administrativa em Matéria Tributária, promulgada pelo Decreto nº 8.842/16, que inclui a troca de informações com os outros 143 países participantes. De outro lado, ainda que a controlada não esteja em país coberto por nenhum desses tratados, a controladora brasileira poderá suprir essa condição mediante a disponibilização, à RFB, das informações relativas à controlada estrangeira.

O segundo e o terceiro requisitos correspondem, exatamente, aos requisitos previstos no art. 81, analisado acima,[120] para a tributação dos lucros das coligadas no exterior apenas quando da sua efetiva disponibilização ao sócio brasileiro.

O quarto requisito diz respeito à parcela das receitas da controlada estrangeira que deve derivar de atividades consideradas ativas, que deve ser igual a 80% do total de suas receitas para que ela possa ser incluída na consolidação. A Lei nº 12.973/14 veicula um conceito próprio de receitas consideradas ativas, por meio do seu art. 84, o qual é obtido por exclusão. Conforme esse dispositivo, consideram-se ativas todas as receitas obtidas "diretamente pela pessoa jurídica mediante a exploração de atividade econômica própria", com exceção das seguintes receitas: (i) *royalties*; (ii) juros; (iii) dividendos; (iv) participações societárias; (v) aluguéis; (vi) ganhos de capital, salvo na alienação de participações societárias ou ativos de caráter permanente adquiridos há mais de 2 (dois) anos; (vii) aplicações financeiras; e (viii) intermediação financeira. Conforme o §1º do dispositivo, as receitas de juros, aplicações financeiras e intermediação financeira não são consideradas passivas se auferidas por instituições financeiras, assim classificadas conforme as leis do país

---

[120] Cf. item 1.3.2.2 *supra*.

de residência. Ademais, o §2º determina que serão considerados como renda ativa os dividendos ou outras receitas de participações societárias que sejam anteriores a 31.12.2013 e cujas próprias receitas ativas sejam iguais ou superiores a 80% do total de receitas.

De maneira geral, as condicionantes da consolidação se aproximam bastante de critérios utilizados por outros países para determinar a própria aplicabilidade de suas regras de tributação automática de lucros de sociedades controladas no exterior (*CFC rules*). A definição de rendas passivas é normalmente empregada para determinar os lucros não qualificados (*tainted income*), que são atribuídos às controladoras residentes em países com legislação CFC, em razão de sua maior mobilidade, que os tornaria mais suscetíveis ao planejamento tributário e à competição tributária internacional.[121] Existe, neste caso, uma presunção absoluta no sentido de que os juros ou *royalties*, por exemplo, foram artificialmente atribuídos a uma controlada no exterior, quando deveriam tê-lo sido à controladora residente.

Diferentemente do que ocorre no exterior, entretanto, a legislação brasileira emprega essas condicionantes para limitar o direito à consolidação, que também é atualmente temporalmente restrito ao ano-base de 2022. No caso da legislação brasileira, os lucros da controlada estrangeira, seja ela direta ou indireta, serão tributáveis no Brasil independentemente do nível de tributação do país de residência no exterior ou da natureza de suas receitas. Esses requisitos importam apenas para determinar a aplicabilidade de determinadas "benesses" da legislação, como o regime de consolidação e o diferimento do pagamento do tributo brasileiro, analisado a seguir.[122]

Quando satisfeitos os requisitos para a consolidação, a soma algébrica dos resultados das controladas estrangeiras qualificadas para esse regime deve ser adicionada ao resultado da controladora no Brasil. Retomando o exemplo-base, estariam, em princípio, qualificadas para a consolidação a sociedade controlada direta espanhola (desde que não constituída sob a forma de *Entidad de Tenencia de Valores Extranjeros* – ETVEs, que configura regime fiscal privilegiado), e as controladas indiretas do Reino Unido e do Uruguai.[123] Contudo, a

---

[121] HARRIS, Peter. *International Commercial Tax*. 2. ed. Cambridge: Cambridge University, 2020. p. 386.

[122] Cf. item 1.3.3.2.

[123] O art. 2º, I, da IN RFB nº 1.037/10 considera sujeito a regime fiscal privilegiado o regime uruguaio "aplicável às pessoas jurídicas constituídas sob a forma de 'Sociedades Financeiras de Inversión (Safis)' até 31 de dezembro de 2010".

sociedade controlada indireta residente nas Ilhas Virgens Britânicas estaria excluída da consolidação, pois residente em país de tributação favorecida, conforme o art. 1º, LXV, da IN RFB nº 1.037/10. Veja-se o quadro representativo da situação:

Figura 11 – Consolidação

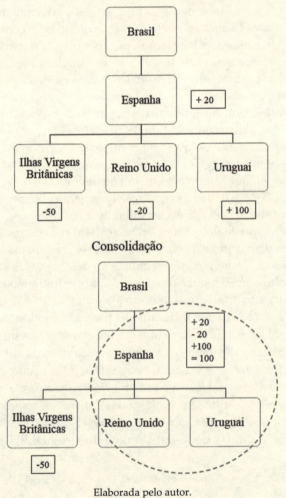

Elaborada pelo autor.

Nesse caso, os prejuízos da entidade das Ilhas Virgens Britânicas somente poderiam ser compensados com os lucros futuros da mesma entidade. No regime de consolidação, os prejuízos da entidade do Reino Unido são compensados com os lucros das sociedades espanhola e uruguaia. Contudo, conforme o §4º do art. 78 da Lei nº 12.973/14, caso haja "sobras" de prejuízos após a consolidação, estes somente poderão ser compensados com lucros futuros da mesma pessoa jurídica que os tenha gerado. É dizer, a consolidação apenas abrange os prejuízos do exercício corrente, não albergando os prejuízos de exercícios anteriores.

Embora a lei não seja expressa a respeito, parece-nos coerente entender-se pela possibilidade de, em um mesmo exercício, compensar-se o estoque de prejuízos de determinada controlada contra os seus lucros e, posteriormente, incluir o saldo positivo restante na consolidação com outras entidades qualificadas. Com efeito, não existe vedação legal nem regulamentar à inclusão, na base de cálculo da consolidação de parcelas do ajuste do valor do investimento de entidades relativamente às quais tenha havido prévia compensação de prejuízos fiscais acumulados da mesma sociedade. Ademais, essa situação não está incluída na enumeração expressa das hipóteses em que é vedada a consolidação, constante da Lei nº 12.973/14. Nesse contexto, não se pode construir uma regra implícita restritiva do direito à consolidação quando a lei, além de não prever essa condicionante, expressamente dispôs sobre todas as limitações do regime.

Também a interpretação sistemática parece sindicar essa conclusão, uma vez que a proibição da compensação de prejuízos passados de uma controlada com lucros futuros de outras controladas não é frustrada pela compensação de saldos de prejuízos de uma controlada com os seus próprios lucros futuros, disso se seguindo a inclusão do lucro restante na consolidação. Se o prejuízo acumulado de uma controlada superar o seu lucro do exercício, não haverá lucros remanescentes para consolidar. Se não superar, o que será consolidado serão apenas lucros do exercício corrente.

Seguindo no exame dos dispositivos da Lei nº 12.973/14 sobre a consolidação, o §6º do art. 78 determina que a "opção pela consolidação de que trata este artigo é irretratável para o ano-calendário correspondente". A IN RFB nº 1.520/14 adiciona que: (i) a opção pela consolidação "deve ser exercida no Demonstrativo de Consolidação" (art. 11, §7º, I), que trará a "identificação de cada controlada, direta ou indireta, ou equiparada que terão os resultados positivos ou negativos consolidados" (art. 37, I); (ii) é possível a consolidação parcial, consistente na inclusão de apenas parte das controladas da pessoa jurídica brasileira no regime de consolidação (art. 11, §7º, II); (iii) não pode haver mais de uma consolidação relativa ao mesmo ano-base, ou seja, não se pode consolidar um grupo de controladas e, paralelamente, outro grupo (art. 11, §8º); e (iv) "os resultados das controladas, diretas ou indiretas, que não forem incluídos na consolidação deverão ser tributados de forma individualizada" (art. 11, §9º).

Conforme os dispositivos analisados, a opção fiscal pela consolidação deve ser exercida de maneira irretratável, não podendo ser objeto de posterior retificação. Nesse sentido, não nos parece que seja tampouco lícita a inclusão ou exclusão subsequente de pessoas jurídicas do regime de consolidação. Nessa linha, o art. 11, §9º da IN RFB nº 1.520/14 determina que "os resultados das controladas, diretas ou indiretas, que não forem incluídos na consolidação deverão ser tributados de forma individualizada".

Entretanto, não existe impedimento legal para a retificação de informações erroneamente incluídas em qualquer dos campos da ECF, que hoje corresponde à obrigação acessória por meio da qual se apura o IRPJ e a CSLL. Nesse sentido, a título de exemplo, o chamado Manual de Orientação do Leiaute da ECF, aprovado pelo ADE Cofis nº 86/2020, permite, genericamente, a retificação da declaração até cinco anos após a sua entrega. Desse modo, caso o contribuinte identifique que incluiu no regime de consolidação uma pessoa jurídica que não satisfazia os requisitos do art. 78 da Lei nº 12.973/14, por exemplo, ele terá o direito de promover a retificação, inclusive com os efeitos da denúncia espontânea, previstos no art. 138 do CTN.

1.3.4 Deduções do tributo a pagar

1.3.4.1 Compensação do imposto pago no exterior

Seguindo a previsão constante do art. 26 da Lei nº 9.249/95, a Lei nº 12.973/14 veiculou dispositivos específicos acerca da possibilidade de compensação de tributos pagos no exterior sobre os mesmos lucros tributados pelo regime brasileiro de TBU. Trata-se de uma medida unilateral para evitar a dupla tributação dos lucros da entidade estrangeira, que partilha características do chamado método de crédito do imposto ordinário (*ordinary foreing tax credit*) e do crédito de imposto subjacente (*underlying foreign tax credit*), que visa a eliminar a dupla tributação relativa a impostos incidentes antes e depois de uma distribuição, incorridos por diferentes agentes.[124]

Ao tratar da compensação de tributos pagos por controlada direta ou indireta no exterior, o art. 87, §1º, da Lei nº 12.973/14 abrange não somente os tributos estrangeiros incidentes sobre os lucros da controlada, como também aqueles que venham a incidir sobre as distribuições de dividendos dessa controlada ao contribuinte brasileiro. Veja-se a sua redação:

> Art. 87. A pessoa jurídica poderá deduzir, na proporção de sua participação, o imposto sobre a renda pago no exterior pela controlada direta ou indireta, incidente sobre as parcelas positivas computadas na determinação do lucro real da controladora no Brasil, até o limite dos tributos sobre a renda incidentes no Brasil sobre as referidas parcelas.
> §1º Para efeitos do disposto no caput, considera-se imposto sobre a renda o tributo que incida sobre lucros, independentemente da denominação oficial adotada, do fato de ser este de competência de unidade da federação do país de origem e de o pagamento ser exigido em dinheiro ou outros bens, desde que comprovado por documento oficial emitido pela administração tributária estrangeira, inclusive quanto ao imposto retido na fonte sobre o lucro distribuído para a controladora brasileira.

Nessa linha, o art. 25, §1º da IN RFB nº 1.520/14 determina que se considera "imposto sobre a renda pago no exterior o imposto retido na fonte sobre o lucro distribuído para a controladora brasileira". Conforme o art. 89 da Lei nº 12.973/14, com redação conferida pela Lei nº 13.043/14, também deverá ser considerado imposto sobre a renda o imposto retido na fonte relativamente aos lucros da controlada estrangeira em questão.

Na maior parte das vezes, não há grandes dificuldades para determinar-se quais tributos estrangeiros se qualificam como tributos incidentes sobre o lucro da controlada estrangeira para fins da aplicação do §1º do art. 87 da Lei nº 12.973/14. Contudo, alguns casos despertam dúvidas. A título de exemplo, alguns países cobram um imposto sobre o capital, que, no caso de a sociedade não ter lucros no período, incide sobre outras contas de patrimônio líquido, que não incluem o lucro do exercício. Muito embora tais contas possam incluir reservas de lucros,

---

[124] HARRIS, Peter. *International Commercial Tax*. 2. ed. Cambridge: Cambridge University, 2020. p. 364.

nessa hipótese, esse parece ser um imposto sobre o patrimônio, que grava a renda estaticamente considerada, diferentemente do que ocorre com os tributos sobre o lucro.

De maneira geral, a compensação dos tributos pagos no exterior sujeita-se aos seguintes limites: (i) o somatório do valor a compensar deve limitar-se ao valor de IRPJ e CSLL pagos no Brasil em função da adição do resultado da controlada em questão (art. 87, *caput*, da Lei nº 12.973/14 e art. 25, *caput*, da IN RFB nº 1.520/14); (ii) o tributo estrangeiro poderá ser compensado no Brasil apenas quando houver o efetivo pagamento no exterior (art. 87, §7º da Lei nº 12.973/14 e art. 25, §4º c/c art. 30, §§8º a 11 da IN RFB nº 1.520/14); (iii) o pagamento do tributo no exterior deve ser atestado mediante comprovante de pagamento reconhecido pelo respectivo órgão de arrecadação e pelo Consulado da Embaixada Brasileira no país (art. 87, §9º da Lei nº 12.973/14 e art. 25, §5º da IN RFB nº 1.520/14).

O primeiro requisito decorre do próprio propósito da faculdade de compensação de tributos recolhidos no exterior, que consiste em aliviar a dupla tributação, sem, contudo, propiciar a devolução, ao contribuinte, de valores de tributos recolhidos em outros países. Trata-se de uma característica do chamado crédito ordinário.[125] Conforme o §8º do art. 87 da Lei nº 12.973/14, compensa-se inicialmente o valor devido a título de IRPJ e, apenas no caso de haver excedente, o valor da CSLL. Trata-se de mais um dos vários casos em que a legislação tributária federal privilegia a redução de tributos compartilhados com outros entes federativos (caso do IRPJ), reservando a sua base tributária exclusiva.

O segundo requisito, que demanda que o tributo estrangeiro tenha sido efetivamente pago e não apenas incorrido, cria uma dualidade entre o período de apuração do crédito de imposto estrangeiro e o período de sua compensação. A teor do primeiro requisito, o limite do valor do tributo compensável é aferido conforme o ano a que ele se refere. Nesse sentido, a data de levantamento do balanço da controlada estrangeira corresponderá ao momento no qual o valor em moeda estrangeira será convertido para reais (art. 87, §§5º e 6º). Contudo, o efetivo direito à compensação no Brasil somente surge quando o tributo estrangeiro é efetivamente pago. Por isso, o §7º do art. 87 da Lei nº 12.973/14 expressamente permite que a compensação se dê em ano-base posterior ao da apuração do crédito.

Sobre o tema, uma questão interessante diz respeito à revogação tácita, ou não, do §13 do art. 14 da IN SRF nº 213/02, que prevê

---

[125] HARRIS, Peter. *International Commercial Tax*. 2. ed. Cambridge: Cambridge University, 2020. p. 369.

a possibilidade de compensação do tributo estrangeiro antes do seu efetivo pagamento, desde que "os comprovantes de pagamento sejam colocados à disposição da Secretaria da Receita Federal antes de encerrado o ano-calendário correspondente". A respeito, parece-nos assistir razão a Tomazela Santos, no sentido de que não houve revogação do dispositivo, pois ele abarca a situação em que o imposto será recolhido ao longo do ano-calendário no exterior, enquanto o art. 87, §7º da Lei nº 12.973/14 alberga qualquer "momento posterior", o que se refere a anos subsequentes.[126]

Relativamente ao último requisito, em razão da ratificação da Convenção sobre a Eliminação da Exigência de Legalização de Documentos Públicos Estrangeiros, pelo Brasil (Decreto nº 8.660/2016), foi incluído o §5º-A no art. 25 da IN RFB nº 1.520/14, por meio da IN RFB nº 1.772/17, o qual admite a substituição da aprovação consular pela chamada "apostila", que deve ser "aposta no próprio documento do órgão arrecadador do país em que for devido o imposto ou em folha a ele apensa" e "estar acompanhada de tradução para a língua portuguesa realizada por tradutor juramentado".

O art. 88 da Lei nº 12.973/14, por sua vez, prevê a possibilidade de compensação do tributo pago no exterior, no caso de coligada sujeita à tributação apenas no momento da efetiva disponibilização dos lucros à controladora brasileira (art. 81 da Lei nº 12.973/14). Não há previsão expressa de compensação do tributo pago no exterior em relação a coligadas sujeitas ao regime de tributação automática, independentemente de disponibilização. Nessa hipótese, a compensação decorrerá das previsões da Lei nº 9.249/95 (art. 26) e da Lei nº 9.430/96 (art. 16), conforme reconhece o art. 26, §1º da IN RFB nº 1.520/14.

1.3.4.1.1 Compensação do tributo estrangeiro no caso de consolidação

Merece consideração apartada a compensação do tributo estrangeiro no caso de haver exercício da faculdade de consolidação, prevista no art. 78 da Lei nº 12.973/14. A respeito, o §2º do art. 87 da mesma lei determina que "deverá ser considerado para efeito da dedução prevista no caput o imposto sobre a renda pago pelas pessoas jurídicas

---

[126] SANTOS, Ramon Tomazela. *O regime de tributação dos lucros auferidos no exterior na Lei nº 12.973/14*. Rio de Janeiro: Lumen Juris, 2017. p. 209-210.

cujos resultados positivos tiverem sido consolidados". Conforme esse dispositivo, caso uma controlada no exterior tenha prejuízos contábeis incluídos na consolidação, eventual imposto recolhido no exterior em relação ao mesmo período (decorrente de base tributária diferente da base contábil, por exemplo) não poderá ser compensado no Brasil.

A respeito do limite do valor do tributo estrangeiro que poderá ser compensado, poder-se-ia cogitar de ele ser obtido pela aplicação das alíquotas brasileiras ao resultado positivo final da consolidação ou pela proporcionalização da participação do lucro de cada controlada na consolidação. Segundo nos parece, a primeira alternativa deve ser preferida. É que, na consolidação, o montante incluído no lucro real do contribuinte brasileiro, sobre o qual efetivamente incidirão o IRPJ e a CSLL, é o resultado da consolidação. É dizer, não haverá outra parcela positiva de resultado efetivamente incluído na apuração do lucro real que não o resultado final da consolidação, conforme dispõe o art. 78, §2º da Lei nº 12.973/14. Logo, não haveria fundamento normativo para que o limite considerado fosse o lucro proporcional de cada pessoa jurídica e não o resultado positivo da consolidação. Além de não haver permissivo nem exigência normativa nesse sentido, não haveria sequer um critério normativo para a proporcionalização.

Na mesma linha, deve-se ter em conta que a premissa da vedação de que as pessoas jurídicas que tenham prejuízos contábeis incluídos na consolidação tenham seus eventuais tributos compensados no Brasil consiste, justamente, no fato de que o valor adicionado ao lucro real brasileiro, para fins de limite da dedução, será o resultado da consolidação e não o valor com que cada empresa contribuiu para o lucro. Com efeito, fosse esta última possibilidade verdadeira, sequer seria necessário esse dispositivo.

1.3.4.2 Crédito presumido

A segunda dedução do imposto a pagar consiste no crédito presumido previsto nos §§10 e 11 do art. 87 da Lei nº 12.973/14, com a redação atualmente conferida pela Lei nº 13.043/14, que assim dispõem:

> Art. 87. A pessoa jurídica poderá deduzir, na proporção de sua participação, o imposto sobre a renda pago no exterior pela controlada direta ou indireta, incidente sobre as parcelas positivas computadas na determinação do lucro real da controladora no Brasil, até o limite dos tributos sobre a renda incidentes no Brasil sobre as referidas parcelas. [...]

§10. Até o ano-calendário de 2022, a controladora no Brasil poderá deduzir até 9% (nove por cento), a título de crédito presumido sobre a renda incidente sobre a parcela positiva computada no lucro real, observados o disposto no §2º deste artigo e as condições previstas nos incisos I e IV do art. 91 desta Lei, relativo a investimento em pessoas jurídicas no exterior que realizem as atividades de fabricação de bebidas, de fabricação de produtos alimentícios e de construção de edifícios e de obras de infraestrutura, além das demais indústrias em geral. (Redação dada pela Lei nº 13.043, de 2014)

§11. O Poder Executivo poderá, desde que não resulte em prejuízo aos investimentos no País, ampliar o rol de atividades com investimento em pessoas jurídicas no exterior de que trata o §10.

Conforme esses dispositivos, até o ano-base de 2022,[127] confere-se crédito presumido de 9% para ser abatido dos tributos devidos no Brasil relativamente à controlada estrangeira que exerça atividades de fabricação de bebidas e de produtos alimentícios, de construção de edifícios e obras de infraestrutura, além das indústrias em geral. Em face do permissivo do §11, transcrito acima, a Portaria MF nº 427/2014 ampliou a lista de atividades contempladas pelo incentivo, passando a incluir as indústrias de transformação, de extração de minérios e de "exploração, sob concessão, de bem público localizado no país de domicílio da controlada".[128] No caso de lucros sujeitos à consolidação, o crédito presumido será aplicado ao tributo devido após a aplicação do regime.

Contudo, conforme o §10 do art. 87 da Lei nº 12.973/14, o crédito presumido é limitado às pessoas jurídicas que cumpram os requisitos do art. 91 da mesma lei, que são os mesmos aplicáveis à consolidação, a saber: (i) não sujeição a regime de subtributação; (ii) não localização em país ou dependência de tributação favorecida ou submissão a regime fiscal privilegiado; (iii) inexistência de controladora intermediária

---

[127] Até o fechamento desta edição, não havia sido aprovada lei ou publicada medida provisória versando sobre a extensão desse prazo, embora tramitasse na Câmara dos Deputados o Projeto de Lei nº 3.602, que visava a estender o direito ao crédito presumido até 2030.

[128] "Art. 1º A controladora domiciliada no Brasil também poderá deduzir até 9% (nove por cento) a título de crédito presumido de Imposto sobre a Renda da Pessoa Jurídica (IRPJ), a que se refere o §10 do art. 87 da Lei nº 12.973, de 13 de maio de 2014, sobre a parcela positiva computada no lucro real relativa a investimento em controladas domiciliadas no exterior que realizem as seguintes atividades de: I - indústria de transformação; II - extração de minérios; e III - de exploração, sob concessão, de bem público localizado no país de domicílio da controlada".

sujeita às condições anteriores; e (iv) rendas ativas próprias iguais ou superiores a 80% dos rendimentos totais.

Em termos práticos, a aplicação desse dispositivo conduz à tributação adicional no Brasil dos resultados estrangeiros das pessoas qualificadas que sejam tributados a alíquotas inferiores a 25% no exterior, correspondente à alíquota brasileira combinada de 15% de IRPJ, adicional de 10% sobre os lucros que ultrapassarem R$240.000,00 (duzentos e quarenta mil reais) anuais e 9% de CSLL. Atualmente, considerando-se a tendência à diminuição de alíquotas do imposto sobre a renda corporativa (*corporate income tax – CIT*) no mundo, esse limite ainda conduz à tributação da renda derivada de diversos países, cujas alíquotas são inferiores a 25%. Tanto é assim que o compromisso sobre o imposto mínimo global que vem sendo traçado no âmbito da OCDE propõe uma alíquota mínima de 15%.[129]

1.3.5 Questões específicas

1.3.5.1 Isenção para atividades relacionadas à prospecção de petróleo e gás

Na redação original da Lei nº 12.973/14, havia um incentivo relacionado às controladas estrangeiras que exercessem atividades de afretamento, arrendamento ou aluguel de bens e prestação de serviços, "relacionados à prospecção e exploração de petróleo e gás, em território brasileiro", que veiculava uma isenção dos lucros dessas entidades relativamente ao regime brasileiro de tributação em bases universais aplicável à sua controladora brasileira. Tratava-se do §3º do art. 77 da Lei nº 12.973/14, cuja redação era a seguinte:

> Art. 77. A parcela do ajuste do valor do investimento em controlada, direta ou indireta, domiciliada no exterior equivalente aos lucros por ela auferidos antes do imposto sobre a renda, excetuando a variação cambial, deverá ser computada na determinação do lucro real e na base de cálculo da Contribuição Social sobre o Lucro Líquido - CSLL da pessoa jurídica controladora domiciliada no Brasil, observado o disposto no art. 76.
> §3º Observado o disposto no §1º do art. 91 da Lei nº 12.708, de 17 de agosto de 2012, a parcela do lucro auferido no exterior, por controlada, direta ou indireta, ou coligada, correspondente às atividades de afretamento por tempo ou casco nu, arrendamento mercantil operacional, aluguel,

---

[129] Cf. item 3.3 *infra*.

empréstimo de bens ou prestação de serviços diretamente relacionados à prospecção e exploração de petróleo e gás, em território brasileiro, não será computada na determinação do lucro real e na base de cálculo da CSLL da pessoa jurídica controladora domiciliada no Brasil.

Ao regulamentar esse dispositivo, o art. 20 da IN RFB nº 1.520/14 limitou a isenção aos lucros das pessoas jurídicas estrangeiras que sejam detentoras de concessão ou autorização relacionada à prospecção de óleo e gás no Brasil, nos termos da Lei nº 9.478/97, ou que sejam contratadas por pessoa jurídica brasileira que se enquadre neste quesito.[130] Trata-se de requisito regulamentar que está em linha com a disposição legal, já que o ambiente regulatório brasileiro exige as concessões e autorizações em tela para a realização de atividades de prospecção e exploração de petróleo e gás, nos termos do art. 177 da Constituição Federal.

De modo geral, pode-se afirmar que essa isenção causava certa estranheza, pois parecia criar um incentivo para que empresas brasileiras constituíssem controladas e coligadas no exterior para prestar serviços e alugar e arrendar bens à controladora brasileira que exercesse atividades de prospecção e exploração de óleo e gás.

Ademais, a redação original do dispositivo remetia ao cumprimento do §1º do art. 91 da Lei nº 12.708/12 (Lei de Diretrizes Orçamentárias de 2013), que estipulava que os benefícios fiscais deveriam "conter cláusula de vigência de, no máximo, cinco anos". Em face dessa dicção, havia certa dúvida se o prazo de cinco anos deveria ser contado desde 1º.1.2014, quando iniciou a vigência optativa do regime de tributação em bases universais da Lei nº 12.973/14, ou em 1º.1.2015,

---

[130] "Art. 20. Até 31 de dezembro de 2019, a parcela do lucro auferido no exterior, por controlada, direta ou indireta, ou coligada, correspondente às atividades de afretamento por tempo ou casco nu, arrendamento mercantil operacional, aluguel, empréstimo de bens ou prestação de serviços diretamente relacionados à prospecção e exploração de petróleo e gás, em território brasileiro, não será computada na determinação do lucro real e na base de cálculo CSLL da pessoa jurídica controladora domiciliada no Brasil. §1º O disposto no caput aplica-se somente nos casos de controlada, direta ou indireta, ou coligada no exterior de pessoa jurídica brasileira: I - detentora de concessão ou autorização nos termos da Lei nº 9.478, de 6 de agosto de 1997, ou sob o regime de partilha de produção de que trata a Lei nº 12.351, de 22 de dezembro de 2010, ou sob o regime de cessão onerosa previsto na Lei nº 12.276, de 30 de junho de 2010; e II - contratada pela pessoa jurídica de que trata o inciso I. §2º O disposto no caput aplica-se inclusive nos casos de coligada de controlada direta ou indireta de pessoa jurídica brasileira. §3º O disposto neste artigo não afasta a obrigatoriedade da controladora brasileira de efetuar o controle em subcontas previsto na Seção I do Capítulo I, nem de preencher os demonstrativos de que trata o Capítulo VIII".

quando este se tornou obrigatório.[131] A questão foi resolvida com a alteração do dispositivo por intermédio da Medida Provisória nº 795/2017, posteriormente convertida na Lei nº 13.586/2017, que alterou a redação do dispositivo, passando a prever, expressamente, que a isenção teria validade até o final do ano-base de 2019, nos seguintes termos:

> §3º Até 31 de dezembro de 2019, a parcela do lucro auferido no exterior por controlada, direta ou indireta, ou coligada, correspondente às atividades de afretamento por tempo ou casco nu, arrendamento mercantil operacional, aluguel, empréstimo de bens ou prestação de serviços diretamente relacionados às fases de exploração e de produção de petróleo e de gás natural no território brasileiro não será computada na determinação do lucro real e na base de cálculo da CSLL da pessoa jurídica controladora domiciliada no País. (Redação dada pela Lei nº 13.586, de 2017)

Essa isenção não foi renovada após o seu termo de vigência, tendo deixado de ser aplicável a partir do ano-base de 2020.

1.3.5.2 Diferimento do pagamento dos tributos no Brasil

Os arts. 90 e 91 da Lei nº 12.973/14 permitem que o contribuinte brasileiro parcele o valor do IRPJ e da CSLL devidos sobre o lucro das controladas estrangeiras em até 8 anos, desde que a entidade estrangeira satisfaça os mesmos requisitos exigidos para a consolidação, quais sejam: (i) não ser sujeita a regime de subtributação; (ii) não esteja localizada em país ou dependência com tributação favorecida nem seja beneficiária de regime fiscal privilegiado; (iii) não seja controlada, direta ou indiretamente, por pessoa jurídica localizada em país ou dependência com tributação favorecida ou beneficiária de regime fiscal privilegiado; e (iv) tenha rendas ativas próprias equivalentes a pelo menos 80% dos seus rendimentos.

Conforme o *caput* do art. 90 da Lei nº 12.973/14, o diferimento em questão será efetuado conforme sejam feitas efetivas distribuições de lucros da controlada estrangeira para o contribuinte brasileiro, observada a distribuição mínima de 12,5% no primeiro ano e a distribuição do saldo total no oitavo ano. Embora a redação do dispositivo não seja

---

[131] Cf. ROCHA, Sergio André. *Tributação de lucros auferidos no exterior (Lei nº 12.973/14)*. São Paulo: Dialética, 2014. p. 97.

clara a respeito da efetiva obrigatoriedade de o contribuinte brasileiro receber os 12,5% de dividendos no primeiro ano e o saldo resultante ao final do oitavo ano, a melhor interpretação da lei é a de que não existe essa necessidade, tratando-se, apenas de uma ficção de distribuição, para os efeitos do pagamento do tributo brasileiro. É dizer, a norma tributária em questão não obriga ao pagamento de dividendos nem condiciona a sua aplicabilidade ao seu efetivo pagamento.

Registre-se que os dispositivos analisados não postergam o fato gerador dos tributos devidos no Brasil, mas apenas diferem o seu pagamento. Tanto é assim que o §4º do art. 90 da Lei nº 12.973/14 prevê a incidência de juros sobre os pagamentos, calculados com base na taxa Libor (*London Interbank Offered Rate*). Desse modo, nos termos do art. 144 do CTN, a alíquota aplicável será determinada pela data do auferimento dos auferimentos dos lucros pela controlada estrangeira, não pela data do pagamento dos tributos diferidos.

CAPÍTULO 2

ANÁLISE DA COMPATIBILIDADE DO SISTEMA DE TRIBUTAÇÃO EM BASES UNIVERSAIS COM A CONSTITUIÇÃO E COM OS TRATADOS CONTRA A DUPLA TRIBUTAÇÃO

Este segundo capítulo será dedicado à análise da compatibilidade dos regimes brasileiros de tributação em bases universais com a Constituição Federal e com os tratados bilaterais contra a dupla tributação firmados pelo Brasil com os países de residência das controladas e coligadas estrangeiras. A primeira parte do capítulo, destinada ao exame da constitucionalidade dos regimes, iniciará pela análise das duas principais condicionantes constitucionais que restringem o espaço da TBU, seguindo-se análise específica da sua aplicação ao regime do art. 74 da MP nº 2.158-35/01 e, posteriormente, dos arts. 76 e seguintes da Lei nº 12.973/14. A segunda parte será dedicada à análise da eficácia de bloqueio dos tratados contra a dupla tributação firmados pelo Brasil com uma série de países relativamente aos regimes de tributação em bases universais da MP nº 2.158-35/01 e da Lei nº 12.973/14.

2.1 A compatibilidade dos regimes brasileiros de tributação em bases universais com a Constituição

2.1.1 Condicionantes constitucionais gerais para a tributação em bases universais

Antes de adentrar a análise da compatibilidade de cada um dos regimes brasileiros de tributação em bases universais com a Constituição

Federal, cumpre perquirir os elementos comuns da Lei Maior que limitam a competência da União para a instituição de Imposto sobre a Renda e de Contribuição Social sobre o Lucro Líquido relativamente ao resultado de sociedades controladas e coligadas no exterior. Entre estes elementos, dois possuem importância fundamental para a análise em tela, a saber: (i) os conceitos constitucionais de renda e de lucro, que circunscrevem a competência tributária federal; e (ii) a necessidade da realização de rendimentos para a sua tributação, em conformidade com a capacidade contributiva e com o princípio da segurança jurídica.

Primeiramente, o conceito constitucional de renda tributável se faz relevante considerando-se que a Constituição Federal atribuiu à União a competência para tributar, por meio de imposto, a "renda e proventos de qualquer natureza" (art. 153, III) e, por meio de contribuição social, o "lucro" (art. 195, III, "c", incluído pela EC nº 20/98).

Na seara econômica, é corrente a definição de "renda" atribuída a Schanz, Haig e Simons (SHS), conforme a qual a renda se relaciona com o aumento das satisfações pessoais, podendo ser medida pela adição do aumento monetário do patrimônio, da renda imputada e do consumo do indivíduo em um período de tempo.[132] Entre as situações classificadas como renda pelo conceito SHS, estão, por exemplo, o prazer derivado da propriedade da casa própria e o prazer derivado do uso de bens públicos.[133]

Contudo, esse conceito econômico focado exclusivamente no indivíduo e que toma em consideração aspectos bastante subjetivos, como a satisfação pessoal, não é adequado para fins de compreensão dos limites da competência tributária da União. É que, como ressalta Ávila, as regras de competência configuram significados de enunciados prescritos com eficácia comportamental direta e indireta, que se caracterizam pela abstração, heteronomia e coatividade.[134] Acaso a renda fosse definida de maneira tão ampla como postula o conceito SHS, não haveria como distinguir as bases da tributação da renda de outras competências constitucionais, como aquelas para a tributação do patrimônio, por exemplo. Além disso, como o conceito SHS é focado

---

[132] HOLMES, Kevin. *The concept of income*. A Multi-disciplinary analysis. The Netherlands: IBFD, 2000. p. 35.

[133] HOLMES, Kevin. *The concept of income*. A Multi-disciplinary analysis. The Netherlands: IBFD, 2000. p. 81.

[134] ÁVILA, Humberto. *Competências tributárias.* Um ensaio sobre a sua compatibilidade com as noções de tipo e conceito. São Paulo: Malheiros, 2018. p. 33.

exclusivamente no indivíduo, não haveria parâmetros para o exercício da competência para a tributação da renda das pessoas jurídicas.

Desse modo, faz-se necessário buscar um conceito jurídico de renda tributável, uma vez que a função da Constituição, enquanto documento normativo inaugural do ordenamento jurídico, é a de prescrever condutas. A função específica das normas de competência, por sua vez, é a de circunscrever as manifestações de riqueza que poderão ser tributadas por cada um dos entes políticos.

Os mesmos motivos pelos quais as materialidades constantes das regras de competência não podem ser identificadas com conceitos puramente econômicos, como o conceito SHS de renda, justificam que seja descartada a concepção doutrinária conforme a qual as competências tributárias seriam delimitadas por meio de tipos. Diferentemente dos conceitos, que contemplam características determinadas e irrenunciáveis, os tipos possuem critérios de inclusão de classe graduais e prescindíveis.[135] Conforme os autores que defendem a perspectiva tipológica:

> enquanto o constituinte contemplou a realidade econômica do ponto de vista tipológico, com a fluidez a ele inerente, impôs ao legislador complementar a tarefa de expressar a mesma realidade através de conceitos, seja por meio de definições de hipóteses tributárias, bases de cálculo e contribuintes, seja através da imposição de limites em caso de conflitos.[136]

De acordo com essa corrente, o tipo "renda", previsto pela Constituição, poderia ser definido conceitualmente das mais diversas formas por lei complementar, desiderato esse levado a efeito pelo art. 43 do CTN.

Ocorre, contudo, que, se fosse assim, a Constituição não estaria efetivamente limitando os comportamentos passíveis de adoção pelos entes tributantes quando do exercício da competência tributária, mas provendo limites alteráveis por eles próprios. A intenção da Constituição de prever bases determinadas para a tributação, por meio das normas de competência, fica clara na existência da competência residual para a União instituir impostos "não previstos no artigo anterior, desde que sejam não-cumulativos e não tenham fato gerador ou base de cálculo

---

[135] DERZI, Misabel Abreu Machado. *Direito tributário, direito penal e tipo*. São Paulo: Revista dos Tribunais, 1988. p. 84.
[136] SCHOUERI, Luís Eduardo. *Direito tributário*. 3. ed. São Paulo: Saraiva, 2013. p. 263.

próprios dos discriminados n[a] Constituição". Nas palavras de Ávila, "não haveria sentido em outorgar uma competência residual sobre bases diversas se a competência ordinária não fosse limitada a determinadas bases".[137]

Nesse contexto, deve-se buscar um conceito jurídico de renda e de lucro, que efetivamente logre o desiderato constitucional de limitação da esfera de atuação da União, no exercício de sua competência tributária. Para tanto, pode-se postular que a Constituição de 1988 teria pressuposto o conceito de renda esposado pelo art. 43 do CTN, vigente quando de sua promulgação, como se pode reconstruir conceito constitucional de renda a partir do próprio Texto Constitucional, em se cotejando e distinguindo o signo "renda" de outros signos utilizados pelo constituinte, como faturamento, capital, lucro, ganho e resultado. Seguindo pelo segundo caminho, José Arthur Lima Gonçalves chega à conclusão de que o conceito de renda seria o saldo positivo resultante do confronto entre entradas e saídas em certo período de tempo.[138] Combinando as duas estratégias, que mutuamente se reforçam, Humberto Ávila conceitua a renda tributável como o "produto líquido (receitas menos despesas necessárias à manutenção da fonte produtora ou da existência digna do contribuinte) calculado durante o período de um ano".[139]

De fato, os incisos do *caput* do art. 43 do CTN confirmam o conceito de renda como acréscimo patrimonial, ao se referir ao produto do capital, trabalho e sua combinação, bem como aos demais acréscimos patrimoniais. Veja-se:

> Art. 43. O imposto, de competência da União, sobre a renda e proventos de qualquer natureza tem como fato gerador a aquisição da disponibilidade econômica ou jurídica:
> I - de renda, assim entendido o produto do capital, do trabalho ou da combinação de ambos;
> II - de proventos de qualquer natureza, assim entendidos os acréscimos patrimoniais não compreendidos no inciso anterior. [...].

---

[137] ÁVILA, Humberto. *Competências tributárias*. Um ensaio sobre a sua compatibilidade com as noções de tipo e conceito. São Paulo: Malheiros, 2018. p. 33.

[138] GONÇALVES, José Arthur Lima. *Imposto sobre a renda*: pressupostos constitucionais. São Paulo: Malheiros, 1997. p. 179.

[139] ÁVILA, Humberto. *Conceito de renda e compensação de prejuízos fiscais*. São Paulo: Malheiros, 2011. p. 34.

O conceito de renda, então, está atrelado ao acréscimo de direitos ao patrimônio da pessoa física ou jurídica. Embora o dispositivo transcrito remeta à disponibilidade econômica ou jurídica da renda, ambas são, em última instância, regidas pelo direito. Disponibilidades jurídicas, ambas, portanto. Como adverte Paulo Ayres Barreto, "todo acréscimo patrimonial sujeito à incidência do imposto sobre a renda será, dessa perspectiva, um fato jurídico, antecedente de norma individual e concreta".[140] Daí a afirmação de Bulhões Pedreira de que, ao fim e ao cabo, medem-se fluxos de direitos, para a tributação da renda.[141]

De modo geral, as mesmas considerações se aplicam ao conceito de "lucro", para fins da determinação da competência federal para a instituição da Contribuição Social sobre o Lucro Líquido (CSLL), conforme o referido art. 195, I, da CF/88. Também o conceito de lucro foi pressuposto pela Constituição, que incorporou a definição do lucro como "resultado positivo da atividade empresarial de mais valia obtida por sociedade empresária"[142] ou "o sobrevalor que a sociedade pode produzir, como resultado da aplicação do capital e outros recursos na atividade produtiva".[143] Ao fim e ao cabo, o lucro corresponde a uma espécie do gênero "renda", que é auferida exclusivamente pelas pessoas jurídicas.

Em face do exposto, pode-se afirmar que a primeira limitação constitucional relevante para a instituição de regime de TBU, no ordenamento constitucional brasileiro, consiste nos conceitos constitucionais de renda e de lucro, que limitam a competência tributária da União aos acréscimos de direitos efetivamente verificados ao longo do período-base, que correspondem a acréscimos patrimoniais do contribuinte.

O segundo elemento relevante consiste no chamado critério da realização, que determina *quando* se pode considerar que um direito foi efetivamente acrescido ao patrimônio do contribuinte. Da perspectiva infraconstitucional, o critério da realização do rendimento decorre dos conceitos de disponibilidade econômica ou jurídica do rendimento, conforme o art. 43 do CTN. Nesse sentido, João Francisco Bianco afirma que a aquisição da disponibilidade jurídica de renda, para fins de

---

[140] BARRETO, Paulo Ayres. *Imposto sobre a Renda e Preços de Transferência*. São Paulo: Dialética, 2001. p. 87.
[141] PEDREIRA, José Luiz Bulhões. *Impôsto de renda*. Rio de Janeiro: APEC, 1969. p. 110.
[142] GONÇALVES, José Arthur Lima. *Imposto sobre a renda*: pressupostos constitucionais. São Paulo: Malheiros, 1997. p. 178.
[143] REQUIÃO, Rubens. *Curso de direito comercial*. 25. ed. São Paulo: Saraiva, 2008. v. 2. p. 245.

tributação, ocorre quando o patrimônio (conjunto de direitos e obrigações) for acrescido do direito à renda, sem condição suspensiva, termo ou eventualidade (direito efetivamente adquirido e incorporado).[144]

Não obstante, o critério da realização da renda também encontra matriz constitucional na norma da capacidade contributiva (CF/88, art. 145, §1º) e no princípio da segurança jurídica. Conforme Schoueri, "o contribuinte só é tributado porque tem condições de pagar o imposto" – está aí a relação entre a capacidade contributiva e a necessidade de realização do rendimento.[145] Com efeito, a realização jurídica do rendimento se relaciona ao conceito de liquidez, pois a tributação sem a realização do rendimento poderia obrigar o contribuinte a vender ativos para pagar o tributo, privando-o de benefícios econômicos futuros relacionados a esses mesmos ativos.

Da mesma forma, o critério da realização decorre do princípio da segurança jurídica, especialmente porque ele exige mensurabilidade, liquidez e certeza do rendimento.[146] Com efeito, a segurança jurídica exige determinabilidade de conteúdo do direito tributário positivo.[147] Trata-se de um pressuposto para a calculabilidade, que consiste na aptidão do contribuinte para prever, com bom grau de aproximação, reduzidas consequências normativas alternativas que podem ser atribuídas à sua conduta.[148] Desse modo, somente se compaginará com as exigências de calculabilidade e determinabilidade a tributação do direito que esteja definitivamente incorporado ao patrimônio do contribuinte, com condições de certeza e mensurabilidade.

Desse modo, pode-se afirmar que indicam a não satisfação do critério da realização de determinado rendimento: (i) a falta de objetividade na mensuração (exigência da segurança jurídica); (ii) a inexistência de transação em mercado; (iii) a inexistência do exercício do direito que

---

[144] BIANCO, João Francisco. Aparência econômica e segurança jurídica. *In*: MOSQUERA, Roberto Quiroga; LOPES, Alexsandro Broedel (Org.). *Controvérsias jurídico-contábeis (aproximações e distanciamentos)*. São Paulo: Dialética, 2010. v. 1. p. 58.
[145] SCHOUERI, Luís Eduardo. Comentários. *In*: OLIVEIRA, Ricardo Mariz de; COSTA, Sérgio de Freitas (Coord.). *Diálogos póstumos com Alcides Jorge Costa*. São Paulo: IBDT, 2017. p. 238.
[146] POLIZELLI, Victor Borges. *O princípio da realização da renda* – Reconhecimento de receitas e despesas para fins do IRPJ. São Paulo: IBDT/Quartier Latin, 2012. p. 266.
[147] ÁVILA, Humberto. *Teoria da segurança jurídica*. 4. ed. São Paulo: Malheiros, 2016. p. 340.
[148] ÁVILA, Humberto. *Teoria da segurança jurídica*. 4. ed. São Paulo: Malheiros, 2016. p. 271.

se traduziria no rendimento; e (iv) a inocorrência da transformação de um bem em outro de maior grau de concretização.[149]

Assim, pode-se afirmar que o segundo elemento constitucional limitador da competência da União Federal para a instituição de regime de TBU consiste no critério da realização do rendimento, que decorre da capacidade contributiva (CF/88, art. 145, §1º) e da segurança jurídica (CF/88, art. 5º, *caput*). Esta norma exige que determinado rendimento esteja efetivamente incorporado ao patrimônio do contribuinte, sem condições suspensivas e com certeza e mensurabilidade, para que ele possa compor a base de cálculo do IRPJ e da CSLL na condição de elemento positivo.

2.1.1.1 O regime da MP nº 2.158-35/01

Examinados os principais pressupostos constitucionais para a instituição de regime de TBU por parte da União Federal, passa-se ao exame da compatibilidade do regime do art. 74 da MP nº 2.158-35/01 com estes requisitos. Para tanto, inicia-se com o exame da compatibilidade material do regime com a Constituição, incluindo a posição adotada nesta obra e o julgamento do Supremo Tribunal Federal na ADI nº 2.588/DF. Em seguida, examina-se a questão da aplicabilidade temporal do regime do art. 74 da MP nº 2.158-35/01.

2.1.1.1.1 A compatibilidade material do regime da MP nº 2.158-35/01 com a Constituição

Conforme amplamente exposto acima, o regime de TBU do art. 74 da MP nº 2.158-35/01 determinava a tributação, pelo contribuinte brasileiro, dos resultados da coligada ou controlada estrangeira direta, medidos em conformidade com o Método da Equivalência Patrimonial (MEP). Considerando-se que as normas contábeis determinam que o resultado decorrente do MEP será o resultado da sociedade estrangeira "traduzido" às práticas contábeis nacionais, o resultado da controlada

---

[149] Há autores que classificam os bens em uma escala crescente de concretização: bens de segundo grau (natureza representativa dos primeiros – ações e cotas), bens de primeiro grau (geral) e bens de pagamento ou dinheiro (função específica de representar o valor dos demais, com poder liberatório). Para eles, "ocorrerá a 'realização' se um bem de primeiro grau se transformar em dinheiro, ou se um bem de segundo grau se transformar num bem de primeiro grau". Em sentido contrário, não haverá realização nas meras permutas de bens de mesma escala. Cf. XAVIER, Alberto. *Incorporação de sociedades e imposto de renda*. São Paulo: Resenha Tributária, 1978. p. 26-27.

ou coligada direta contemplava todos os resultados das entidades abaixo dessa controlada ou coligada direta. Essa questão foi representada por meio da seguinte demonstração gráfica:

Figura 4 – Consolidação vertical no MEP
Resultados individuais das controladas estrangeiras

Resultados da controlada direta para fins do MEP

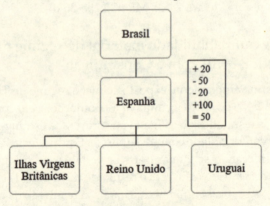

Elaborada pelo autor.

Pois bem. Considerando-se esse regime, cumpre examinar se estariam satisfeitos os requisitos constitucionais para a tributação dos rendimentos da entidade controlada ou coligada ao contribuinte brasileiro. Para tanto, é essencial que se tenha em consideração que a tributação prescrita pelo art. 74 da MP nº 2.158-35/01 independe da efetiva distribuição dos resultados pela sociedade espanhola (no exemplo acima) para o contribuinte brasileiro. Trata-se de tributação dos rendimentos da sociedade estrangeira independentemente de sua distribuição ao contribuinte brasileiro.

De início, verifica-se que a tributação dos rendimentos de sociedade estrangeira ainda não distribuídos ao contribuinte brasileiro viola os conceitos constitucionais de renda e de lucro, uma vez que esses montantes não correspondem a direitos que se somam ao patrimônio do próprio contribuinte brasileiro. Como ressalta Ricardo Mariz de Oliveira, em razão da distinção entre as personalidades jurídicas do contribuinte brasileiro e da sociedade estrangeira, "somente pode haver disponibilidade da renda derivada da participação nos lucros da pessoa jurídica sediada no exterior após haver a existência do direito a ela, segundo a lei local e os estatutos da pessoa jurídica".[150]

Com efeito, o direito brasileiro reconhece a personalidade jurídica das pessoas jurídicas estrangeiras (art. 19 do Código Civil de 1916 e arts. 1.134 e seguintes do Código Civil de 2002). Além disso, o art. 9º da Lei de Introdução às Normas do Direito Brasileiro (LINDB) determina que "para qualificar e reger as obrigações, aplicar-se-á a lei do país em que se constituírem". Logo, considerando-se a separação das personalidades jurídicas do contribuinte brasileiro e da sociedade estrangeira, bem como a disposição do art. 9º da LINDB, conclui-se que somente haverá direito do contribuinte brasileiro ao lucro da sociedade estrangeira quando este for devidamente distribuído, conforme as leis estrangeiras e o contrato social ou estatuto da pessoa jurídica estrangeira. Antes disso, não há efetivo acréscimo patrimonial ao contribuinte brasileiro, motivo pelo qual se afigura inconstitucional a tributação do art. 74 da MP nº 2.158-35/01, por violação aos conceitos constitucionais de renda (CF/88, art. 153, III) e de lucro (CF/88, art. 195, III, "c").

A mesma conclusão é corroborada pela análise do critério da realização do rendimento, que, como visto, decorre da capacidade contributiva (CF/88, art. 145, §1º) e da segurança jurídica (CF/88, art. 5º, *caput*). Com efeito, o lucro da sociedade estrangeira, antes da aprovação de sua distribuição ao sócio brasileiro, não está efetivamente incorporado ao patrimônio do contribuinte brasileiro, em condições

---

[150] OLIVEIRA, Ricardo Mariz de. A disponibilidade econômica ou jurídica de rendas e proventos auferidos no exterior. *Revista Fórum de Direito Tributário*, Belo Horizonte, ano 1, n, 1, 2003. p. 16.

de certeza, definitividade e mensurabilidade. O contribuinte brasileiro não possui efetivo acesso a esses valores, pelo que não se manifesta a liquidez demandada pela norma da capacidade contributiva.

Essas inconstitucionalidades são especialmente claras quando se considera o lucro da controlada indireta, que também é incluído nas contrapartidas do investimento avaliado pelo MEP, submetidas à tributação pelo art. 74 da MP nº 2.158-35/01. Trata-se do lucro da sociedade uruguaia, no exemplo acima. Nesse caso, não apenas uma pessoa jurídica separa o contribuinte brasileiro do efetivo direito ao montante tributado, mas duas ou mais. É dizer, a tributação desconsidera tanto a inexistência de distribuição da sociedade uruguaia para a espanhola como desta para a brasileira. Trata-se de uma situação em que é ainda mais clara a inexistência do direito do contribuinte brasileiro aos montantes tributados.

Questionando essa conclusão, há quem sustente que, no caso de o contribuinte brasileiro ser o controlador da pessoa jurídica estrangeira, haveria efetiva aquisição de disponibilidade sobre o lucro estrangeiro pela simples existência do poder de deliberar sobre a distribuição dos lucros. É dizer, como o controlador possui maioria do capital votante ou direitos que lhe asseguram maioria de votos, ele poderá (caso não exista impedimento legal ou estatutário) deliberar pela distribuição dos lucros, caso assim deseje. Entretanto, essa linha de intelecção, adotada por alguns ministros do STF no julgamento da ADI nº 2.588/DF,[151] confunde a disponibilidade da própria renda com a disposição de um poder para a sua distribuição. Como destaca Ávila, "direito potestativo não provoca o surgimento do direito à renda", pois:

> esse segundo direito só surge quando primeiro for exercido de modo a causar o surgimento de um direito de crédito que, uma vez exercido, coloca o contribuinte na posição de ter acesso atual e direto à renda (disponibilidade jurídica), que pode surgir com o efetivo acesso atual e direto à renda (disponibilidade econômica).[152]

Ademais, nem sempre é verdade que o acionista controlador detém o poder de decidir pela distribuição integral dos lucros da investida, pois pode haver condicionantes legais e estatutárias, como a

---

[151] Cf. item 2.1.1.1.1.1 *infra*.

[152] ÁVILA, Humberto. Indisponibilidade jurídica da renda por poder de decisão ou por reflexo patrimonial. *Revista Fórum de Direito Tributário – RFDT*, Belo Horizonte, ano 9, n. 53, set./out. 2011. p. 13.

formação de reservas de lucros ou a proibição de distribuição de lucros caso a entidade estrangeira tenha algum débito fiscal, por exemplo.

Ao tratar da norma do art. 74 da MP nº 2.158-35/01 como uma presunção de distribuição dos lucros da investida estrangeira, Paulo Ayres Barreto destaca ser "altamente improvável que, nesta data, ocorra efetiva disponibilização". Como destaca o autor, os resultados poderão ser incorporados ao capital da pessoa jurídica ou compensados com prejuízos antecedentes ou subsequentes. Além disso, mesmo na hipótese de eles serem efetivamente distribuídos, "tal fato não coincide, usualmente, com a data da mera apuração do resultado".[153]

Outro argumento frequentemente empregado na tentativa de justificar a constitucionalidade do regime de tributação do art. 74 da MP nº 2.158-35/01 consiste em sustentar que o montante tributado corresponde, meramente, ao reflexo do resultado da entidade estrangeira na sociedade brasileira, evidenciado por meio do MEP, na forma do art. 248 da LSA. Contudo, esse dispositivo não se destina a criar direitos e deveres para a companhia, mas meramente a disciplinar a elaboração dos demonstrativos contábeis, cuja função é a de informar os investidores efetivos e potenciais, bem como os credores da entidade, acerca de sua posição econômica.

Com a convergência da contabilidade brasileira ao padrão internacional, tornou-se ainda mais evidente a função informativa das demonstrações financeiras.[154] Essa circunstância fica muito clara na estrutura conceitual da contabilidade em vigor, conforme a qual:

> o objetivo do relatório contábil-financeiro de propósito geral é fornecer informações contábil-financeiras acerca da entidade que reporta essa informação (*reporting entity*) que sejam úteis a investidores existentes e em potencial, a credores por empréstimos e a outros credores, quando da tomada decisão ligada ao fornecimento de recursos para a entidade.[155]

Com efeito, a contabilidade societária é orientada para prestação da informação mais útil possível a seus destinatários. Tanto é assim que,

---

[153] BARRETO, Paulo Ayres. Imposto sobre a renda e os lucros auferidos no exterior. *In*: ROCHA, Valdir de Oliveira. *Grandes questões atuais de direito tributário*. São Paulo: Dialética, 2002. v. 6. p. 338.

[154] ALLEY, Clinton; JAMES, Simon. The use of financial reporting standards-based accounting for the preparation of tax returns. *International Tax Journal*, v. 31, 2005. p. 32.

[155] Pronunciamento Técnico CPC 00 (R1) – Estrutura Conceitual para Elaboração e Divulgação de Relatório Contábil-Financeiro. Aprovado pela Resolução CVM – 675/11 e pelo CFC – NBC TG Estrutura Conceitual.

muitas vezes, privilegia-se o caráter informativo do balanço patrimonial em detrimento do resultado do exercício (*balance sheet approach*), que muitas vezes se torna mais volátil.[156] É justamente o que ocorre com a adoção do MEP. Privilegia-se, para fins informativos, a avaliação dos investimentos em outras participações societárias em "tempo real", ainda que isso torne o resultado mais volátil, por refletir receitas e despesas de equivalência patrimonial que não correspondem a efetivos direitos ou deveres da pessoa jurídica.

Escorreitas, a respeito, as lições de Ricardo Mariz de Oliveira, que destaca que o MEP "não é, evidentemente, atributivo de direito à investidora sobre os lucros da coligada ou controlada". Trata-se, com efeito, de mero "mecanismo ou critério contábil para avaliação do direito de participação societária na coligada ou controlada, incorporando ao valor do investimento a potencial participação nos lucros desta, ou a possível diminuição do seu valor em virtude de prejuízos da mesma".[157]

Logo, a circunstância de o MEP refletir os resultados da controlada ou coligada estrangeira no balanço patrimonial do contribuinte brasileiro não autoriza a conclusão de que haveria a efetiva disponibilidade da renda a este sujeito passivo. Sendo mero método da equivalência patrimonial critério contábil, atrelado às funções informativas da própria contabilidade, ele não importa reconhecimento da aquisição de um direito pela entidade reportante.

Apesar de todo o exposto, o Supremo Tribunal Federal chegou à conclusão distinta no julgamento da ADI nº 2.588/DF e do RE nº 540.090, em que examinou a constitucionalidade do art. 74 da MP nº 2.158-35/01, conforme se passa a expor.

2.1.1.1.1.1 O julgamento do STF

Cerca de treze anos após a edição da MP nº 2.158-35/01, o Supremo Tribunal Federal examinou a constitucionalidade do art. 74 desse diploma normativo, nos autos da Ação Direta de Inconstitucionalidade nº 2.588/DF e do Recurso Extraordinário nº 540.090/SC.

---

[156] Cf. nosso: KOURY, Paulo Arthur Cavalcante. As diferenças fundamentais entre o direito tributário e a contabilidade societária e os limites de suas relações. *Revista de Direito Recuperacional e de Empresa*, v. 13, 2019.

[157] OLIVEIRA, Ricardo Mariz de. A disponibilidade econômica ou jurídica de rendas e proventos auferidos no exterior. *Revista Fórum de Direito Tributário*, Belo Horizonte, ano 1, n, 1, 2003. p. 20.

No julgamento da ADI nº 2.588, os dez ministros que apresentaram votos fundamentaram-se em razões radicalmente diferentes, tendo alcançado conclusões também discrepantes. Tanto é assim que a proclamação do resultado do julgamento foi baseada nas conclusões comuns dos diferentes votos, não obstante houvesse fundamentos distintos para a mesma conclusão. Desse modo, constou da ementa do julgado:

> 2. Orientada pelos pontos comuns às opiniões majoritárias, a composição do resultado reconhece:
> 2.1. A inaplicabilidade do art. 74 da MP 2.158-35 às empresas nacionais coligadas a pessoas jurídicas sediadas em países sem tributação favorecida, ou que não sejam "paraísos fiscais";
> 2.2. A aplicabilidade do art. 74 da MP 2.158-35 às empresas nacionais controladoras de pessoas jurídicas sediadas em países de tributação favorecida, ou desprovidos de controles societários e fiscais adequados ("paraísos fiscais", assim definidos em lei);
> 2.3. A inconstitucionalidade do art. 74 par. ún., da MP 2.158-35/2001, de modo que o texto impugnado não pode ser aplicado em relação aos lucros apurados até 31 de dezembro de 2001. (ADI nº 2.588/DF. Rel. Min. Ellen Gracie, Rel. acórdão Min. Joaquim Barbosa. *DJ*, 11 fev. 2014)

Contudo, tratando-se de declaração de inconstitucionalidade de uma lei, apenas as conclusões derivadas dos votos da maioria absoluta (pelo menos seis ministros) teriam eficácia *erga omnes*. Trata-se da aplicação da chamada cláusula de reserva de plenário (*full bench*), que deriva do art. 97 da Constituição Federal, conforme o qual "somente pelo voto da maioria absoluta de seus membros ou dos membros do respectivo órgão especial poderão os tribunais declarar a inconstitucionalidade de lei ou ato normativo do Poder Público". Especificamente no tocante às ações diretas de inconstitucionalidade, o art. 23 da Lei nº 9.868/1999 densifica essa exigência, determinando que, caso não alcançada a maioria qualificada exigida, não se poderá proclamar a constitucionalidade ou inconstitucionalidade da norma impugnada. Veja-se:

> Art. 23. Efetuado o julgamento, proclamar-se-á a constitucionalidade ou a inconstitucionalidade da disposição ou da norma impugnada se num ou noutro sentido se tiverem manifestado *pelo menos seis Ministros, quer se trate de ação direta de inconstitucionalidade ou de ação declaratória de constitucionalidade.*
> Parágrafo único. Se não for alcançada a maioria necessária à declaração de constitucionalidade ou de inconstitucionalidade, estando ausentes Ministros em número que possa influir no julgamento, este será suspenso

a fim de aguardar-se o comparecimento dos Ministros ausentes, até que se atinja o número necessário para prolação da decisão num ou noutro sentido.

Nesse passo, muito embora as conclusões do julgado proferido na ADI nº 2.588 tenham sido enunciadas pelo Tribunal de forma indistinta, independentemente da maioria alcançada para cada uma delas, pode-se afirmar que somente satisfizeram a maioria necessária para a atribuição de efeitos vinculantes as seguintes partes do julgado: (i) inconstitucionalidade da aplicação do art. 74 da MP nº 2.158-35/01 às sociedades coligadas localizadas em países sem tributação favorecida; e (ii) a constitucionalidade da aplicação do regime do art. 74 da MP nº 2.158-35/01 no tocante às sociedades controladas localizadas em países com tributação favorecida. Relativamente às duas situações intermediárias, não se alcançou a maioria necessária para a atribuição de efeitos vinculantes à decisão do STF.

A própria Receita Federal do Brasil, por intermédio da Solução de Consulta Interna Cosit nº 18, de 8.8.2013 sindicou essa interpretação do resultado do julgado, tendo elaborado a seguinte tabela:

Investida	Localização	Art. 74 da MP 2.158-35	Eficácia *erga omnes* e efeito vinculante
Coligadas	País SEM tributação favorecida	Inconstitucional	Sim
	País COM tributação favorecida	Constitucional (Não alcançada a maioria)	Não
Controlada	País SEM tributação favorecida	Constitucional (Não alcançada a maioria)	Não
	País COM tributação favorecida	Constitucional	Sim

O próprio Supremo Tribunal Federal veio a afirmar essa interpretação do seu julgado anterior, posteriormente, nos autos do RE nº 541.090/SC, em que se discutia a aplicação do art. 74 da MP nº 2.158-35/01 relativamente ao caso concreto de um contribuinte. Constou da ementa desse julgado:

> CONSTITUCIONAL. TRIBUTÁRIO. IMPOSTO DE RENDA. LUCROS PROVENIENTES DE INVESTIMENTOS EM EMPRESAS COLIGADAS E CONTROLADAS SEDIADAS NO EXTERIOR. ART. 74 DA MEDIDA PROVISÓRIA 2.158-35/2001.

1. No julgamento da ADI 2.588/DF, o STF reconheceu, de modo definitivo, (a) que é legítima a aplicação do art. 74 da Medida Provisória nº 2.158-35/2001 relativamente a lucros auferidos por empresas controladas localizadas em países com tributação favorecida (= países considerados "paraísos fiscais"); e (b) que não é legítima a sua aplicação relativamente a lucros auferidos por empresas coligadas sediadas em países sem tributação favorecida (= não considerados "paraísos fiscais"). Quanto às demais situações (lucros auferidos por empresas controladas sediadas fora de paraísos fiscais e por empresas coligadas sediadas em paraísos fiscais), não tendo sido obtida maioria absoluta dos votos, o Tribunal considerou constitucional a norma questionada, sem, todavia, conferir eficácia erga omnes e efeitos vinculantes a essa deliberação.
2. Confirma-se, no presente caso, a constitucionalidade da aplicação do caput do art. 74 da referida Medida Provisória relativamente a lucros auferidos por empresa controlada sediada em país que não tem tratamento fiscal favorecido. Todavia, por ofensa aos princípios constitucionais da anterioridade e da irretroatividade, afirma-se a inconstitucionalidade do seu parágrafo único, que trata dos lucros apurados por controlada ou coligada no exterior até 31 de dezembro de 2002. 3. Recurso extraordinário provido, em parte. (RE nº 541.090. Rel. Min. Joaquim Barbosa, Rel. p/ acórdão Min. Teori Zavascki, Tribunal Pleno, j. 10.4.2013. DJe-213, divulg. 29.10.2014, public. 30.10.2014)

Desse modo, pode-se afirmar que a coisa julgada material em sede de processo de controle abstrato de constitucionalidade, que possui eficácia contra todos os jurisdicionados, somente foi formada na ADI nº 2.588 no tocante: (i) à inconstitucionalidade da aplicação do art. 74 da MP nº 2.158-35/01 às sociedades coligadas localizadas em países sem tributação favorecida; e (ii) à constitucionalidade da aplicação do regime do art. 74 da MP nº 2.158-35/01 no tocante às sociedades controladas localizadas em países com tributação favorecida.

Não obstante, é relevante examinar as razões de decidir adotadas pelo Supremo Tribunal Federal nos julgados em referência, especialmente considerando-se a previsão do Código de Processo Civil em vigor no sentido de que os "tribunais devem uniformizar sua jurisprudência e mantê-la estável, íntegra e coerente" (art. 926), bem a determinação no sentido de que todos os órgãos do Poder Judiciário devem observância às "decisões do Supremo Tribunal Federal em controle concentrado de constitucionalidade".

2.1.1.1.1.1.1 As razões de decidir na ADI nº 2.588/DF e no RE nº 540.090/SC

No julgamento da ADI nº 2.588/DF, foram proferidos dez diferentes votos, com fundamentos e conclusões bastante distintos. O quadro a seguir visa a evidenciar as razões consideradas por cada um dos ministros como necessárias e suficientes às conclusões por eles alcançadas, bem como a própria conclusão. Veja-se:

Figura 12 – Votos na ADI nº 2.588

(continua)

Ministro	Inconst. Total	Const. Total	Const. sujeitas ao MEP	Inconst. coligadas	Inconst. coligadas e controladas fora de JTF	Fundamentos necessários e suficientes
Ellen Gracie				X		Controladas: haveria disponibilidade jurídica dos lucros no momento da apuração, pois a controladora brasileira possuiria poder decisório para a sua distribuição; Coligadas: a ficção legal seria inconstitucional, por não haver poder decisório sobre a destinação dos lucros.
Nelson Jobim			X			Haveria disponibilidade econômica, relevada por meio do reflexo registrado pelo MEP, independentemente do efetivo recebimento, pois se aplica o regime de competência. O conceito de renda seria determinado pela legislação infraconstitucional.
Eros Grau			X			Acompanha o Min. Jobim.
Cezar Peluso			X			As contrapartidas do MEP representariam a disponibilidade jurídica dos rendimentos da controlada estrangeira no patrimônio do contribuinte. A MP apenas teria fixado o critério temporal do tributo, conforme o regime de competência.
Sepúlveda Pertence	X					O tributo não incide sobre a renda. Referência ao RE 172.058 e ao RE 117.866.
Marco Aurélio	X					Houve violação ao art. 62 da CF/88 (requisitos de MP). Não se pode estabelecer ficção de disponibilidade (RE 172058).
Ricardo Lewandowski	X					Não se pode estabelecer ficção de disponibilidade.

(conclusão)

Ministro	Decisão					Fundamentos necessários e suficientes
	Inconst. Total	Const. Total	Const. sujeitas ao MEP	Inconst. coligadas	Inconst. coligadas e controladas fora de JTF	
Celso de Melo	X					(não constam razões)
Ayres Britto		X				A controladora tem o poder de decidir sobre a distribuição dos lucros. É razoável equiparar a coligada à controladora.
Joaquim Barbosa					X	A presunção de evasão somente é possível se a investida estiver em jurisdição de tributação favorecida (JFT).

Elaborada pelo autor.

A essas razões de decidir, devem ser somados os fundamentos adotados no RE nº 540.090/SC. Embora esse julgado não se revista de eficácia vinculativa, nele proferiram votos quatro ministros que não haviam se manifestado nos autos da ADI nº 2.588, três dos quais ainda figuram na atual composição da corte. Os fundamentos por eles adotados podem ser resumidos da seguinte maneira:

Figura 13 – Votos no RE nº 540.090

Ministro	Decisão		Fundamentos necessários e suficientes
	Nega provimento ao RE da União	Confere provimento ao RE da União	
Teori Zavaski		X	A tributação incidiria sobre lucros da sociedade brasileira, conforme refletidos pelo MEP.
Rosa Weber		X	Acompanha o Min. Teori Zavaski.
Dias Tóffoli		X	O MEP justificaria a disponibilidade da renda.
Gilmar Mendes		X	Haveria mera fixação do critério temporal da tributação. O MEP registraria o efetivo incremento patrimonial.

Elaborada pelo autor.

A análise dos votos proferidos na ADI nº 2.588 e no RE nº 540.090 revelam a adoção de cinco diferentes linhas de fundamentação.

A primeira delas, que resulta na inconstitucionalidade total do art. 74 da MP nº 2.158-35/01, predica haver uma violação ao conceito constitucional de renda tributável, previsto no art. 153, III, da CF/88. Conforme essa linha argumentativa, adotada nos votos dos ministros Sepúlveda Pertence, Marco Aurélio, Ricardo Lewandowski e Celso de Mello, não haveria disponibilidade do lucro da controlada ou coligada estrangeira para o contribuinte brasileiro, sendo vedada a desconsideração das personalidades jurídicas próprias dessas entidades. Trata-se de posição coincidente com a adotada neste trabalho.

A segunda linha de fundação entende que a aplicabilidade do Método da Equivalência Patrimonial em relação a determinado investimento seria suficiente para concluir-se que a sociedade brasileira teria disponibilidade sobre os lucros da sua controlada ou coligada estrangeira. Trata-se do fundamento dos votos dos ministros Nelson Jobim, Eros Grau, Cezar Peluso, Teori Zavascki, Rosa Weber, Dias Toffoli e Gilmar Mendes.

Conforme se destacou no tópico anterior, essa linha de argumentação nos parece totalmente incoerente com o ordenamento jurídico brasileiro, uma vez que o MEP, nos termos do art. 248 da LSA, configura mero critério para a preparação de demonstrações contábeis, que não indica nem implica a aquisição de um direito por parte do contribuinte brasileiro.

A terceira linha argumentativa está presente no voto da Min. Ellen Gracie, segundo o qual a disponibilidade da sócia brasileira sobre os lucros da pessoa jurídica estrangeira dependeria do seu exercício, ou não, do controle desta pessoa jurídica. Nesse sentido, se a pessoa jurídica estrangeira fosse controlada do contribuinte brasileiro, a possibilidade abstrata de este deliberar pela distribuição dos lucros daquela seria suficiente para demonstrar a disponibilidade. Logo, haveria inconstitucionalidade na aplicação do art. 74 da MP nº 2.158-35/01 apenas sobre as sociedades coligadas no exterior, sendo constitucional a tributação relativa aos lucros das controladas.

A quarta linha de argumentação, adotada pelo Ministro Carlos Ayres Britto, é similar à terceira, mas dá um passo adiante. Além de considerar que as controladoras brasileiras teriam disponibilidade sobre os lucros da controlada estrangeira, em razão do seu poder societário de deliberar sobre a distribuição de lucros, esta linha de argumentação entente que seria razoável equiparar a coligada à controlada. Logo, ela conclui pela total constitucionalidade do regime de tributação do art. 74 da MP nº 2.158-35/01.

Consoante também exposto *supra*, essas linhas argumentativas desconsideram a diferença entre a disponibilidade da própria renda e a disposição de um poder para a sua distribuição. Tanto quanto a não aquisição da propriedade de um veículo automotor importa não ocorrência do Imposto Estadual sobre a Propriedade de Veículos Automotores (IPVA), a não deliberação das distribuições de dividendos (desde que não existam distribuições disfarçadas) importa a não realização do fato gerador do Imposto sobre a Renda e da Contribuição Social sobre o Lucro relativo aos rendimentos da outra pessoa jurídica. Entendimento diverso viola a própria separação entre a personalidade jurídica do contribuinte brasileiro e da controlada ou coligada estrangeira.

No caso do voto do Ministro Ayres Britto, além dessa inconsistência, adota-se absurda equiparação entre controladas e coligadas. Entretanto, ainda que se admitisse que a controladora brasileira teria disponibilidade sobre os lucros da controlada estrangeira, por conta do seu poder de deliberar pela distribuição de resultados, o mesmo sequer poderia ser cogitado com relação às coligadas. Conforme exposto,[158] para a configuração de coligação, bastava participação de 10% do capital social da investida, o que, de maneira alguma, asseguraria à investidora brasileira o poder de decidir pela distribuição de lucros.

A quinta e última linha de argumentação deriva do voto do Ministro Joaquim Barbosa, que introduziu um novo elemento na discussão sobre a constitucionalidade do art. 74 da MP nº 2.158-35/01. Conforme esse ministro, a tributação seria constitucional apenas para garantir a tributação das controladas e coligadas no exterior que fossem residentes de países com tributação favorecida, ou "paraísos fiscais". A justificativa para tanto seria a de que, nesse caso, justificar-se-ia presumir que o lucro seria da controladora ou coligada brasileira, com o objetivo de prevenir a evasão fiscal.

Ainda que implicitamente, as conclusões do voto do Min. Joaquim Barbosa estão pautadas no que a doutrina denomina de *single tax principle* ou princípio da tributação única, que demanda que rendimentos transfronteiriços sejam tributados pelo menos uma vez, independentemente de qual país (fonte ou residência) efetivamente implemente

---

[158] Cf. item 1.2.1.1.

a tributação.[159] Este princípio pressupõe que a falta de tributação do rendimento (frequentemente denominada "dupla não tributação" ou *double non-taxation*) seria prejudicial às economias globais.[160] Para fins da presente análise, não se deve perquirir se a falta de tributação de um rendimento seria ou não prejudicial à economia brasileira ou se seria conveniente a adoção do *single tax principle*. Basta destacar que este princípio não possui fundamento na Constituição Federal. Pelo contrário. Conforme exposto, a Constituição exige que exista a aquisição efetiva e incondicional de um direito para que o contribuinte brasileiro possa ser tributado pelo Imposto sobre a Renda e pela Contribuição Social sobre o Lucro Líquido. Isso significa que, se determinado fato não se revestir dessas características, ele não poderá ser gravado por esses tributos, pouco importando se um outro país tributou ou deixou de tributar a importância.

Veja-se que o voto do ministro fez efetivas escolhas de política fiscal, ao largo da Constituição. Com efeito, ele poderia efetuar as seguintes escolhas:

Figura 14 – Voto do Min. Joaquim Barbosa

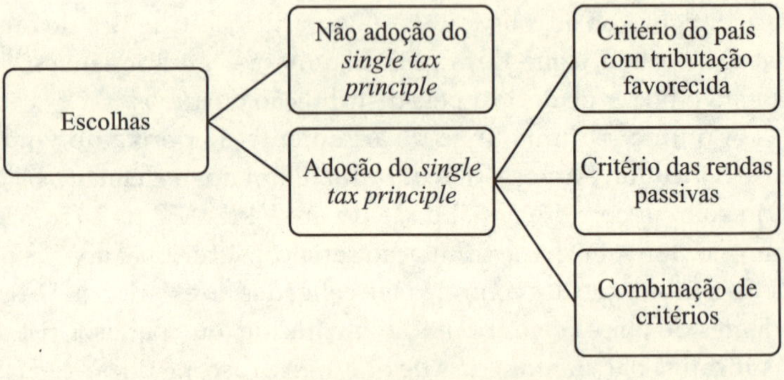

Elaborada pelo autor.

Ao adotar, ainda que implicitamente, o *single tax principle*, o voto em questão foi além do que permitiria a Constituição, além de tomar uma decisão de cunho legislativo que sequer fora objeto de tomada de

---

[159] AVI-YONAH, Reuven S. Who Invented the Single Tax Principle: An Essay on the History of US Treaty Policy. *NYL Sch. L. Rev.*, v. 59, 2014. p. 305.
[160] AVI-YONAH, Reuven S. Who Invented the Single Tax Principle: An Essay on the History of US Treaty Policy. *NYL Sch. L. Rev.*, v. 59, 2014.

posição pelo Poder Legislativo. Justamente porque o *single tax principle* não tem qualquer fundamento constitucional ou legal no ordenamento jurídico brasileiro (sendo efetivamente repelido pela CF/88), o ministro teve então, que atuar, uma vez mais, como legislador, criando de forma inaugural e discricionária critérios para determinar quando o princípio seria aplicável. Desse modo, mediante referência a conceitos do relatório da OCDE *Harmful Tax Competition: An Emerging Global Issue*, o ministro adotou o critério de considerar não tributados no exterior os rendimentos auferidos por controladas e coligadas residentes em países com tributação favorecida. Alternativamente, ele poderia ter adotado o critério das rendas passivas ou uma combinação entre os critérios, por exemplo. Não obstante, o voto tomou a *decisão de política legislativa* de que deveria ser adotado o critério dos países de tributação favorecida (também conhecidos como paraísos fiscais).

Essa exposição visa a demonstrar que o voto do Min. Joaquim Barbosa efetivamente introduziu novos critérios inexistentes na legislação, os quais causaram, em grande parte, as dificuldades no entendimento da decisão do STF. Nenhum dos fundamentos adotados pelos ministros pode ser considerado isoladamente prevalecente no julgamento, motivo pelo qual foi necessário fazer uma combinação das parcelas coincidentes do resultado do julgado. O argumento de que haveria efetiva disponibilidade sobre os lucros apurados pela investida estrangeira obteve aderência de quatro ministros, enquanto o argumento pautado no MEP teve aderência de três ministros. Contudo, como a Min. Ellen Gracie limitou o seu entendimento favorável à tributação às controladas e o Min. Joaquim Barbosa limitou a conclusão da constitucionalidade do regime às controladas e coligadas sujeitas a regime de tributação favorecida, a combinação de critérios conduziu aos quatro resultados acima descritos.

2.1.1.1.2 A aplicabilidade temporal do regime da MP nº 2.158-35/01 e as regras da irretroatividade e da anterioridade

Além das questões atinentes à compatibilidade material do art. 74 da MP nº 2.158-35/01 com a Constituição Federal, também se faz relevante a análise do início da vigência desse regime, especialmente em face dos requisitos constitucionais de irretroatividade e de anterioridade.

O parágrafo único do art. 74 da MP nº 2.158-35/01 previa a tributação, em 31.12.2002, dos lucros verificados pela controlada estrangeira até 31.12.2001, nos seguintes termos:

> Parágrafo único. Os lucros apurados por controlada ou coligada no exterior até 31 de dezembro de 2001 serão considerados disponibilizados em 31 de dezembro de 2002, salvo se ocorrida, antes desta data, qualquer das hipóteses de disponibilização previstas na legislação em vigor.

Conforme essa regra, haveria duas tributações distintas ao final de 2001, quais sejam: (i) a tributação dos lucros apurados pela controlada ou coligada estrangeira no ano-base de 2001; e (ii) a tributação dos lucros apurados pela controlada ou coligada estrangeira relativamente aos anos-base anteriores a 2001.

Em relação à segunda norma de tributação, reconstruída a partir da leitura do parágrafo único do dispositivo, trata-se de clara violação à regra constitucional da irretroatividade, insculpida no art. 150, III, "a", da CF/88, conforme a qual é vedado aos entes federativos cobrar tributos "em relação a fatos geradores ocorridos antes do início da vigência da lei que os houver instituído ou aumentado". Com efeito, o dispositivo visa a criar uma ficção de que os lucros apurados em períodos anteriores à própria vigência da medida provisória seriam "considerados disponibilizados" após o início de sua vigência.

Contudo, ainda que se aceite que o contribuinte brasileiro teria disponibilidade sobre os lucros de controlada ou coligada estrangeira em razão de sua mera apuração por essa entidade estrangeira, esse dispositivo violaria a regra da irretroatividade. Com efeito, se pudesse a lei estabelecer uma ficção de que determinado fato ocorrido antes de sua vigência seria considerado ocorrido depois, então estaria totalmente abolida a irretroatividade. Neste caso, o Estado estaria tributando uma manifestação de riqueza passada, anterior ao advento da legislação que define o tributo, o que contraria, diretamente, a regra da irretroatividade, que visa, entre outros fins, a garantir a liberdade do contribuinte para praticar, ou não, o fato gerador.

Havendo violação à regra da irretroatividade, houve também, *ipso facto*, violação à regra da anterioridade, conforme a qual não se pode cobrar tributo "no mesmo exercício financeiro em que haja sido publicada a lei que os instituiu ou aumentou" (CF/88, art. 150, III, "b"). Trata-se de regra que visa não somente a garantir a liberdade do contribuinte para praticar, ou não, o fato gerador do tributo, mas também a conceder-lhe um prazo para que possa planejar as suas atividades com calculabilidade.

Essas violações foram reconhecidas pelo STF no julgamento da ADI nº 2.588/DF, que foi parcialmente julgada procedente para "declarar a inconstitucionalidade da clausula de retroatividade prevista no art. 74, par. ún., da MP nº 2.158/2001". Sobre o tema, veja-se o seguinte trecho do voto do Min. Marco Aurélio:

> Partiu-se para o alargamento, a mais não pode, da ficção jurídica, imprimindo-lhe eficácia retroativa incompatível com o princípio constitucional da anterioridade. A medida provisória veio ao mundo jurídico, com o artigo 74 ora em análise, em julho de 2001, dispondo, de forma indeterminada, sobre a observância da cabeça do artigo 74, considerados lucros apurados por empresas sediadas no estrangeiro, coligadas ou controladas por brasileiras até 31 de dezembro de 2001, fixando campo de aplicação retroativa de maneira indeterminada e praticamente sem limite. Pouco importa que se tenha apontado data para os lucros serem tidos por disponibilizados, ou seja, 31 de dezembro de 2002, ano seguinte ao da edição da medida provisória. O que cumpre ter presente é que foram apanhados, para a incidência da norma, lucros relativos a exercícios anteriores, adentrando-se, por via oblíqua, o campo da criação de fato gerador ou, sem exagero, de verdadeiro tributo de modo retroativo, incompatível com a ordem jurídica, que é a simples apresentação de lucro, em qualquer exercício passado, pela empresa estrangeira.

Apesar da decisão tomada pelo STF relativamente ao parágrafo único do art. 74 da MP nº 2.158-35/01, o Tribunal não se posicionou acerca da aplicabilidade da regra de tributação do *caput* do dispositivo em relação aos lucros apurados pelas controladas e coligadas no exterior no curso do ano-base de 2001, em face da regra da anterioridade, que proíbe a cobrança de tributos "no mesmo exercício financeiro em que haja sido publicada a lei que os instituiu ou aumentou" (CF/88, art. 150, III, "b"). No caso em tela, a MP nº 2.158-35/01 foi convalidada de forma definitiva em 12.9.2001, por meio da publicação da Emenda Constitucional nº 32/01, cujo art. 2º veiculou cláusula de convalidação em definitivo das medidas provisórias então em vigor.

Logo, pela aplicação da regra da anterioridade, a tributação em questão somente poderia se dar relativamente aos lucros apurados a partir do ano-base de 2002. Como afirma Luciano Amaro, a aplicação da anterioridade ao imposto sobre a renda resulta na "necessidade de a lei (de instituição ou majoração do tributo) ser anterior ao ano civil em que ocorrerão os fatos genetlíacos da obrigação, quer sejam considerados isoladamente quer o sejam em conjunto".[161] No mesmo sentido, conforme Hugo de Brito Machado, "todos os fatos decorridos durante o denominado exercício social da pessoa jurídica, que corresponde ao período-base do imposto, submetem-se ao regime jurídico em vigor quando começa esse período".[162]

Nesse contexto, não deveria ser aplicada a antiga Súmula nº 584 do STF, que determinava que "ao imposto de renda calculado sobre os rendimentos do ano-base, aplica-se a lei vigente no exercício financeiro em que deve ser apresentada a declaração". Trata-se de verbete sumular editado em razão de julgados dos anos 1970,[163] que analisaram normas específicas pertinentes ao tributo sobre rendimentos de magistrados vigente entre 1967 e 1968, que obrigava a subscrição de letras imobiliárias do Banco Nacional de Habitação. Nesse passo, trata-se de verbete sumular totalmente incompatível com a Constituição Federal de 1988, tanto que houve seu afastamento por uma série de julgados do STF, como exemplo, o RE nº 244.003 AgR (*DJe* de 28.5.2010), cujo relator, Min. Joaquim Barbosa, destacou que a finalidade constitucional das regras da irretroatividade e da anterioridade consiste em permitir ao contribuinte que planeje as suas atividades com alguma previsibilidade em relação aos futuros efeitos tributários dos seus atos e negócios jurídicos. Veja-se o seguinte trecho de seu voto:

> As regras da irretroatividade e da anterioridade tributárias buscam evitar que as expectativas legítimas dos contribuintes sejam frustradas por alterações contemporâneas que se estendam sobre fatos já exauridos e sujeitos à perspectiva vigente à época.

Por esses motivos, a súmula em questão veio a ser cancelada posteriormente,[164] reforçando o entendimento de que a anterioridade

---

[161] AMARO, Luciano. Imposto sobre a Renda e Proventos de Qualquer Natureza. *In*: MARTINS, Ives G. S. (Coord.). *O fato gerador do Imposto sobre a Renda e Proventos de Qualquer Natureza.* São Paulo: Resenha Tributária: CEEU, 1986. p. 401.

[162] MACHADO, Hugo de Brito. *Curso de direito tributário*. 32. ed. São Paulo: Malheiros, 2011. p. 322.

[163] RE nº 80.620. *DJ*, 2 jun. 1975; RE nº 80.250. *DJ*, 18 fev. 1975; RE nº 74.594. *DJ*, 23 mar. 1973.

[164] "IMPOSTO DE RENDA – LEI Nº 7.738/1989 – ANO-BASE DE 1988 – PREVISÃO DE NOVO PARÂMETRO DE INDEXAÇÃO – ATUALIZAÇÃO DOS VALORES DAS

exige que a lei relativa ao Imposto sobre a Renda seja publicada antes do início do ano-base relativamente à qual se verificarão as mutações patrimoniais. No caso do art. 74 da MP nº 2.158-35/01, isso significa que a norma de tributação em bases universais somente poderia ser aplicada aos resultados das pessoas jurídicas controladas e coligadas no exterior apurados a partir do ano-base de 2002 (sem prejuízo das demais inconstitucionalidades examinadas *supra*).

2.1.1.2 O regime da Lei nº 12.973/14

Examinada a constitucionalidade do regime de TBU do art. 74 da MP nº 2.158-35/01, especialmente em face dos conceitos constitucionais de renda e de lucro e da exigência de realização do rendimento, passa-se ao exame da compatibilidade do regime da Lei nº 12.973/14 com a Constituição Federal.

De um lado, parece-nos demasiadamente forte afirmar que, com a superveniência da Lei nº 12.973/14, "a discussão a respeito da inconstitucionalidade da tributação automática dos lucros auferidos por empresa controlada no exterior segue inalterada", como faz Sergio André Rocha.[165] De outro lado, contudo, é verdadeiro que diversas inconstitucionalidades do regime da MP nº 2.158-35/01 foram mantidas e até mesmo agravadas pelo regime dos arts. 76 e seguintes da Lei nº 12.973/14.

Com efeito, conforme se passa a demonstrar, o regime da Lei nº 12.973/14: (i) agravou a violação aos conceitos constitucionais de renda e de lucro, bem como ao critério da realização do rendimento; (ii) tornou ainda mais clara a inverdade da tese de que a tributação alcançaria

---

QUOTAS DO TRIBUTO – DIREITO ADQUIRIDO – PRINCÍPIOS DA ANTERIORIDADE E IRRETROATIVIDADE – VIOLAÇÃO – AUSÊNCIA. É constitucional a correção monetária das quotas do imposto de renda tal como prevista na Lei nº 7.738/1989, ante a mera substituição de parâmetro para a indexação, instituída em legislação anterior. LEI – APLICAÇÃO NO TEMPO – IMPOSTO DE RENDA – ADICIONAL – DECRETO-LEI Nº 2.462/1988 – APLICAÇÃO NO ANO-BASE DE 1988 – IRRETROATIVIDADE E ANTERIORIDADE – INOBSERVÂNCIA – INCONSTITUCIONALIDADE. É inconstitucional a aplicação, a fatos ocorridos no ano-base de 1988, do adicional do imposto de renda sobre o lucro real instituído pelo Decreto-Lei nº 2.462, de 30 de agosto de 1988, considerada a violação dos princípios da irretroatividade e da anterioridade. VERBETE Nº 584 DA SÚMULA DO SUPREMO – SUPERAÇÃO – CANCELAMENTO. Superado o entendimento enunciado no verbete nº 584 da Súmula do Supremo, impõe-se o cancelamento" (RE nº 159.180. Rel. Min. Marco Aurélio, P, j. 22.6.2020. *DJe*-204, 17 ago. 2020).

[165] ROCHA, Sergio André. Tributação de lucros auferidos no exterior (Lei nº 12.973/14). São Paulo: Dialética, 2014. p. 91.

mero reflexo do resultado da controlada estrangeira no patrimônio do contribuinte brasileiro; e (iii) ao prever regimes de "equiparação à controladora" e hipóteses de tributação automática de coligadas que sejam controladas (intermediariamente) por pessoas jurídicas localizadas em países de tributação favorecida, a Lei nº 12.973/14 violou, diretamente, as próprias premissas (equivocadas) da decisão do STF na ADI nº 2.588/DF.

2.1.1.2.1 Reforço da inexistência de renda realizada

Conforme exposto *supra*,[166] os conceitos constitucionais de renda (CF/88, art. 153, III) e de lucro (CF/88, art. 195, III, "b") limitam a competência tributária da União aos acréscimos de direitos efetivamente verificados ao longo do período base, que correspondem a acréscimos patrimoniais do contribuinte. Ademais, o critério da realização do rendimento, que decorre da capacidade contributiva (CF/88, art. 145, §1º) e da segurança jurídica (CF/88, art. 5º, *caput*), exige que o direito esteja efetivamente incorporado ao patrimônio do contribuinte, sem condições suspensivas e com certeza e mensurabilidade, para que ele possa compor a base de cálculo do IRPJ e da CSLL na condição de elemento positivo.

Nesse sentido, Roberto Quiroga Mosquera esclarece que a competência tributária federal se restringe aos "elementos patrimoniais que não existiam antes no conjunto de direitos pré-existentes e que não representam uma mera reposição de elementos patrimoniais ou permuta".[167]

Cotejando o regime de TBU da Lei nº 12.973/14 com estas condicionantes constitucionais, percebe-se que se busca a tributação de um suposto rendimento que não corresponde a um efetivo direito do contribuinte brasileiro, não sendo possível falar em renda e, muito menos, em realização. De forma similar ao que ocorria no regime da MP nº 2.158-35/01, tributam-se os resultados das controladas e coligadas no exterior independentemente da prática dos atos societários necessários para que estes sejam distribuídos ao contribuinte brasileiro. A tributação ocorre, portanto, sem que se possa afirmar que o contribuinte brasileiro tenha adquirido um direito sobre os lucros da pessoa jurídica estrangeira.

---

[166] Cf. item 2.1.1.
[167] MOSQUERA, Roberto Quiroga. *Renda e proventos de qualquer natureza*. O imposto e o conceito constitucional. São Paulo: Dialética, 1996. p. 118.

A Lei nº 12.973/14 instituiu um sistema de tributação *per saltum* ou tributação direta das controladas indiretas. Isso significa que, no exemplo-base, reproduzido a seguir, o contribuinte brasileiro deverá adicionar ao seu lucro real não apenas os resultados da controlada direta espanhola, mas também os resultados da controlada indireta uruguaia. Veja-se:

Figura 1 – Exemplo-base

Elaborada pelo autor.

O fato de a tributação alcançar os lucros das controladas indiretas deixa clara a sua dissociação com a efetiva aquisição do direito ao rendimento por parte do contribuinte brasileiro. Neste caso, não apenas inexiste direito ao montante porque não houve *uma* deliberação societária, mas *duas* deliberações societárias (no nível da controlada indireta e da direta) seriam necessárias para que o contribuinte brasileiro efetivamente tivesse direito sobre os lucros. Desconsideram-se as personalidades jurídicas de duas sociedades estrangeiras, em contradição com o requisito de aquisição de um direito novo por parte do contribuinte brasileiro.

Muito embora a discussão sobre a constitucionalidade do regime de TBU da Lei nº 12.973/14 ainda não tenha chegado aos tribunais superiores, a 1ª Turma do Tribunal Regional Federal da 4ª Região (TRF-4) acolheu incidente de declaração de inconstitucionalidade do art. 76

da Lei nº 12.973/14, na forma do art. 97 da CF/88 e do art. 949, II, do CPC, que preveem a chamada reserva de plenário, cujo julgamento pelo Tribunal Pleno se encontra pendente. Veja-se a ementa do julgado:

> TRIBUTÁRIO. IRPJ. CSLL. LUCROS AUFERIDOS POR EMPRESAS CONTROLADAS SEDIADAS NO EXTERIOR. ART. 76 DA LEI 12.973/2014. INCONSTITUCIONALIDADE.
> 1. A tributação do imposto de renda tem seus limites estabelecidos no artigo 153, inciso III, e parágrafo 2º, da Constituição. É assente na doutrina e jurisprudência que o acréscimo patrimonial tributável deve traduzir riqueza nova, cuja disponibilidade jurídica ou econômica se revela imprescindível para caracterização da hipótese de incidência.
> 2. De acordo com o entendimento que prevaleceu no Supremo Tribunal Federal no julgamento da ADI 2588, embora sem o *quorum* necessário (maioria absoluta) para a declaração de inconstitucionalidade integral do outrora vigente artigo 74 da MP nº 2558-35/2001 (revogado pelo artigo 76 da Lei nº 12.973/2014), a mera apuração contábil dos investimentos de uma sociedade limitada controladora sobre uma controlada (método de equivalência patrimonial) não implica a disponibilização jurídica do crédito (participação nos resultados sociais).
> 3. O artigo 76 da Lei nº 12.973/2014, ao autorizar a tributação sobre manifestação de riqueza sobre a qual o contribuinte pode não ter efetiva disponibilidade econômica ou jurídica, apresenta vício de inconstitucionalidade, pois resulta na instituição de hipótese de incidência destoante da base econômica do imposto de renda extraída da Constituição Federal. (TRF-4, 1ª Turma. Apelação/Remessa Necessária nº 5005596-52.2015.4.04.7000/PR. Rel. Des. Fed. Amaury Chaves de Athayde, sessão 21.7.2017)

Os fundamentos adotados pela 1ª Turma do TRF-4, na linha da sentença proferida no mesmo processo, indicam a inexistência de disponibilidade sobre os lucros não distribuídos. Veja-se:

> Acompanho a linha que prevaleceu no Supremo Tribunal Federal (4 votos), embora não tenha sido suficiente para declarar a inconstitucionalidade integral do outrora vigente o artigo 74 da MP 2558-35/2001. [...] De fato, *a mera apuração contábil dos investimentos de uma sociedade limitada controladora sobre uma controlada (método de equivalência patrimonial) não implica a disponibilização jurídica do crédito (participação nos resultados sociais)*. Nas sociedades limitadas, cabe aos sócios dispor, no contrato social, sobre a forma de participação nos resultados sociais, inexistindo qualquer regra apriorística que imponha, por exemplo, o pagamento

obrigatório de dividendos, como ocorre em relação à sociedade anônima (art.202 da Lei de S/A). [...]
Assim, a *distribuição da participação nos resultados sociais não se assimila à mera variação positiva de investimento aportado por uma sociedade controladora na sua controlada*. É possível que o contrato social preveja a retenção de lucros em determinadas hipóteses. Além disso, também é possível que a própria controladora (sócia majoritária) opte pela retenção do lucro da controlada, a fim de acumular reservas para investimento futuro desta, hipótese na qual, por óbvio, inexistirá qualquer obtenção de disponibilidade jurídica sobre o lucro relativo aos resultados sociais.

De fato, a simples apuração de resultado positivo por controlada direta ou indireta no exterior não implica a aquisição de um direito pelo contribuinte brasileiro, de modo que não se pode falar em efetiva aquisição de renda por este. Trata-se de inconstitucionalidade que, a nosso sentir, já existia no regime do art. 74 da MP nº 2.158-35/01 e que foi mantida no regime dos arts. 76 e seguintes da Lei nº 12.973/14.

2.1.1.2.2 Não se aplica o argumento do MEP

Em segundo lugar, merece destaque a circunstância de que, em relação ao regime da Lei nº 12.973/14, não se pode sequer cogitar a adoção da fundamentação esposada pelos ministros Nelson Jobim, Eros Grau, Cezar Peluso, Teori Zavascki, Rosa Weber, Dias Toffoli e Gilmar Mendes, nos julgamentos atrelados à MP nº 2.158-35/01, no sentido de que a tributação abrangeria o reflexo da variação patrimonial da entidade estrangeira no contribuinte brasileiro, apurada conforme o Método da Equivalência Patrimonial.

Conforme amplamente exposto,[168] além de não importar reconhecimento de um direito de titularidade do contribuinte brasileiro, o MEP sequer foi adotado como base de cálculo para a tributação de que trata a Lei nº 12.973/14.[169] Consoante o §7º no art. 25 da Lei nº 9.249/96, inserido pela Lei nº 12.973/14, "os lucros serão apurados segundo as normas da legislação comercial do país de domicílio". Na mesma linha, o §1º do art. 8º da IN RFB nº 1.520/14, prescreve que "o resultado auferido no

---

[168] Cf. item 1.3.2.1 *supra*.
[169] A esse respeito, equivocou-se o acórdão do TRF-4, proferido no Processo nº 5005596-52.2015.4.04.7000/PR, ao afirmar que o art. 76 da Lei nº 12.973/14 "consolidou o método de equivalência patrimonial como forma de apurar o lucro da pessoa jurídica controladora oriundo da participação societária na controlada".

exterior de que trata o caput deve ser apurado segundo as normas da legislação comercial do país de domicílio e antes da tributação no exterior sobre o lucro". Logo, o que se tributa "são os lucros auferidos pela controlada, apurados de acordo com as normas contábeis-comerciais do país de seu domicílio- os lucros de cada controlada, direta e indireta, apurados pelo Gaap local de cada uma delas".[170]

Assim, em relação ao regime da Lei nº 12.973/14, é totalmente inaplicável o argumento de que o art. 248 da LSA, ao instituir o MEP como forma de mensuração contábil do valor do investimento de sociedade coligada ou controlada, teria reconhecido um direito da entidade brasileira. Além de não ser verdadeiro que esse dispositivo implique qualquer reconhecimento ou aquisição de direito, ele simplesmente não se aplica no caso em tela, uma vez que a Lei nº 12.973/14 instituiu uma base de tributação autônoma em relação à contabilidade. Consoante exposto, trata-se da única maneira de instituir uma tributação *per saltum*, que atinge diretamente os resultados das controladas indiretas, uma vez que o Método da Equivalência Patrimonial não se aplica a elas.

Logo, o fundamento de que a tributação atingiria mero reflexo do resultado da entidade estrangeira no patrimônio do contribuinte brasileiro, demonstrado por meio da equivalência patrimonial, não se aplica ao regime de tributação em bases universais da Lei nº 12.973/14, pois este não adota o MEP como base da tributação, mas sim o resultado das entidades estrangeiras aferido conforme a sua contabilidade local.

2.1.1.2.3 Descumprimento à decisão do STF

Em terceiro lugar, deve-se destacar que determinadas características do regime de tributação da Lei nº 12.973/14 violam a própria decisão do Supremo Tribunal Federal nos autos da ADI nº 2.588/DF, especialmente no tocante à admissão da tributação no caso de entidades localizadas em "paraísos fiscais". Conforme exposto,[171] trata-se de critério que foi *criado* pelo voto do Ministro Joaquim Barbosa, assim fundamentado:

---

[170] TAKATA, Marcos Shigueo. Lucros no exterior, equivalência e tributação da "parcela do ajuste do valor do investimento" à luz dos acordos de bitributação brasileiros. *In*: MOSQUERA, Roberto Quiroga; LOPES, Alexsandro Broedel. *Controvérsias jurídico-contábeis (aproximações e distanciamentos)*. São Paulo: Dialética, 2015. v. 6. p. 350.

[171] Cf. item 2.1.1.1.1.1.1 *supra*.

A presunção do intuito evasivo somente é cabível se a entidade estrangeira estiver localizada em localizadas em países com tributação favorecida, ou que não imponham controles e registros societários rígidos ("paraísos fiscais"). A lista desses países é elaborada e atualizada pela Receita Federal do Brasil, e atualmente encontra-se na IN 1.037/2010. Não há qualquer dificuldade na atualização dessa lista.

Se a empresa estrangeira não estiver sediada em um "paraíso fiscal", a autoridade tributária deve argumentar e provar a evasão fiscal, isto é, a ocultação do fato jurídico tributário ou da obrigação tributária. Essa argumentação e essa prova fazem parte da motivação do ato de constituição do crédito tributário, que deve ser plenamente vinculado.

A par da inconstitucionalidade desse critério, que implicitamente assume o chamado *single tax principle*,[172] deve-se destacar que a Lei nº 12.973/14 foi além dessa fundamentação, ao instituir critérios de diferenciação baseados na existência de paraísos fiscais, especialmente em relação a sociedades coligadas controladas por sociedades em países de tributação favorecida ou sujeitas a regime fiscal privilegiado, que são tributadas automaticamente.

Com efeito, o art. 81, III, da Lei nº 12.973/14 determina a tributação automática (impropriamente denominada de "regime de competência") para as sociedades coligadas do contribuinte brasileiro que sejam direta ou indiretamente controladas por pessoa jurídica localizada em país ou dependência de tributação favorecida ou sujeita a regime fiscal privilegiado. Trata-se de uma tributação que vai além da própria fundamentação (equivocada) do voto do Min. Barbosa, que somente albergou a tributação das próprias entidades localizadas em "paraísos fiscais". Assim, em relação a esse dispositivo, além das demais inconstitucionalidades apontadas, pode-se afirmar que foi descumprido o próprio critério de diferenciação previsto na decisão do STF, especialmente no voto do Min. Joaquim Barbosa.

2.2 A compatibilidade dos regimes brasileiros de tributação em bases universais com os tratados contra a dupla tributação

A segunda parte deste capítulo será destinada ao exame da compatibilidade dos regimes de tributação em bases universais brasileiros

---

[172] Cf. item 2.1.1.1.1.1.1.1 *supra*.

com os tratados internacionais contra a dupla tributação firmados entre o Brasil e uma série de países. Atualmente, estão em vigor trinta e cinco tratados bilaterais contra a dupla tributação, todos eles largamente baseados em diferentes versões da Convenção-Modelo da OCDE, sendo o último assinado com a Confederação Suíça e ratificado pelo Decreto nº 10.714/2021. Ademais, o tratado assinado com a República de Singapura já foi aprovado pelo Congresso Nacional (Decreto Legislativo nº 2/2021), aguardando a ratificação presidencial.

A análise da compatibilidade dos regimes de TBU com os tratados em questão demanda, previamente, uma breve incursão no tema da incorporação dos tratados ao ordenamento nacional e de sua hierarquia. Em seguida, serão analisadas algumas questões comuns ao regime da MP nº 2.158-35/01 e da Lei nº 12.973/14, relativamente ao artigo do tratado aplicável, à irrelevância dos comentários da OCDE e aos tratados com disposições especiais. Por fim, serão analisados aspectos específicos sobre a compatibilidade de cada um dos dois regimes de TBU com os tratados.

2.2.1 Os tratados e os regimes de TBU de inclusão total

2.2.1.1 A incorporação e a hierarquia dos tratados

Conforme a doutrina de Francisco Rezek, o "tratado é um acordo formal concluído entre pessoas jurídicas de direito internacional público, e destinado a produzir efeitos jurídicos".[173] No ordenamento jurídico brasileiro, a Constituição delimita o procedimento de conclusão e incorporação dos tratados ao direito nacional. O art. 84, VIII da CF/88 disciplina a competência do presidente da República para a celebração dos tratados, condicionando a sua validade à aquiescência do Congresso. Veja-se:

> Art. 84. Compete privativamente ao Presidente da República: [...]
> VIII - *celebrar tratados, convenções e atos internacionais, sujeitos a referendo do Congresso Nacional.*

Por sua vez, o art. 49, I, da CF/88, limita a necessidade do referendo congressual aos tratados que "acarretem encargos ou compromissos

---

[173] REZEK, Francisco. *Direito internacional público*. Curso elementar. 17. ed. São Paulo: Saraiva, 2018. p. 40.

gravosos ao patrimônio nacional". Trata-se, justamente, do que ocorre no caso dos tratados destinados a evitar a dupla tributação, por meio dos quais os dois países contratantes acordam em estabelecer limitações mútuas à sua competência para a cobrança de tributos, com o intuito de evitar a dupla tributação e, com isso, incrementar os fluxos econômicos entre os países.

A doutrina brasileira controverte sobre a classificação do Brasil como um país dualista, que reconheceria a existência da ordem jurídica nacional apartada da ordem jurídica internacional,[174] ou como um país monista, que assume a existência de uma única ordem jurídica. De nossa parte, parece-nos que as doutrinas do monismo e dualismo decorrem de uma classificação de teoria do direito, que foi desenvolvida em um período em que sequer havia previsões constitucionais determinando o papel do direito internacional nos ordenamentos jurídicos nacionais.[175] Desse modo, a distinção falha não apenas pelos critérios vagos que são utilizados para dizer se um país é monista ou dualista, como também por conta da dificuldade de derivar consequências normativas precisas dessa classificação.

O que realmente importa é analisar o procedimento constitucionalmente previsto para que o tratado possa ser considerado uma fonte normativa válida em determinado país, bem como a hierarquia que lhe é conferida por determinado ordenamento jurídico. Desse modo, a partir da análise dos dispositivos constitucionais acima referidos, pode-se afirmar que, no ordenamento jurídico brasileiro, existe, em primeiro lugar, a fase de negociações, que culmina com a rubrica ou assinatura do tratado, sendo conduzida pelo presidente da República ou por outro agente do Poder Executivo, mediante delegação. Em seguida, dá-se a fase de celebração, em que o Congresso Nacional (Câmara Federal e Senado Federal) vota pela aprovação ou não do texto dos tratados que "acarretem encargos ou compromissos gravosos ao patrimônio nacional", expedindo o presidente do Senado um decreto-lei para formalizar a aprovação do texto, que segue para a ratificação, que é o ato unilateral pelo qual o presidente da República, autorizado pelo Congresso, confirma um tratado e declara que ele pode produzir

---

[174] Neste sentido: MELLO, Celso de Albuquerque. *Curso de direito internacional público*. Rio de Janeiro: Renovar, 2000. p. 191.
[175] VON BOGDANDY, Armin. Pluralism, direct effect, and the ultimate say: on the relationship between international and domestic constitutional law. *International Journal of Constitutional Law*, 2008. p. 399-400.

efeitos. No âmbito internacional, então, o país se obriga mediante a chamada troca de notas.

Conforme Rezek, "desde o momento próprio – idealmente, aquele em que coincidam a entrada em vigor no plano internacional e idêntico fenômeno nas ordens jurídicas interiores às partes –, o tratado passa a integrar cada uma dessas ordens".[176] A questão da hierarquia dos tratados relativamente às leis nacionais é distinta. Não obstante, como pontua Souto Maior Borges, "a questão da primazia de aplicabilidade do tratado ou da lei interna deve ser resolvida pela Constituição Federal".[177] Não obstante, no direito tributário, o Código Tributário Nacional propõe-se a regular a matéria por meio do seu art. 98, conforme o qual "os tratados e as convenções internacionais revogam ou modificam a legislação tributária interna, e serão observados pela que lhes sobrevenha".

De modo geral, em face dos dispositivos citados, três posições são sustentadas pela doutrina e pela jurisprudência, a saber: (i) os tratados seriam lei especial (*lex specialis*) em relação às leis internas, aplicando-se ainda que sobrevenha lei interna posterior;[178] (ii) os tratados limitariam a jurisdição do Estado brasileiro para tributar certas situações;[179] e (iii) os tratados seriam leis nacionais, vinculando todos os entes federativos e possuindo hierarquia material em relação às leis da União, que são leis federais.[180]

Na jurisprudência, embora predomine o entendimento de que os tratados sobre tributação seriam *lex specialis* em relação às normas internas (*e.g.*, REsp nº 1.161.467, DJe, 1º.6.2012), a questão não é pacífica. Há também julgados que determinam a prevalência dos tratados em função do caráter de lei nacional do art. 98 do CTN (RE nº 229.096, DJe, 11.4.2008).

---

[176] REZEK, Francisco. *Direito internacional público*. Curso elementar. 17. ed. São Paulo: Saraiva, 2018. p. 105.

[177] BORGES, José Souto Maior. *Teoria geral da isenção tributária*. 4. ed. São Paulo: Malheiros, 2007. p. 310.

[178] Assim: AMARO, Luciano. *Direito tributário brasileiro*. 17. ed. São Paulo: Saraiva, 2011. p. 205; TÔRRES, Heleno Taveira. *Pluritributação internacional sobre as rendas de empresas*: tratamento unilateral, bilateral e comunitário. São Paulo: Revista dos Tribunais, 1997. p. 394.

[179] Com essa posição: SCHOUERI, Luís Eduardo. *Direito tributário*. 3. ed. São Paulo: Saraiva, 2013. p. 97-118.

[180] Nessa linha: BORGES, José Souto Maior. *Teoria geral da isenção tributária*. 4. ed. São Paulo: Malheiros, 2007. p. 311.

A ilustrar a pouca clareza da questão na jurisprudência, em recente julgado em que determinou a incompatibilidade do regime instituído pela MP nº 2.158-34/2001 com o art. 7º de tratados contra a bitributação, o STJ (RE nº 1.325.709, *DJe*, 20.5.2014), embora tenha constado da ementa o fundamento da suposta especificidade dos tratados, no voto condutor de lavra do Ministro Napoleão Nunes Maia Filho, fez-se referência, além da especificidade, à necessidade de cooperação internacional, aos dispositivos da Convenção de Viena, à circunstância de os tratados terem hierarquia de leis complementares e mesmo às lições de Luís Eduardo Schoueri, completamente discrepantes desses outros fundamentos.

Apesar de sua adoção jurisprudencial, não parece que o argumento da lei especial possa justificar a prevalência dos tratados sobre a lei interna. Conforme Norberto Bobbio, lei especial é aquela que "subtrai de uma norma uma parte da sua matéria para submetê-la a uma regulamentação diferente".[181] A norma especial, portanto, conota todas as notas identificadoras de um fato que faz a lei geral e mais alguma outra. Essa circunstância, portanto, tem que ser analisada tendo em vista o conteúdo de duas normas dadas. Casos haverá, contudo, em que tanto normas domésticas como normas de tratados trazem critérios que não estão presentes na outra. Tome-se como exemplo a lei interna que prevê a tributação de "auferir renda passiva do exterior", enquanto que o tratado prevê a não tributação do fato "auferir renda proveniente do Estado X". Não se pode afirmar que nenhuma das duas regras seja especial em relação à outra, haja vista não haver relação de continência, mas de mera interseção entre os critérios de suas hipóteses de incidência.

Tampouco o critério que considera que os tratados limitariam a competência tributária nacional parece ser coerente com a Constituição Federal. Uma vez que é a Constituição Federal que fixa os limites da competência dos entes tributantes, não se pode admitir que qualquer outro veículo normativo inferior dilargue ou restrinja essa competência sem que haja expressa permissão constitucional para tanto, o que, no caso dos tratados, inexiste. Como tanto as leis como os tratados são hierarquicamente subordinados à Constituição Federal, formal e materialmente, não se pode admitir que os tratados delimitem a jurisdição do Estado brasileiro, com que se estaria subvertendo a hierarquia

---

[181] BOBBIO, Norberto. *Teoria do ordenamento jurídico*. Tradução de Ari Marcelo Solon. São Paulo: Edipro, 2011. p. 99.

sistêmica do ordenamento jurídico brasileiro, para alocar os tratados em patamar superior à Constituição Federal.[182]

Desse modo, parece mais coerente a terceira corrente, conforme a qual pode haver hierarquia semântica material entre os tratados e as leis federais. Trata-se do que ocorre no caso dos tratados contra a dupla tributação, cuja hierarquia material em relação às leis federais provém do art. 98 do CTN, editado conforme a competência da lei complementar para "estabelecer normas gerais em matéria de legislação tributária" (art. 146, III).

2.2.1.2 Bloqueio da tributação

Examinada, brevemente, a questão do procedimento de validação dos tratados internacionais pelo direito brasileiro e a sua hierarquia relativamente às leis federais, cumpre perquirir se os tratados contra a dupla tributação firmados entre o Brasil e diversos países conteriam algum dispositivo que bloquearia a incidência da norma do art. 74 da MP nº 2.158-35/01 ou da Lei nº 12.973/14.

2.2.1.2.1 Artigo aplicável

Conforme as lições de Klaus Vogel, um tratado contra a dupla tributação pode ser analiticamente dividido em três elementos, a saber: (i) requisitos de aplicação do tratado; (ii) requisitos substantivos de tributação; (iii) consequência para a dupla tributação.[183] Importa, para o presente estudo, o primeiro dos três elementos referidos pelo autor, que se desdobra, ainda segundo suas lições, em três questões, quais sejam: (i) o tratado é vinculante no país tributante?; (ii) o contribuinte em particular tem direito aos benefícios do tratado?; (iii) o tratado se aplica ao tributo em questão? Respondidas positivamente essas três questões, pode-se afirmar que os elementos substantivos do tratado se aplicam ao caso em exame.

Assim, em se tratando das regras brasileiras de tributação em bases universais, determinar a aplicabilidade do tratado é um passo anterior à perquirição de qual o artigo aplicável e se regime brasileiro

---

[182] Cf. nosso: KOURY, Paulo Arthur Cavalcante. Os tratados contra a bitributação e os resultados no exterior. *Revista Dialética de Direito Tributário*, v. 235, 2015. p. 120.
[183] VOGEL, Klaus. Double Tax Treaties and Their Interpretation. *Berkeley Journal of International Law*, v. 4, 1986. p. 24-25.

viola as regras distributivas do tratado, que compõem o segundo e terceiro elementos da concepção tripartida de Vogel.

Dessa forma, o tratado será aplicável se for vinculante no Brasil, se aplicar ao contribuinte em questão e ao tributo cobrado. No que respeita à primeira questão, será vinculante no Brasil o tratado que tiver sido internalizado conforme as regras prescritas na Constituição Federal.

Quanto à segunda questão, importa determinar se os contribuintes em tela (a pessoa brasileira e sua controlada indireta) têm direito aos benefícios do tratado. Nesse passo, o art. 1º dos tratados firmados conforme o modelo da OCDE determina que "a presente Convenção se aplica às pessoas residentes de um ou de ambos os Estados Contratantes". O art. 4º, por sua vez, remete à definição de residência pelo direito interno de cada Estado contratante, ao prescrever que residente de um Estado contratante corresponde à noção de sujeição à tributação nesse Estado, em razão de "domicílio, residência, sede de direção, lugar de constituição ou qualquer outro critério de natureza análoga". Em face desses dispositivos, resta clara a aplicabilidade do tratado firmado entre o Brasil e o país de residência da controlada, direta ou indireta, bem como da coligada no exterior, cujo lucro se pretenda tributar no Brasil. O contribuinte brasileiro é sujeito à tributação no Brasil em razão de sua residência, ocorrendo o mesmo em relação à sociedade estrangeira, em seu país de residência.

A terceira questão, atinente aos tributos cobertos pelo tratado, é respondida positivamente em relação ao Imposto de Renda das Pessoas Jurídicas (IRPJ) e à Contribuição Social sobre o Lucro Líquido (CSLL). Com efeito, os tratados firmados pelo Brasil, em seu art. 2º (impostos visados) determinam expressamente sua aplicabilidade ao Imposto sobre a Renda. No que respeita à CSLL, havia grande debate sobre sua inclusão ou não na cláusula de aplicabilidade aos tributos de natureza idêntica ou análoga ao Imposto sobre a Renda,[184] introduzidos após a assinatura da convenção, no caso de tratados assinados antes da instituição da CSLL no Brasil (Lei nº 7.689/88) ou antes da tributação em bases universais pela CSLL, inserida por meio da MP nº 1.858-7/99,

---

[184] A título de exemplo, prescreve o art. 2º (2) do Tratado Brasil-Áustria: "2. Esta Convenção também será aplicável a quaisquer impostos idênticos ou substancialmente semelhantes que forem posteriormente introduzidos, seja em adição aos impostos já existentes, ou em sua substituição. As autoridades competentes dos Estados Contratantes notificar-se-ão mutuamente de qualquer modificação que tenha ocorrido em suas respectivas legislações tributárias, especialmente no que se refere ao Artigo 23, parágrafo 7".

como defendeu Alberto Xavier.[185] De fato, apesar de os tratados usarem o termo "impostos", a sua teleologia aponta para o conceito de tributo, que configura a tradução mais adequada do termo em inglês *tax*, que não diferencia por conta da destinação do produto da arrecadação. Ademais, relativamente às empresas, a hipótese de incidência e a base de cálculo do IRPJ e da CSLL são substancialmente idênticas, havendo distinções muito pontuais na legislação de regência.

Somente os tratados Brasil-Portugal (item 1 do Protocolo), Brasil-Trinidad e Tobago (alínea "a" do Protocolo), Brasil-Bélgica (item 3 do Protocolo) e Brasil-Turquia (item 1 do Protocolo) expressamente abrangiam a CSLL, o que também ocorre nos tratados mais recentes, firmados com a Suíça e com Singapura. Desse modo, pode-se traçar o seguinte quadro:

(continua)

País	Tratados anteriores a dez/1988	Tratados posteriores a dez/1988	
		Com inclusão expressa da CSLL	Sem inclusão expressa da CSLL
África do Sul			X
Argentina	X		
Áustria	X		
Bélgica		X	
Canadá	X		
Chile			X
China			X
Coreia do Sul			X
Dinamarca	X		
Equador	X		
Eslováquia	X		
Espanha	X		
Filipinas	X		
Finlândia			X
França	X		
Hungria	X		

---

[185] XAVIER, Alberto. *Direito tributário internacional do Brasil*. 7. ed. Rio de Janeiro: Forense, 2010. p. 125.

(conclusão)

País	Tratados anteriores a dez/1988	Tratados posteriores a dez/1988	
		Com inclusão expressa da CSLL	Sem inclusão expressa da CSLL
Índia	X		
Israel			X
Itália	X		
Japão	X		
Luxemburgo	X		
México			X
Noruega	X		
Países Baixos			X
Peru			X
Portugal		X	
República Tcheca	X		
Rússia			X
Singapura (pendente de ratificação)		X	
Suécia	X		
Suíça		X	
Trinidad e Tobago		X	
Turquia		X	
Ucrânia			X
Venezuela			X

Em face dessas três situações, poder-se-ia entender que se aplicariam à CSLL apenas os tratados que expressamente a referiam e aqueles firmados antes da sua criação, ocorrida em dezembro de 1988. Relativamente aos tratados posteriores à instituição da CSLL, não estaria satisfeita a cláusula "posteriormente introduzidos", constante do art. 2º da maior parte dos tratados firmados pelo país, em linha com o modelo da OCDE.

Contudo, o art. 11 da Lei nº 13.202/15, objeto da conversão da Medida Provisória nº 685/15, buscou encerrar essas dúvidas, determinando, com aplicabilidade retroativa (por força do art. 106, I do CTN), que "para efeito de interpretação, os acordos e convenções internacionais celebrados pelo Governo da República Federativa do Brasil para evitar dupla tributação da renda abrangem a CSLL". Por pretender-se interpretativo, o dispositivo em questão possui eficácia retroativa, na forma do art. 106, I, do CTN, conforme o qual a lei se aplica a fato pretérito "em qualquer caso, quando seja expressamente interpretativa, excluída a aplicação de penalidade à infração dos dispositivos interpretados".

Ainda que se pudesse questionar o verdadeiro caráter interpretativo desse dispositivo em relação aos tratados firmados após a criação da CSLL, parece-nos ser plenamente conforme o ordenamento jurídico a lei retroativa em questão, considerando-se que o direito interno possui autonomia para qualificar as expressões constantes do acordo que não tenham definição expressa, conforme o art. 3º(2) dos tratados baseados no modelo da OCDE.[186] Nessa linha, parece ter seguido a Câmara Superior de Recursos Fiscais (CSRF), que vem aplicando indistintamente a retroatividade do art. 11 da Lei nº 13.202/2015:

> ASSUNTO: CONTRIBUIÇÃO SOCIAL SOBRE O LUCRO LÍQUIDO
> CSLL Ano-calendário: 2007, 2008 CSLL. ACORDOS DE BITRIBUTAÇÃO. ABRANGÊNCIA.
> *Os acordos e convenções internacionais celebrados pelo Governo da República Federativa do Brasil para evitar dupla tributação da renda abrangem a CSLL. Efeitos retroativos da Lei n. 13.202, de 8.12.2015, expressamente interpretativa.*
> (Acórdão nº 9101-002.598, sessão 15.3.2017)

Ultrapassados os requisitos de aplicação do tratado, cumpre examinar requisitos substantivos de tributação, que, no caso em tela, demandam que se examine qual o artigo do tratado será aplicável. Basicamente, contende-se acerca da aplicação dos seguintes dispositivos: (i) art. 10, que trata sobre dividendos; (ii) art. 7º, que abrange os lucros das empresas; e (iii) art. 21, que alberga "rendimentos não expressamente mencionados". Em face de legislações CFC de outros países, também se cogita da aplicação do art. 13 da Convenção-Modelo da OCDE, que alberga os ganhos de capital, sob a justificativa de que se estaria tributando um ganho de capital não realizado.[187] Contudo,

---

[186] A título de exemplo, dispõe o artigo do tratado Brasil-Áustria: "2. Para a aplicação da presente Convenção por um Estado Contratante, qualquer expressão que não se encontre de outro modo definida terá o significado que lhe é atribuído pela legislação desse Estado Contratante relativa aos impostos que são objetos da Convenção, a não ser que o contexto imponha interpretação diferente".

[187] HARRIS, Peter. *International Commercial Tax*. 2. ed. Cambridge: Cambridge University, 2020. p. 394.

como essa qualificação não apresenta qualquer pertinência com os regimes de TBU da MP nº 2.158-35/01 ou da Lei nº 12.973/14, ela não será objeto de análise.

De maneira geral, a Convenção-Modelo da OCDE, que é largamente utilizada como parâmetro nos tratados bilaterais firmados pelo Brasil, possui uma estrutura de especificidade que, relativamente aos artigos mencionados, pode ser representada da seguinte maneira:

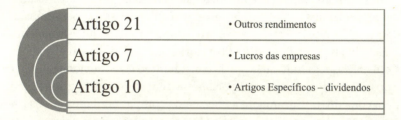

Com efeito, o art. 21 é claramente mais genérico, albergando os rendimentos não abarcados por outros artigos. O art. 7º, de sua parte, ao abranger os "lucros de uma empresa" (*profits of an enterprise*), abrange quaisquer rendimentos de atividades empresariais exercidas por residentes de um Estado contratante. Já os artigos específicos, entre os quais o art. 10, abrangem espécies de lucros de empresas aos quais se confere tratamento específico. No caso do art. 10, trata-se dos "dividendos pagos por uma sociedade residente de um Estado Contratante a um residente do outro Estado Contratante" (*dividends paid by a company which is a resident of a Contracting State to a resident of the other Contracting State*). Conquanto pudessem ser caracterizados como lucros de uma empresa, estes rendimentos possuem norma mais específica que a eles se aplica.

Considerando-se os regimes brasileiros de TBU, a relevância da aplicabilidade de um ou de outro dispositivo decorre das diferentes consequências a eles atreladas. Enquanto o art. 10 permite a tributação pelo país do recebedor dos dividendos, o art. 7º apenas permite a tributação pelo país de residência daquele que recebe o lucro. De forma similar, o art. 21 da Convenção-Modelo da OCDE limita a tributação ao país de residência daquele que a recebe, embora o Brasil possua tratados em que o dispositivo em questão permite a tributação tanto pelo país da fonte como pelo país da residência.[188]

---

[188] A título de exemplo, veja-se o art. 21 do Tratado Brasil-Áustria: "os rendimentos de um residente de um Estado Contratante não expressamente mencionados nos artigos precedentes

Iniciando-se pelo art. 10, haja vista sua maior especificidade, destaca-se a existência de linha de fundamentação conforme a qual a lei brasileira (especialmente a MP nº 2.158-35) veicularia ficção de distribuição de dividendos, motivo pelo qual seria aplicável o art. 10 dos tratados, que permite a tributação dos dividendos pelo Estado de residência daquele que os recebe.[189]

Para Alberto Xavier, esse argumento somente teve lugar sob a égide da MP nº 2.158-35/01, em razão da expressão "serão considerados disponibilizados", não mais tendo espaço em razão da superveniência da Lei nº 12.973/14.[190] De nossa parte, esse argumento não se sustenta, quer sob o regime da medida provisória, quer sob o atual regramento. Com efeito, passando ao largo da consideração constitucional atinente à possibilidade de que uma lei ordinária estabelecesse a referida ficção, para considerar unicamente a questão da compatibilidade com os tratados, tem-se que a distinção entre lucros e dividendos funciona como critério para determinação da aplicabilidade do art. 7º ou do art. 10. A Convenção-Modelo da OCDE e os tratados firmados pelo Brasil contêm uma definição expressa do conceito de dividendos, não havendo espaço para aplicação de definições do direito interno.

Conforme o art. 31(1) da Convenção de Viena sobre o Direito dos Tratados (Decreto nº 7.030/09), os termos por ele veiculados devem ser interpretados conforme o "sentido comum atribuível aos termos do tratado". Conforme Klaus Vogel, em áreas especializadas como o direito tributário, esse sentido comum deve ser tomado como o sentido técnico dos termos desenvolvido na área.[191] Logo, resta claro que o sentido de "lucros" é distinto da significação do termo "dividendos". Enquanto o primeiro diz respeito a apenas uma pessoa jurídica (aquela que aufere os lucros), o segundo diz respeito à distribuição efetiva desses lucros aos acionistas ou cotistas. Como predica Rubens Requião, "se for esse lucro distribuído aos acionistas, tendo em vista as ações, surge o dividendo".[192] Aliás, os próprios tratados veiculam uma

---

da presente Convenção, só são tributáveis nesse Estado. Todavia, esses rendimentos poderão ser tributados no outro Estado Contratante se forem pagos por um residente desse outro Estado ou por um estabelecimento permanente situado nesse outro Estado".

[189] Cf. CARF, Acórdão nº 1302-001.630, também da 2ª TO, da 3ª C, da 1ª Sejul, sessão 4.2.2015.

[190] XAVIER, Alberto. *Direito tributário internacional do Brasil*. 8. ed. Rio de Janeiro: Forense, 2015. p. 483.

[191] VOGEL, Klaus. Double Tax Treaties and Their Interpretation. *Berkeley Journal of International Law*, v. 4, 1986. p. 35.

[192] REQUIÃO, Rubens. *Curso de direito comercial*. 25. ed. São Paulo: Saraiva, 2008. v. 2. p. 249.

definição do termo "dividendos" enquanto rendimentos oriundos de participações de capital. A título de exemplo, conforme o art. 10(4) do Tratado Brasil-Áustria:

> O termo "dividendos" usado no presente artigo, designa os rendimentos provenientes de ações, ações ou direitos de fruição, ações de empresas mineradoras, partes de fundador ou outros direitos de participação em lucros, com exceção de créditos, bem como rendimentos de outras participações de capital assemelhados aos rendimentos de ações pela legislação fiscal do Estado Contratante em que a sociedade que os distribuir seja residente.

Assim, uma vez que a legislação brasileira determina a tributação da variação patrimonial da sociedade investida no exterior sem considerar se houve ou não distribuição, é certo que o lucro não se transforma em dividendo. Logo, para fins do tratado, não há dividendo, mas lucro, sendo aplicável o art. 7º, não o art. 10. A subsunção da circunstância fática tributada a um ou outro artigo do tratado não depende do nome que lhe atribua a legislação interna, mas das características que ostenta a própria situação. Assim, se não há distribuição, não há subsunção ao conceito de "dividendo" para fins do tratado.

Essa conclusão é corroborada pela análise da literalidade dos dispositivos dos tratados, que tratam de dividendos pagos (*dividends paid*).[193] Esse dispositivo sequer abarca os dividendos deliberados que não tenham sido pagos. Com muito mais razão, ele tampouco se aplicará aos casos em que sequer há dividendos, mas uma mera ficção legal criada pela legislação interna de um dos países.

Em face desses motivos, a doutrina majoritária entende que ambos os sistemas de tributação em bases universais brasileiros devem ser enquadrados no art. 7º dos tratados contra a dupla tributação firmados

---

[193] Cf. NETO, Luís Flávio. A tributação brasileira dos lucros de empresas controladas residentes em país com acordos de bitributação. *In*: SCHOUERI, Luís Eduardo; BIANCO, João Francisco. *Estudos de direito tributário em homenagem ao Professor Gerd Willi Rothman*. São Paulo: Quartier Latin, 2016. p. 240.

pelo país, que prescreve que "os lucros de uma empresa de um Estado Contratante somente são tributáveis nesse Estado".[194] [195]

A questão controversa, porém, consiste na interpretação acerca das consequências do art. 7º em relação aos regimes brasileiros de TBU. Sobre o tema, a Receita Federal do Brasil veiculou o entendimento de que os tratados não limitariam "o direito de um Estado Contratante tributar seus residentes com base nos dispositivos relativos a sociedades controladas no exterior" (Solução de Consulta Cosit nº 18/2013). Esta linha de argumentação foi incorporada por alguns julgados do Carf,[196] bem como pelo Ministro do STJ Sérgio Kukina, em voto vencido proferido no julgamento REsp nº 1.325.709/RJ. Adicionalmente, parece constar de trecho do voto proferido pelo Min. Teori Zavascki, do STF, no RE nº 611.586.

Entretanto, é inverídica a afirmação de que não se estaria a tributar o lucro da entidade no exterior, mas lucro da entidade brasileira. Primeiramente, deve-se destacar que não é o sujeito passivo do tributo que determina os aspectos material e quantitativo da incidência tributária.[197] É dizer, não é a circunstância de ser a sociedade brasileira o sujeito passivo do tributo que determina que o critério material do tributo seja composto pelo auferimento de lucros pela pessoa jurídica brasileira e que sua base de cálculo consista no lucro da pessoa brasileira.

É justamente o que ocorre no caso da tributação em bases universais prescrita pela legislação brasileira. O fato tributado é o auferimento de lucros pela sociedade residente no exterior, em violação ao

---

[194] Por todos, em relação ao regime da MP nº 2.158-35/01: BARRETO, Paulo Ayres. A tributação, por empresas brasileiras, dos lucros auferidos no exterior por suas controladas ou coligadas. In: ROCHA, Valdir de Oliveira. *Grandes questões atuais de direito tributário*. São Paulo: Dialética, 2013. v. 17. p. 231-233; SCHOUERI, Luís Eduardo. Lucros no exterior e acordos de bitributação: reflexões sobre a solução de consulta interna nº 18/2013. *Revista Dialética de Direito Tributário*, São Paulo, n. 219, 2013. p. 73-76. Em relação ao novo regime: XAVIER, Alberto. *Direito tributário internacional do Brasil*. 8. ed. Rio de Janeiro: Forense, 2015. p. 473-496.

[195] Essa argumentação somente não se aplica em relação aos tratados firmados com o México (art. 28, item 3 do Tratado Brasil-México – Decreto nº 6.000/06) e com o Peru (item 5, "d" do Protocolo que forma parte integrante do Tratado Brasil-Peru – Decreto nº 7.020/09), que contêm previsões específicas determinando, de forma ampla, a compatibilidade daqueles com legislações nacionais que visem a evitar o diferimento do lucro, incluída a legislação CFC e legislações similares.

[196] Acórdão nº 1302-001.629, 2ª TO, da 1ª C, da 1ª Sejul, sessão 4.2.2015; Acórdão nº 9101004.060, 1ª Turma, CSRF, sessão 12.3.2019; Acórdão nº 1302-004.329, 2ª TO, 3ª C., 1ª Sejul, sessão 11.2.2020.

[197] CARVALHO, Paulo de Barros. *Direito tributário*. Linguagem e método. 4. ed. São Paulo: Noeses, 2011. p. 645.

art. 7º dos tratados.[198] Todavia, a responsabilidade pelo recolhimento do imposto é atribuída ao contribuinte brasileiro. Trata-se, nas palavras de Alberto Xavier, de mera técnica de tributação.[199]

Esta linha argumentativa falha ao procurar condicionar a vedação de tributação objetivamente veiculada pelo tratado (que veda a tributação do lucro de sociedade residente no outro estado contratante), ao critério pessoal (subjetivo) da norma de incidência. Como afirma Luís Eduardo Schoueri, o "escopo do artigo 7º não é subjetivo (as empresas), mas objetivo (os lucros das empresas)".[200]

Também corrobora a interpretação de que os regimes brasileiros de TBU são bloqueados pelo art. 7º dos tratados contra a dupla tributação o fato de que a própria OCDE considerou necessário alterar a sua Convenção-Modelo, no ano de 2017, inserindo o §3º no art. 1º, para estabelecer que o art. 7º não limitaria a tributação dos próprios residentes do ente tributante.[201] Ora, se foi necessário modificar a convenção-modelo para afastar a eficácia de bloqueio do art. 7º em relação aos próprios residentes do ente tributante, então é coerente a conclusão de que, sem o art. 1(3), que não consta de nenhum tratado brasileiro, o art. 7º efetivamente bloqueia a tributação brasileira de lucros de entidades estrangeiras.

Desse modo, pode-se concluir, de maneira geral, que o art. 7º dos tratados contra a dupla tributação firmados pelo Brasil bloqueia a tributação brasileira dos lucros de sociedades residentes em países com os quais o país tenha tratado, ainda que este tributo seja exigido da pessoa jurídica brasileira.

---

[198] BARRETO, Paulo Ayres; TAKANO, Caio Augusto. Tributação do resultado de coligadas e controladas no exterior, em face da Lei nº 12.973/14. In: ROCHA, Valdir de Oliveira. *Grandes questões atuais de direito tributário*. São Paulo: Dialética, 2014. v. 18. p. 371.

[199] XAVIER, Alberto. *Direito tributário internacional do Brasil*. 8. ed. Rio de Janeiro: Forense, 2015. p. 489.

[200] SCHOUERI, Luís Eduardo. Lucros no exterior e acordos de bitributação: reflexões sobre a solução de consulta interna nº 18/2013. *Revista Dialética de Direito Tributário*, São Paulo, n. 219, 2013. p. 74.

[201] No original: "3. This Convention shall not affect the taxation, by a Contracting State, of its residents except with respect to the benefits granted under paragraph 3 of Article 7, paragraph 2 of Article 9 and Articles 19, 20, 23 [A] [B], 24, 25 and 28". Tradução livre: "3. Esta convenção não deve afetar a Tributação, por um Estado Contratante, de seus residentes, com exceção dos benefícios conferidos pelo artigo 7(3), artigo 9(2) e artigos 19, 20, 23(A) e (B), 24, 25 e 28".

2.2.1.2.2 Irrelevância dos comentários da OCDE

Antes de examinar os tratados com disposições específicas e as questões específicas atinentes ao regime do art. 74 da MP nº 2.158-35/01 e da Lei nº 12.973/14, cumpre analisar o argumento composto pelos seguintes passos:

- Premissa 1: conforme os comentários da OCDE, os tratados não limitam o emprego de legislações CFC (*controlled foreign corporation*).
- Premissa 2: os regimes brasileiros de TBU configuram legislação CFC.
- Conclusão: os regimes brasileiros de TBU são compatíveis com os tratados.

Seguindo essa linha argumentativa, Moisés Pereira e Paulo Riscado Júnior sustentam:

> as regras CFCs não estão em conflito com os tratados porque está claro, no âmbito internacional, que cada país pode dispor livremente sobre a base de cálculo do imposto de renda devido pelo residente que invista no exterior, desde que impeça a dupla tributação.[202]

Com efeito, desde o ano de 2003, os comentários à Convenção-Modelo da OCDE contêm disposição de que as legislações normalmente denominadas de CFC não conflitariam com o art. 7º da Convenção-Modelo. Atualmente, consta do §14 dos comentários ao art. 7º que este dispositivo não limitaria o direito de um Estado contratante de tributar os seus próprios residentes sob regras CFC de seu direito doméstico e que o tributo cobrado dos próprios residentes não reduziria o lucro da sociedade estrangeira, de modo que não seria possível afirmar que ele teria sido cobrado sobre estes lucros.[203]

---

[202] PEREIRA, Moisés de Sousa Carvalho; RISCADO JUNIOR, Paulo Roberto. Jurisprudência comentada: o artigo 74 da medida provisória nº 2.158-35/2001 e o planejamento tributário com base na utilização de tratados. O "Caso Eagle II" (Acórdão nº 101-97.070). *Revista PGFN*, ano I, n. 2, 2011. p. 289-290.

[203] No original: "[§14] The purpose of paragraph 1 is to limit the right of one Contracting State to tax the business profits of enterprises of the other Contracting State. As confirmed by paragraph 3 of Article 1, *the paragraph does not limit the right of a Contracting State to tax its own residents under controlled foreign companies provisions found in its domestic law* even though such tax imposed on these residents may be computed by reference to the part of the profits of an enterprise that is resident of the other Contracting State that is attributable

Entretanto, deve-se destacar que essas conclusões não são vinculantes ao Brasil. Por um lado, é preciso analisar a relevância dos comentários existentes quando da conclusão do tratado, enquanto que, por outro giro, deve-se analisar a relevância dos comentários publicados posteriormente à sua conclusão.

No que respeita aos comentários existentes quando da conclusão do tratado, pode-se afirmar terem valor de um argumento histórico no processo interpretativo. Valem, pois, como os "meios suplementares de interpretação", na condição de "trabalhos preparatórios", de modo que podem auxiliar na clarificação de sentidos ambíguos e de resultados absurdos, na forma do art. 32 da Convenção de Viena sobre Tratados (promulgada no Brasil pelo Decreto nº 7.030/2009). Trata-se, pois, de relevância semelhante àquela da exposição de motivos de uma lei, que não pode conflitar com o sentido de seus dispositivos, servindo apenas como argumento normativo para a eleição entre possibilidades hermenêuticas viáveis em caso de dúvida.[204]

A questão se torna, contudo, ainda mais delicada quando se consideram as modificações realizadas pela OCDE nos comentários à convenção-modelo posteriormente à conclusão do tratado. Sobre o assunto, a OCDE faz constar do parágrafo 35 da introdução aos comentários do ano de 2017 que mudanças e adições aos comentários seriam aplicáveis inclusive às convenções firmadas anteriormente, pois refletiriam "o consenso dos países membros da OCDE em relação à correta interpretação das previsões existentes e sua aplicação a situações específicas".[205]

Essa afirmação, entretanto, merece maior reflexão. No que respeita ao Brasil, que sequer é membro da OCDE, a justificativa à aplicabilidade dos comentários aos tratados anteriores (consenso entre membros) não se aplica. De todo modo, mesmo no que respeita aos países-membros, é diminuta a relevância interpretativa de versões posteriores dos

---

to these residents' participation in that enterprise. *Tax so levied by a State on its own residents does not reduce the profits of the enterprise of the other State and may not, therefore, be said to have been levied on such profits* (see also paragraph 81 of the Commentary on Article 1)".

[204] BARRETO, Paulo Ayres. *Elisão tributária*: limites normativos. Tese (Livre-Docência) – USP, São Paulo, 2008. p. 188.

[205] No original: "[§35] other changes or additions to the Commentaries are normally applicable to the interpretation and application of conventions concluded before their adoption, because they reflect the consensus of the OECD member countries as to the proper interpretation of existing provisions and their application to specific situations".

comentários. Sobre o tema, Micheal Lang e Florian Brugger[206] levantam a possibilidade de se terem as modificações aos comentários como "prática seguida posteriormente na aplicação do tratado", na forma do art. 31, 3 "b", da Convenção de Viena. Concluem, contudo, que essas alterações, "somente podem ter um papel limitado na interpretação de tratados contra a bitributação antes firmados, se recursos a outros meios interpretativos restarem inconclusivos".[207]

Logo, conclui-se que, no plano internacional, os comentários publicados pela OCDE ao art. 7º da convenção-modelo, que fazem referências às cláusulas CFC, somente têm relevância de argumento histórico em relação aos tratados firmados após sua introdução.

Assim, pode-se afirmar que a primeira premissa é falsa relativamente aos tratados firmados pelo Brasil antes de 2003, uma vez que os comentários da OCDE não têm qualquer valor interpretativo relativamente a estes casos. No tocante aos tratados firmados depois das mudanças aos comentários, ainda assim a sua relevância como argumento histórico não deve sobrepujar os próprios termos do tratado, que limitam, de forma objetiva, a tributação de lucros de sociedades estrangeiras. Logo, também neste caso parece ser falsa a premissa em questão.

Ainda que se considerasse verdadeira a primeira premissa, a segunda premissa também é falsa, uma vez que os regimes brasileiros de TBU não podem ser considerados regras CFC no contexto internacional. Com efeito, trata-se de normas que não ostentam caráter antielisivo,[208] mas que tributam de forma indiscriminada todos os lucros de sociedades controladas estrangeiras, independentemente da sua localização e da natureza de seus rendimentos

---

[206] LANG, Michael; BRUGGER, Florian. The role of the OECD Commentary in tax treaty interpretation. *Australian Tax Forum*, v. 23, 2008.

[207] LANG, Michael; BRUGGER, Florian. The role of the OECD Commentary in tax treaty interpretation. *Australian Tax Forum*, v. 23, 2008.

[208] XAVIER, Alberto. A tributação dos lucros de controladas e coligadas de empresas brasileiras no exterior e os tratados contra a dupla tributação. *In*: BARRETO, Aires Fernandino (Coord.). *Direito tributário contemporâneo*. Estudos em homenagem a Geraldo Ataliba. São Paulo: Malheiros, 2011. p. 60; BARRETO, Paulo Ayres. A tributação, por empresas brasileiras, dos lucros auferidos no exterior por suas controladas ou coligadas. *In*: ROCHA, Valdir de Oliveira. *Grandes questões atuais de direito tributário*. São Paulo: Dialética, 2013. v. 17. p. 225-227; SCHOUERI, Luís Eduardo. Lucros no exterior e acordos de bitributação: reflexões sobre a solução de consulta interna nº 18/2013. *Revista Dialética de Direito Tributário*, São Paulo, n. 219, 2013. p. 77.

Assim, seja pela falsidade da primeira premissa (de que os tratados brasileiros seriam compatíveis com legislação CFC), seja pela falsidade da segunda premissa (de que as regras da MP nº 2.158-35/01 e da Lei nº 12.973/14 seriam classificáveis como normas CFC), é falsa a conclusão de que os regimes brasileiros de TBU estariam em conformidade com os tratados contra a dupla tributação firmados pelo país.

2.2.1.2.3 Tratados com disposições especiais

As conclusões alcançadas nos dois tópicos anteriores aplicam-se à maior parte dos tratados contra a dupla tributação firmados pelo Brasil. Contudo, destaca-se haver tratados com disposições oficiais, que expressamente afastam a tributação dos lucros de coligadas e controladas no exterior ou a permitem.

No primeiro grupo estão os tratados firmados com a Dinamarca, com a Noruega e com a antiga Tchecoslováquia (atualmente composta de dois países, Eslováquia e República Tcheca), cujo art. 23(5) expressamente proíbe a tributação de lucros não distribuídos de uma sociedade do outro Estado contratante. Veja-se:

> Tratado Brasil-Dinamarca
> 5. Os lucros não distribuídos de uma sociedade anônima de um Estado Contratante cujo capital pertencer ou for controlado, total ou parcialmente, direta ou indiretamente, por um ou mais residentes de outro Estado Contratante não são tributáveis no último Estado.
> Tratado Brasil Noruega
> 6. Quando uma sociedade for residente de um Estado Contratante, o outro Estado Contratante não poderá cobrar qualquer imposto sobre os dividendos pagos pela sociedade, exceto na medida em que esses dividendos forem pagos a um residente desse outro Estado ou na medida em que a participação geradora dos dividendos estiver efetivamente ligada a um estabelecimento permanente ou a uma instalação fixa situados nesse outro Estado, nem sujeitar os lucros não distribuídos da sociedade a qualquer imposto sobre lucros não distribuídos, mesmo se os dividendos pagos ou os lucros não distribuídos consistirem, total ou parcialmente, de lucros ou rendimentos provenientes desse outro Estado.
> Tratado Brasil-Eslováquia e Brasil-República Tcheca
> 5. Os lucros não distribuídos de uma sociedade de um Estado Contratante, cujo capital pertencer ou for controlado total ou parcialmente, direta ou indiretamente, por um ou mais residentes do outro Estado Contratante, não serão tributáveis nesse último Estado.

No segundo grupo, encontram-se os tratados firmados com o Peru, com a Turquia, com a Venezuela, com o México, e com Singapura (pendente de ratificação), que possuem dispositivos específicos ressalvando a validade de normas nacionais que visem a evitar o diferimento da tributação dos lucros de investidas no exterior, incluída a legislação CFC e legislações similares, inclusive aquelas que visam a combater o diferimento. Nesse sentido, veja-se o art. 28(3) do Tratado Brasil-México (Decreto nº 6.000/06):

> 3. As disposições da presente Convenção não impedirão que um Estado Contratante aplique as disposições de sua legislação nacional relativa a capitalização insuficiente *ou para combater o diferimento*, incluída a legislação de sociedades controladas estrangeiras (legislação CFC) ou outra *legislação similar*.

De forma similar, prescreve o item 5, "d" do Protocolo que forma parte integrante do Tratado Brasil-Peru (Decreto nº 7.020/09):

> d) As disposições da Convenção, especialmente as do Artigo 23, não impedirão que um Estado Contratante aplique as disposições de sua legislação nacional relativa à capitalização insuficiente ou para *combater o diferimento* do pagamento do imposto sobre a renda, incluída a legislação de sociedades controladas estrangeiras (legislação de "CFC") *ou outra legislação similar*.

Como esses dispositivos não se limitam à validação das legislações CFC, mas abrangem todas as normas antidiferimento mediante não distribuição de lucros de controladas e coligadas no exterior, parece correto concluir que os regimes de TBU da MP nº 2.158-35/01 e da Lei nº 12.973/14 estarão albergados por sua permissão.

Diferente é a situação do tratado firmado com a Rússia, de cujo protocolo constou o item 5, que ressalva a aplicabilidade das legislações CFC, nos seguintes termos:

> Fica entendido que, no tocante ao Artigo 24, as disposições da Convenção não impedem um Estado Contratante de aplicar as disposições de sua legislação tributária relativas tanto à subcapitalização quanto às sociedades controladas no exterior ("CFCs").

Considerando-se que o conceito de CFC é restrito às legislações antielisivas, que se limitam às controladas em países de baixa pressão fiscal ou cujas rendas tenham natureza móvel, conclui-se que esse dispositivo não inclui as regras de TBU da MP nº 2.158-35/01 nem da Lei nº 12.973/14. Logo, aplicam-se as considerações dos itens precedentes em relação ao tratado firmado com a Rússia.

A existência de tratados específicos com disposições expressas tanto validando como invalidando a tributação automática dos lucros de controlada no exterior demonstra a inaplicabilidade, ao presente caso, do chamado argumento dos tratados paralelos (*parallel treaties*). Trata-se da relevância interpretativa, ou não, de o Brasil ter usado o mesmo padrão OCDE como ponto de partida em negociações com outro país, mas ter feito modificações distintas no texto final. Conforme Luís Flávio Neto, "a ideia predominante na doutrina é a aceitação dos *parallel treaties* como evidências sob o escopo do 'contexto' referido no art. 3(2) da CM-OCDE, com ressalvas de que cuidados são necessários".[209]

Contudo, no presente caso, como há disposições específicas em certos tratados tanto admitindo a validade da TBU como negando-a, não se pode usar o argumento *a contrario* para nenhum dos lados. É dizer, não se pode sustentar que, quando quis proibir a tributação imediata de lucros de controlada, o tratado o faz expressamente (como se argumenta no item 32 da SC Cosit nº 18/2013),[210] nem que, quando quis permitir essa tributação, o tratado o faz expressamente.

Por fim, cumpre destacar a existência de alguns tratados firmados pelo Brasil que preveem a isenção das distribuições de dividendos das pessoas jurídicas estrangeiras ao controlador ou sócio brasileiro. Trata-se dos tratados firmados com a Áustria, com a Argentina, com o Equador, com a Espanha e com a Índia. A título exemplificativo, o tratado firmado com a Áustria determina, em seu art. 23(2), que:

> 2. Os dividendos pagos por uma sociedade residente da Áustria a uma sociedade residente do Brasil que possua no mínimo 25 por cento das ações do capital da sociedade que paga os dividendos serão isentos do imposto de sociedade no Brasil.

---

[209] NETO, Luís Flávio. *Direito tributário internacional*. "Contextos" para interpretação e aplicação de acordos de bitributação. São Paulo: IBDT/Quartier Latin, 2018. p. 391.

[210] "32. É importante destacar contudo que, quando um Estado Contratante opta por abrir mão de tributar o seu próprio residente, ele o faz expressamente nos acordos, como se verifica em algumas convenções internacionais assinadas pelo Brasil, a exemplo dos tratados celebrados com a Dinamarca (Decreto nº 75.106, de 20 de dezembro de 1974.) e com as Repúblicas Tcheca e Eslovaca (Decreto nº 43, de 25 de fevereiro de 1991), em que foi estabelecida cláusula mediante a qual não são tributáveis os lucros não distribuídos".

Veja-se que, conforme exposto, a isenção em questão não se aplica diretamente ao caso da tributação automática dos lucros da sociedade estrangeira, sob os regimes de TBU, pois ela trata de dividendos, que são lucros distribuídos conforme as normas societárias. Contudo, a isenção em questão permite a aplicação do argumento conforme *a majori ad minus*,[211] conforme o qual quem permite o mais (distribuição sem tributação pelo país do sócio) permite o menos (mera aferição de lucro sem tributação do país do sócio). Com efeito, seria totalmente incoerente a estrutura do tratado se ele permitisse a tributação brasileira direta sobre os lucros da sociedade estrangeira (austríaca, por exemplo), conforme uma leitura equivocada do art. 7º, mas proibisse que o Brasil tributasse os lucros efetivamente distribuídos, conforme disposição expressa do art. 23(2). Neste caso, estar-se-ia proibindo o menos (tributação de dividendos) e permitindo o mais (tributação do lucro da pessoa jurídica estrangeira).

2.2.2 A compatibilidade do regime da MP nº 2.158-35/01 com os tratados

Examinados aspectos gerais da compatibilidade dos regimes brasileiros de tributação em bases universais com os tratados bilaterais contra a dupla tributação firmados pelo país, passa-se a analisar aspectos específicos relativos a cada um dos regramentos legais que vigeram no Brasil, iniciando-se pelo art. 74 da MP nº 2.158-35/01.

2.2.2.1 Bloqueio da tributação

Conforme amplamente exposto, o regime de TBU do art. 74 da MP nº 2.158-35/01 alberga "os lucros auferidos por controlada ou coligada no exterior", os quais "serão considerados disponibilizados para a controladora ou coligada no Brasil na data do balanço no qual tiverem sido apurados". A própria literalidade do texto legal deixa claro que não se trata de dividendos fictos, mas sim do próprio lucro da entidade estrangeira.

Ao tratar da base de cálculo dessa tributação, o art. 7º da IN SRF nº 213/02 determinou que ela corresponderia ao resultado da aplicação do Método da Equivalência Patrimonial sobre as participações da

---

[211] MAXIMILIANO, Carlos. *Hermenêutica e aplicação do direito*. 20. ed. Rio de Janeiro: Forense, 2011. p. 200.

entidade brasileira na sociedade estrangeira. Conforme demonstrado acima,[212] o MEP implica a tradução das demonstrações financeiras da controlada ou coligada estrangeira às normas contábeis brasileiras, bem como a consolidação de todas as participações da entidade na qual o contribuinte brasileiro possua participação no resultado dessa entidade diretamente controlada ou coligada. Isso significa que o montante decorrente das variações patrimoniais medidas pelo MEP não corresponderá ao valor dos dividendos que poderiam ser distribuídos pela sociedade estrangeira, a corroborar o entendimento de que não se trata de hipótese de dividendos fictos.

Aliás, ainda que se tratasse de dividendos fictos, estes não atrairiam a aplicabilidade do art. 10 dos tratados, uma vez que, conforme exposto *supra*,[213] esse apenas se aplica aos dividendos efetivamente pagos.

Logo, aplica-se o art. 7º dos tratados relativamente à tributação prescrita pelo art. 74 da MP nº 2.158-35/01, não sendo procedente a argumentação constante da SC Cosit nº 18/2013, no sentido de que os "tratados não limitariam o direito de um Estado Contratante tributar seus residentes com base nos dispositivos relativos a sociedades controladas no exterior". Conforme demonstrado acima,[214] "o escopo do artigo 7º não é subjetivo (as empresas) mas objetivo (os lucros das empresas)",[215] sendo irrelevante para definir a sua aplicação se o tributo será exigido diretamente da sociedade estrangeira ou de um contribuinte brasileiro.

Ademais, conforme também exposto,[216] a adoção do MEP como base de cálculo não sindica a interpretação de que se estaria tributando um reflexo patrimonial dos lucros da controlada ou coligada estrangeira no contribuinte brasileiro, uma vez que ele "não é, evidentemente, atributivo de direito à investidora sobre os lucros da coligada ou controlada", tratando-se de mero "mecanismo ou critério contábil para avaliação do direito de participação societária na coligada ou controlada, incorporando ao valor do investimento a potencial participação

---

[212] Cf. item 1.2.2.1.
[213] Cf. item 2.2.1.2.1.
[214] Cf. item 2.2.1.2.1.
[215] SCHOUERI, Luís Eduardo. Lucros no exterior e acordos de bitributação: reflexões sobre a solução de consulta interna nº 18/2013. *Revista Dialética de Direito Tributário*, São Paulo, n. 219, 2013. p. 74.
[216] Cf. item 2.1.1.1.1.

nos lucros desta, ou a possível diminuição do seu valor em virtude de prejuízos da mesma".[217]

A eficácia de bloqueio do art. 7º dos tratados firmados pelo Brasil com a Bélgica, com a Dinamarca e com Luxemburgo, em relação ao art. 74 da MP nº 2.158-35/01, foi reconhecida pela 1ª Turma do Superior Tribunal de Justiça nos autos do Recurso Especial nº 1.325.709/RJ (*DJ*, 20.5.2014). Veja-se o trecho mais relevante da ementa do julgado:

> RECURSO ESPECIAL TRIBUTÁRIO E PROCESSUAL CIVIL. MANDADO DE SEGURANÇA DENEGADO NA ORIGEM. APELAÇÃO. EFEITO APENAS DEVOLUTIVO. PRECEDENTE.
> NULIDADE DOS ACÓRDÃOS RECORRIDOS POR IRREGULARIDADE NA CONVOCAÇÃO DE JUIZ FEDERAL. NÃO PREQUESTIONAMENTO. SÚMULAS 282 E 356/STF. IRPJ E CSLL. LUCROS OBTIDOS POR EMPRESAS CONTROLADAS NACIONAIS SEDIADAS EM PAÍSES COM TRIBUTAÇÃO REGULADA. PREVALÊNCIA DOS TRATADOS SOBRE BITRIBUTAÇÃO ASSINADOS PELO BRASIL COM A BÉLGICA (DECRETO 72.542/73), A DINAMARCA (DECRETO 75.106/74) E O PRINCIPADO DE LUXEMBURGO (DECRETO 85.051/80). EMPRESA CONTROLADA SEDIADA NAS BERMUDAS. ART. 74, CAPUT DA MP 2.157-35/2001. DISPONIBILIZAÇÃO DOS LUCROS PARA A EMPRESA CONTROLADORA NA DATA DO BALANÇO NO QUAL TIVEREM SIDO APURADOS, EXCLUÍDO O RESULTADO DA CONTRAPARTIDA DO AJUSTE DO VALOR DO INVESTIMENTO PELO MÉTODO DA EQUIVALÊNCIA PATRIMONIAL. RECURSO ESPECIAL CONHECIDO E PARCIALMENTE PROVIDO, PARA CONCEDER A SEGURANÇA, EM PARTE. [...]
> 3. A interpretação das normas de Direito Tributário não se orienta e nem se condiciona pela expressão econômica dos fatos, por mais avultada que seja, do valor atribuído à demanda, ou por outro elemento extrajurídico; a especificidade exegética do Direito Tributário não deriva apenas das peculiaridades evidentes da matéria jurídica por ele regulada, mas sobretudo da singularidade dos seus princípios, sem cuja perfeita absorção e efetivação, o afazer judicial se confundiria com as atividades administrativas fiscais.
> 4. O poder estatal de arrecadar tributos tem por fonte exclusiva o sistema tributário, que abarca não apenas a norma regulatória editada pelo órgão competente, mas também todos os demais elementos normativos do ordenamento, inclusive os ideológicos, os sociais, os históricos e

---

[217] OLIVEIRA, Ricardo Mariz de. A disponibilidade econômica ou jurídica de rendas e proventos auferidos no exterior. *Revista Fórum de Direito Tributário*, Belo Horizonte, ano 1, n, 1, 2003. p. 20.

os operacionais; ainda que uma norma seja editada, a sua efetividade dependerá de harmonizar-se com as demais concepções do sistema: a compatibilidade com a hierarquia internormativa, os princípios jurídicos gerais e constitucionais, as ilustrações doutrinárias e as lições da jurisprudência dos Tribunais, dentre outras.

5. *A jurisprudência desta Corte Superior orienta que as disposições dos Tratados Internacionais Tributários prevalecem sobre as normas de Direito Interno, em razão da sua especificidade.* Inteligência do art. 98 do CTN. Precedente: (RESP 1.161.467-RS, Rel.

Min. CASTRO MEIRA, DJe 01.06.2012).

6. *O art. VII do Modelo de Acordo Tributário sobre a Renda e o Capital da OCDE utilizado pela maioria dos Países ocidentais, inclusive pelo Brasil, conforme Tratados Internacionais Tributários celebrados com a Bélgica (Decreto 72.542/73), a Dinamarca (Decreto 75.106/74) e o Principado de Luxemburgo (Decreto 85.051/80), disciplina que os lucros de uma empresa de um Estado contratante só são tributáveis nesse mesmo Estado, a não ser que a empresa exerça sua atividade no outro Estado Contratante, por meio de um estabelecimento permanente ali situado (dependência, sucursal ou filial); ademais, impõe a Convenção de Viena que uma parte não pode invocar as disposições de seu direito interno para justificar o inadimplemento de um tratado (art. 27), em reverência ao princípio basilar da boa-fé.*

7. *No caso de empresa controlada, dotada de personalidade jurídica própria e distinta da controladora, nos termos dos Tratados Internacionais, os lucros por ela auferidos são lucros próprios e assim tributados somente no País do seu domicílio; a sistemática adotada pela legislação fiscal nacional de adicioná-los ao lucro da empresa controladora brasileira termina por ferir os Pactos Internacionais Tributários e infringir o princípio da boa-fé nas relações exteriores, a que o Direito Internacional não confere abono.* [...]

10. Ante o exposto, conheço do recurso e dou-lhe parcial provimento, concedendo em parte a ordem de segurança postulada, para afirmar que os lucros auferidos nos Países em que instaladas as empresas controladas sediadas na Bélgica, Dinamarca e Luxemburgo, sejam tributados apenas nos seus territórios, em respeito ao art. 98 do CTN e aos Tratados Internacionais em causa; os lucros apurados por Brasamerican Limited, domiciliada nas Bermudas, estão sujeitos ao art. 74, caput da MP 2.158-35/2001, deles não fazendo parte o resultado da contrapartida do ajuste do valor do investimento pelo método da equivalência patrimonial. (REsp nº 1.325.709/RJ. Rel. Min. Napoleão Nunes Maia Filho, Primeira Turma, j. 24.4.2014. *DJe*, 20 maio 2014)

Todavia, trata-se de decisão que não possui eficácia *erga omnes*, não tendo sido proferida nos termos do art. 543-C do Código de Processo Civil então em vigor (Lei nº 5.869/73). Desse modo, mesmo após esta decisão, o Carf seguiu ratificando o entendimento da SC Cosit nº 18/2013, no sentido de que o art. 7º dos tratados não limitaria a competência do Brasil para tributar os seus próprios residentes, relativamente à variação patrimonial de suas controladas e coligadas estrangeiras.[218] Nesse sentido, no dia 6.8.2021, levou-se à apreciação do Colegiado minuta de verbete sumular com a seguinte redação:

> 26ª Proposta de enunciado de súmula
> Os acordos e convenções internacionais celebrados pelo Governo da República Federativa do Brasil para evitar dupla tributação da renda que seguem o modelo da Organização das Nações Unidas (ONU) ou da Organização para a Cooperação e Desenvolvimento Econômico (OCDE) não impedem a tributação na controladora no Brasil dos lucros auferidos por intermédio de suas controladas no exterior.

Contudo, essa proposta acabou sendo rejeitada. Curiosamente, alguns meses depois, a 1ª Turma da Câmara Superior de Recursos Fiscais proferiu decisão favorável à eficácia de bloqueio do art. 7º do Tratado Brasil-Espanha relativamente à tributação prescrita pelo art. 74 da MP nº 2.158-35/01 (Processo nº 12448.738575/2011-90, sessão 9.11.2021). Neste caso, houve empate, tendo prevalecido o entendimento favorável ao contribuinte, na forma do art. 19-E da Lei nº 10.522/02, inserido pela Lei nº 13.988/20.

2.2.2.2 Abrangência do lucro cuja tributação é bloqueada

Ainda que se admita a eficácia de bloqueio do art. 7º dos tratados relativamente à tributação prescrita pelo art. 74 da MP nº 2.158-35/01, faz-se necessário determinar a abrangência dessa eficácia de bloqueio, considerando-se a "consolidação vertical" promovida pela adoção do MEP, conforme elucida o seguinte diagrama:

---

[218] Acórdão nº 1302-001.629, 2ª TO, da 3ª C, da 1ª Sejul, sessão 4.2.2015; Acórdão nº 9101004.060, 1ª Turma, CSRF, sessão 12.3.2019; Acórdão nº 1302-004.329, 2ª TO, 3ª C., 1ª Sejul, sessão 11.2.2020.

Figura 4 – Consolidação vertical no MEP
Resultados individuais das controladas estrangeiras

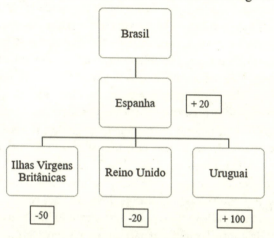

Resultados da controlada direta para fins do MEP

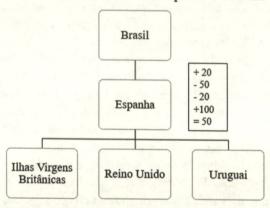

Elaborada pelo autor.

No exemplo em tela, a questão consistiria em determinar se o lucro cuja tributação é bloqueada pelo Tratado Brasil-Espanha é de 20 u.m. (resultado da sociedade espanhola conforme sua contabilidade local) ou de 50 u.m. (resultado da aplicação do MEP sobre a controlada espanhola, que promove a consolidação vertical dos resultados de suas próprias controladas).

Considerando-se o efeito da adoção do MEP, na maioria dos casos envolvendo autuações relativas ao regime de TBU da MP nº 2.158-35/01, a discussão sobre os tratados partiu do pressuposto de que o tratado aplicável seria aquele firmado entre o Brasil e o país de residência da controlada ou coligada direta, uma vez que sequer havia referência na legislação de regência da matéria à controlada indireta. Entretanto, em alguns casos, o Conselho Administrativo de Recursos Fiscais (antigo Conselho de Contribuintes) analisou a questão da aplicabilidade dos tratados à controlada indireta, chegando a resultados distintos. De forma geral, nesses julgados, a fiscalização pretendia segregar dos resultados da controlada direta aqueles que decorressem de participações societárias em entidades controladas, para determinar que o tratado não se aplicaria a estes últimos.

No caso Eagle II, julgado pela Primeira Câmara do então Primeiro Conselho de Contribuintes em sessão de 17.12.2008 (Acórdão nº 101-97.070), prevaleceu o voto do Conselheiro Valmir Sandri, no sentido de que os lucros das controladas indiretas deveriam ser considerados de maneira individualizada, motivo pelo qual o tratado firmado com o país de residência da controlada direta não seria aplicável a tais resultados.

Em voto vencido, a Conselheira Sandra Faroni asseverou que "não há como trazer tais lucros para o Brasil se não por intermédio da controlada direta", concluindo que a tributação da controlada indireta pressupõe o uso do método da equivalência patrimonial, na controlada direta, motivo pelo qual é integralmente aplicável o tratado firmado entre o Brasil e o país de residência da controlada direta (inclusive em relação aos reflexos da variação patrimonial das controladas desta última).

Esse entendimento, que nessa oportunidade restara vencido, sagrou-se vencedor na 1ª Turma Ordinária da 1ª Câmara da 1ª Seção de Julgamento do já Conselho Administrativo de Recursos Fiscais, quando do julgamento do referido "caso Gerdau", em sessão de 2.10.2012 (Acórdão nº 1101-000.811). Nesse caso, a fiscalização justificava a consideração direta da variação do patrimônio das controladas indiretas da sociedade brasileira sob os argumentos de que a controlada direta localizada na Espanha teria por único objetivo a economia tributária, incorrendo em abuso de tratado e que a legislação brasileira de tributação em bases universais consideraria de forma individualizada as controladas diretas e indiretas.

O voto vencedor, do Conselheiro Carlos Eduardo de Almeida Guerreiro, afasta o primeiro argumento em razão de inexistir no tratado ou no direito interno norma geral antielisiva que coibisse genericamente o "abuso de tratado", além de não ter sido provada pela Administração essa circunstância. Ademais, descarta o segundo argumento uma vez que, em suas palavras, para se considerar que o art. 74 da MP nº 2.158-35/01 estaria fazendo referência às controladas indiretas seria necessário "ignorar o texto do artigo" e pressupor que este determinasse uma desconsideração tácita da personalidade jurídica da controlada direta.

O Conselheiro Marcos Shigueo Takata acompanhou as conclusões desse voto, mas declarou fundamentos diversos. Conforme muito bem levantado em seu voto, na esteira do voto da Conselheira Sandra Faroni, acima referido, "os lucros das controladas indiretas são tributáveis no Brasil, por meio das controladas diretas, i.e., mediante a consolidação dos lucros das indiretas na controladas diretas". Nesse passo, concluiu o conselheiro que a transparência fiscal estabelecida pela medida provisória somente alcança imediatamente a controlada direta, aplicando-se integralmente o tratado firmado entre o Brasil e o país de residência da controlada direta.

Posteriormente, contudo, a 1ª Turma da CSRF em 14.3.2017 reverteu esse entendimento, conferindo provimento ao recurso especial da Procuradoria da Fazenda Nacional (Acórdão nº 9.101-002.590). Constou de ementa desse julgado:

> alargar o conceito da empresa situada no país da fonte para qualquer empresa que concentre auferimento de renda de outras empresas, independente das circunstâncias ou da localização dos investimentos, subverte a finalidade e o objetivo dos tratados internacionais.

Linha similar foi seguida no Acórdão nº 9101-004.763, prolatado pela 1ª Turma da CSRF em sessão do dia 9.2.2020, em que a existência de controladas indiretas em países não abrangidos pelo tratado foi empregada como justificativa adicional para afastar a aplicação do tratado firmado com o país da controlada direta.

De nossa perspectiva, como o regime de tributação em bases universais da Medida Provisória nº 2.158-35 apenas determinava a consideração imediata dos resultados da controlada direta, de modo que os resultados da controlada indireta eram apenas considerados enquanto refletidos nos demonstrativos contábeis da controlada direta, quando traduzidos à contabilidade brasileira, não havia espaço para a segregação entre a parcela de lucros da controlada direta e das controladas indiretas. Dessa forma, era plena a aplicabilidade do tratado firmado entre o Brasil e o país de residência da controlada direta, em relação à integralidade dos resultados nela refletidos, conforme os votos dos conselheiros Sandra Faroni e Marcos Takata, referidos acima.

2.2.3 A compatibilidade do regime da Lei nº 12.973/14 com os tratados

2.2.3.1 Bloqueio da tributação

De maneira similar ao que ocorre relativamente à violação ao conceito de renda tributável e ao critério da realização do rendimento,[219] o regime de TBU da Lei nº 12.973/14 também deixa ainda mais clara a violação ao art. 7º dos tratados bilaterais contra a dupla tributação firmados pelo Brasil.

Conforme exposto, no regime da Lei nº 12.973/14, tributa-se o resultado da controlada estrangeira aferido conforme as normas locais de contabilidade do seu país de residência societária, antes da dedução dos tributos locais incidentes sobre a renda. Embora o *caput* do art. 77 desse diploma normativo se refira à "parcela do ajuste do valor do investimento", o seu §1º é claro ao dispor que "a parcela do ajuste de que trata o caput compreende apenas os lucros auferidos no período". Ademais, o §7º do art. 25 da Lei nº 9.249/96, incluído pela Lei nº 12.973/14, determina que "os lucros serão apurados segundo as normas da legislação comercial do país de domicílio". Na mesma linha, dispõe o §1º do art. 8º da Instrução Normativa nº 1.520/14 que "o resultado auferido no exterior [...] deve ser apurado segundo as normas da legislação comercial do país de domicílio e antes da tributação no exterior sobre o lucro".

De um lado, resta absolutamente claro que a lei em questão não trata de dividendos fictos. A base de cálculo da tributação prescrita pela Lei nº 12.973/14 é calculada antes da tributação, diferentemente do que ocorre com os dividendos, que correspondem a distribuições do lucro apurado após a dedução dos tributos sobre ele incidentes. Ademais, o regime de TBU da Lei nº 12.973 afasta-se ainda mais do âmbito de aplicabilidade do art. 10 dos tratados, que faz referência a "dividendos pagos", considerando-se que o atual regime de tributação abarca diretamente os lucros das controladas indiretas, que jamais poderiam pagar dividendos diretamente ao contribuinte brasileiro.

A própria Receita Federal do Brasil parece ter reconhecido a impossibilidade de qualificar-se o regime de TBU da Lei nº 12.973/14 como um dividendo ficto, ao concluir pela inaplicabilidade do art. 23(2) do Tratado Brasil-Argentina relativamente a este regime. Conforme o dispositivo referido:

---

[219] Cf. item 2.1.1.2.1 *supra*.

2. Os dividendos pagos por uma sociedade residente da Argentina a uma sociedade residente do Brasil detentora de mais de 10 por cento do capital da sociedade pagadora, que sejam tributáveis na Argentina de acordo com as disposições da presente Convenção, estarão isentos do imposto no Brasil.

Contudo, na Solução de Consulta Cosit nº 400, de 5.9.2017, a RFB afirmou que esse dispositivo "não se aplica ao pagamento do IRPJ devido no Brasil pela consulente, referente à parcela equivalente do ajuste do valor do investimento em controlada domiciliada na Argentina". A justificativa para tanto é a de que não existe tributação de dividendos no regime de TBU da Lei nº 12.973/14. Logo, as autoridades fiscais admitem que a este regime não se aplica o art. 10 dos tratados.

De outro lado, assumida a aplicabilidade do art. 7º, o atual regime de TBU deixa ainda mais clara a improcedência do argumento de que não se estaria a tributar o lucro da controlada estrangeira, mas somente o seu reflexo no patrimônio do contribuinte brasileiro. A adoção do lucro aferido consoante as normas contábeis do local de residência da sociedade estrangeira como base de cálculo da tributação brasileira deixa claro que não se trata da tributação de mero reflexo patrimonial. O principal fundamento adotado para sustentar essa conclusão, sob a égide da MP nº 2.158-35/01, consistente na adoção do MEP como base da tributação, não subsiste em relação ao regime da Lei nº 12.973/14, que adota base de cálculo diversa.

É dizer, sob o regime da Lei nº 12.973/14, sequer é possível sustentar que a base de cálculo do tributo seja apenas a repercussão do lucro da sociedade estrangeira no resultado da sociedade brasileira, uma vez que, conforme exposto, o tributo incide sobre o resultado apurado pela sociedade estrangeira conforme as normas locais de contabilidade e antes dos tributos, o que é muito diferente do reflexo dessa variação nas demonstrações contábeis da sociedade brasileira, conforme o MEP. Os lucros tributados no Brasil sob o regime da Lei nº 12.973/14 "não são refletidos contabilmente na controladora brasileira [...] [s]e o contrário ocorrer, será acidental".[220]

---

[220] TAKATA, Marcos Shigueo. Lucros no exterior, equivalência e tributação da "parcela do ajuste do valor do investimento" à luz dos acordos de bitributação brasileiros. *In*: MOSQUERA, Roberto Quiroga; LOPES, Alexsandro Broedel. *Controvérsias jurídico-contábeis (aproximações e distanciamentos)*. São Paulo: Dialética, 2015. v. 6. p 352.

Desse modo, resta clara a eficácia de bloqueio do art. 7º dos tratados contra a bitributação firmados pelo Brasil em relação ao regime de tributação em bases universais da Lei nº 12.973/14. Este regime claramente visa à tributação dos lucros de entidade estrangeira, calculados conforme a contabilidade local do seu país de domicílio, ainda que escolha o contribuinte brasileiro como sujeito passivo.

2.2.3.2 Qual o tratado aplicável?

Ademais, no contexto da Lei nº 12.973/14, surgem novas indagações em relação a qual será o tratado aplicável no caso da tributação, pelo contribuinte brasileiro, dos resultados da controlada indireta, os quais são imediatamente atingidos pela tributação brasileira. Trata-se da segunda questão a que se refere Vogel na definição da aplicação de um tratado, atinente a determinar se o contribuinte em particular tem direito aos benefícios do tratado.[221]

Considere-se a situação contemplada no diagrama a seguir, que corresponde a uma versão ligeiramente modificada do exemplo-base empregado desde o início desta obra:

Figura 15 – Exemplo-base adaptado aos tratados

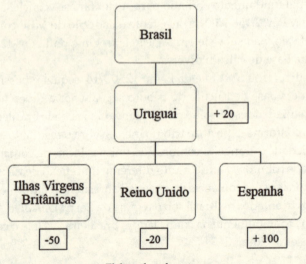

Elaborada pelo autor.

---

[221] VOGEL, Klaus. Double Tax Treaties and Their Interpretation. *Berkeley Journal of International Law*, v. 4, 1986. p. 24-25.

A questão que se põe consiste em determinar se, relativamente ao lucro de 100 u.m. apurado pela sociedade espanhola, o contribuinte brasileiro faria jus à aplicação do tratado firmado com este país. Segundo nos parece, a resposta é positiva. Conforme o art. 1º deste tratado, na linha do modelo da OCDE, a "Convenção se aplica às pessoas residentes de um ou de ambos os Estados Contratantes". Ademais, conforme o art. 4º, "a expressão 'residente de um Estado Contratante' designa qualquer pessoa que, em virtude da legislação desse Estado, esteja aí sujeita a imposto em razão de seu domicílio". No caso em exame, o contribuinte brasileiro é considerado residente no Brasil para fins do IRPJ e a sociedade espanhola é considerada residente neste país para fins da tributação sobre a renda corporativa local. Logo, aplica-se, em princípio, a regra do art. 7º que trata da tributação, por um país, dos "lucros de uma empresa de um Estado Contratante", sem condicionantes adicionais.

A esse respeito, cabe destacar a posição de Ana Cláudia Akie Utumi e Bruno Alberto Guilhem Pereira. Embora defendam que deveria ser reconhecida a aplicabilidade do tratado firmado entre o Brasil e o país de residência da controlada indireta, os autores afirmam que a tributação imediata da controlada indireta cria uma "situação dúbia, na qual não se pode ter certeza da aplicação dos tratados para evitar a dupla tributação".[222]

Os referidos autores explicam a natureza dessa dubiedade partindo do pressuposto de que "a aplicação do tratado requer a análise de quem são os beneficiários – ou seja, beneficiários das rendas cuja tributação é regulada pelos tratados". Nesse passo, analisando exemplo de controlada indireta de sociedade brasileira domiciliada na Dinamarca, afirmam que, do ponto de vista societário, não seria a empresa brasileira a intitulada ao recebimento dos dividendos dessa participação societária, mas a controladora direta.

Assim, afirmam que caso as autoridades dinamarquesas fossem consultadas sobre a aplicabilidade do tratado Brasil-Dinamarca "seria provável que a resposta seria pela não aplicação do tratado", vez que a controladora direta da empresa dinamarquesa não seria a brasileira.

---

[222] UTUMI, Ana Cláudia Akie; PEREIRA, Bruno Alberto Guilhem. Lucros no exterior, equivalência e tributação da "parcela do ajuste do valor do investimento" à luz dos acordos de bitributação brasileiros. In: MOSQUERA, Roberto Quiroga; LOPES, Alexsandro Broedel. Controvérsias jurídico-contábeis (aproximações e distanciamentos). São Paulo: Dialética, 2015. v. 6. p. 68-69.

Por fim, asseveram que para que se pudesse pleitear a aplicação do referido tratado para obstar a tributação dos resultados da controlada indireta, seria necessário argumentar que "a controlada direta não seria beneficiária efetiva dos lucros e dividendos, e que a empresa brasileira o seria".

Esses argumentos podem ser decompostos nos seguintes passos argumentativos:

- Premissa I: a aplicação dos tratados pressupõe a análise de quem seriam os beneficiários das rendas cuja tributação ele regula.
- Premissa II: em relação ao regime de tributação em bases universais brasileiros, essa análise do beneficiário das rendas consistiria em determinar o sujeito que teria direito ao pagamento de dividendos.
- Premissa III: é provável que as autoridades administrativas do país de residência da controlada indireta entendam pela não aplicação do tratado.
- Conclusão para que o tratado entre o Brasil e o país da controlada indireta seja aplicável: é necessário que a pessoa brasileira seja a "beneficiária efetiva" dos "lucros e dividendos".

Exposta essa linha argumentativa levantada pelos autores suprarreferidos (que não a defendem expressamente, mas apenas apontam que poderia consistir em óbice à aplicabilidade do tratado), passa-se a examinar os requisitos para que um tratado contra a dupla tributação se aplique e a extensão da cláusula que trata do "beneficiário efeito", para que se possa analisar cada um dos quatro argumentos sintetizados acima.

De maneira geral, a cláusula "beneficiário efetivo" funciona como condicionante para as consequências de dupla tributação a que se refere Klaus Vogel. O conceito de "beneficiário efetivo" foi introduzido na revisão da Convenção-Modelo da OCDE de 1977, tendo por fito coibir práticas elisivas. Para tanto, foram inseridas modificações nos arts. 10 (dividendos), 11 (juros) e 12 (*royalties*), de modo a condicionar a aplicabilidade de alíquotas máximas de retenção na fonte nesses tipos de pagamentos (consequência de dupla tributação) à circunstância de o "beneficiário efetivo" dos pagamentos ser residente do Estado signatário.[223]

A definição do termo "beneficiário efetivo", entretanto, sempre foi problemática. Como aponta Philip Baker, em um extremo a cláusula excluiria os benefícios dos tratados em caso de simples interposição de um procurador em país com tratado para receber pagamentos. Em outro extremo, porém, conduziria à negativa de benefícios mesmo para uma companhia que efetivamente recebesse rendimentos e posteriormente realizaria distribuições aos seus acionistas, o que abarcaria praticamente todas as companhias. Nesse passo, identifica o autor que os comentários da OCDE originalmente restringiram a aplicabilidade da cláusula contra os casos de procuradores (*agents or nominees*) e posteriormente foram estendidos para abarcar também os intermediários que funcionam como meros fiduciários.[224]

A questão se torna ainda mais complexa quando se analisa a circunstância de que o termo "beneficiário efetivo" possui um significado no direito interno dos países de *common law*, mas não nos países de *civil law*.[225] Entretanto, mesmo nos países de *common law* não é pacífica a aplicação do conceito de direito interno. Ademais, como predica Klaus Vogel, os tratados contra a dupla tributação somente podem alcançar seus objetivos se aplicados de forma consistente em ambos os países contratantes.[226]

Logo, sequer um país de *common law* poderia aplicar indistintamente seu conceito de direito interno para fins de interpretação do tratado. Ilustrativo dessa circunstância é o caso *Indofood*, decidido no Reino Unido e descrito por Philip Baker como a primeira real discussão no mundo sobre o conceito de "beneficiário efetivo".[227] Nesse caso, a corte decidiu que a expressão deveria ter um significado fiscal internacional (*international fiscal meaning*), afastando a aplicabilidade do conceito de direito interno. Ao fim e ao cabo, a decisão da corte fornece

---

[223] TÔRRES, Heleno Taveira. *Direito tributário internacional*: planejamento tributário e operações transnacionais. São Paulo: Revista dos Tribunais, 2001. p. 372.
[224] BAKER, Philip. Beneficial Ownership: after Indofood. *GITC Review*, v. VI, n. 1, 2007. p. 16-17.
[225] ROLIM, João Dácio. A (des)necessidade de um conceito harmônico de "beneficiário efetivo" nos acordos para evitar a dupla tributação. Um caso brasileiro e o direito comparado. *Revista Dialética de Direito Tributário*, São Paulo, v. 179, 2010. p. 79.
[226] VOGEL, Klaus. Double Tax Treaties and Their Interpretation. *Berkeley Journal of International Law*, v. 4, 1986. p. 37.
[227] BAKER, Philip. Beneficial Ownership: after Indofood. *GITC Review*, v. VI, n. 1, 2007. p. 27.

pouco esclarecimento sobre o conceito internacional de "beneficiário efetivo", sendo relevante somente a circunstância de ter afastado de sua abrangência uma entidade interposta única e exclusivamente para repassar a integralidade dos rendimentos que recebia.[228]

Nessa mesma linha, Luís Eduardo Schoueri entende que a aplicação das limitações atreladas ao conceito de "beneficiário efetivo" está restrita aos casos em que o rendimento é pago a alguém que, por obrigação contratual ou de outra natureza, está obrigado a repassá-lo a terceiro.[229] Assim, o conceito de "beneficiário efetivo" serve para negar aplicabilidade às consequências de dupla tributação do tratado relacionadas a alíquotas máximas de retenção na fonte em pagamentos de dividendos, juros e *royalties*.[230] Dessa forma, trata-se de um conceito cuja função é negar aplicabilidade das consequências dos tratados contra a dupla tributação, quando já estabelecido que o tratado se aplica às partes e ao tributo em questão e que a matéria tributada se subsome ao conceito de dividendos, juros ou *royalties*.

Exceção a essa circunstância se encontra no tratado firmado entre o Brasil e o México, que, como esclarece João Dácio Rolim, introduz uma norma geral antielisiva, ao adotar "a noção do abuso dos tratados e a figura do beneficiário efetivo para todo e qualquer dispositivo da convenção".[231] Com efeito, prescreve o art. 28(2) desse tratado que nenhuma disposição será aplicável: (i) aos rendimentos isentos de imposto ou sujeitos a alíquotas reduzidas no Estado contratante do qual resida o beneficiário efetivo do rendimento; (ii) aos rendimentos obtidos por beneficiário efetivo residente de um Estado contratante que goze de outros benefícios tributários especiais.

Percebe-se que, nesse dispositivo, a cláusula "beneficiário efetivo" não é usada para negar efeitos de dispositivos específicos do tratado, mas como condicionante geral à aplicabilidade desse, em função da forma de tributação dos rendimentos no país (contratante)

---

[228] BAKER, Philip. Beneficial Ownership: after Indofood. *GITC Review*, v. VI, n. 1, 2007. p. 23.

[229] SCHOUERI, Luís Eduardo. *Planejamento fiscal através de acordos de bitributação*: treaty shopping. São Paulo: Revista dos Tribunais, 1995. p. 159.

[230] A Convenção-Modelo da OCDE determina que somente o país da residência poderá tributar *royalties*. Entretanto, os tratados firmados pelo Brasil, inclusive os mais recentes, preveem tributação por ambos os países, com alíquotas máximas de retenção na fonte caso o beneficiário efetivo dos pagamentos esteja efetivamente domiciliado no país contratante.

[231] ROLIM, João Dácio. A (des)necessidade de um conceito harmônico de "beneficiário efetivo" nos acordos para evitar a dupla tributação. Um caso brasileiro e o direito comparado. *Revista Dialética de Direito Tributário*, São Paulo, v. 179, 2010. p. 87.

da residência do beneficiário efetivo. A referência ao beneficiário efetivo parece menos importante do que a forma de tributação a que se submete o rendimento no país de residência. Nesse caso, poder-se-ia dizer que a cláusula figura entre os requisitos de aplicação do tratado, conforme classificação exposta acima.

Desse modo, pode-se afirmar que a cláusula "beneficiário efetivo": (i) na maioria dos tratados firmados pelo Brasil, funciona como requisito de aplicabilidade das consequências de dupla tributação do tratado relacionadas a alíquotas máximas de retenção na fonte em pagamentos de dividendos, juros e *royalties* (elemento de "consequências de dupla tributação"); (ii) no caso do Tratado Brasil-México, compõe uma cláusula geral condicionante da aplicabilidade do tratado, que foca no regime de tributação ao qual os rendimentos são submetidos no país de residência do beneficiário efetivo (elemento de "requisitos de aplicação do tratado"). Em nenhum desses casos, contudo, a simples discussão sobre ser o contribuinte brasileiro, ou não, o "beneficiário efetivo" de possíveis dividendos distribuídos pela sociedade controlada indireta (espanhola) se faz suficiente para afastar a aplicação do tratado. Trata-se de condicionante que não se aplica no caso em questão, em que está em jogo o art. 7º dos acordos.

Dessa forma, não se pode alçar a cláusula a uma posição superior àquela que lhe é atribuída pelo próprio texto do tratado. O próprio Carf possui precedente em que reconhece que a cláusula somente é aplicável quando expressamente prevista (Acórdão nº 102-49480, Rel. Alexandre Naoki Nishioka, sessão 4.2.2009). Como ensina Klaus Vogel, a regra da Convenção de Viena (art. 31) de que o tratado deve ser interpretado conforme seu propósito está condicionada aos termos do tratado, não sendo um meio autônomo de interpretação. Aliás, no caso em exame, o propósito do tratado conduz à sua plena aplicabilidade à controlada indireta, uma vez que a lei brasileira determina a tributação de lucros de empresa de outro estado, independentemente de haver qualquer tipo de abuso por parte do contribuinte que detém uma controlada indireta no exterior.

A cláusula "beneficiário efetivo", via de regra, funciona apenas após determinada a aplicabilidade dos arts. 10, 11 ou 12 do tratado, o que não se verifica na situação da controlada indireta sob o regime da Lei nº 12.973/14.

No que respeita ao tratado firmado com o México, tampouco se pode afirmar que a cláusula do art. 28 limitaria a aplicação dele à situação da controlada indireta, uma vez que o dispositivo visa a alcançar beneficiários efetivos sujeitos à tributação especial em relação a determinados rendimentos. Assim, a aplicação do tratado não pressupõe a análise de quem seja o beneficiário efetivo das rendas, de maneira geral e irrestrita.

A segunda premissa da argumentação foi sintetizada desta forma: "em relação ao regime de tributação em bases universais brasileiros, essa análise do beneficiário das rendas consistiria em determinar o sujeito que teria direito ao pagamento de dividendos". Embora essa parcela da argumentação reste prejudicada em face do quanto exposto acima, parece-nos relevante ressaltar que a análise do beneficiário efetivo dos rendimentos de modo algum consistiria em perquirir quem posteriormente receberá, ou não, dividendos da controlada indireta, uma vez que a tributação brasileira se dá sobre o lucro da controlada indireta no exterior, que poderá ou não resultar em posterior pagamento de dividendos. O beneficiário efetivo dos rendimentos que a lei brasileira pretende alcançar é a própria controlada indireta. Como aponta Paulo Ayres Barreto, o pagamento posterior de dividendos poderá jamais se consumar, ou, então, ocorrerá em momento subsequente.[232] Logo, ainda que fosse o caso de perquirir quem seria o beneficiário efetivo dos lucros da controlada indireta no exterior, esse beneficiário seria a própria controlada indireta, beneficiária, pois, do tratado.

A terceira premissa da argumentação afirma que "é provável que as autoridades administrativas do país de residência da controlada indireta entendam pela não aplicação do tratado". Por um lado, trata-se de uma argumentação fática prospectiva que não prescindiria da análise efetiva de dados jurisprudenciais ou de outra fonte do direito do país de que se trata. Por outro lado, embora a interpretação comum consubstancie diretriz de interpretação dos tratados, não é um mandamento absoluto. Como ensina Vogel, "interpretação comum não significa que os precedentes do outro estado devem ser aceitos sem revisão".[233] Assim, abstratamente considerada, essa afirmação pouco significa. Caso houvesse um precedente do outro país, este teria que ser analisado criticamente, considerando-se, inclusive, as particularidades

---

[232] BARRETO, Paulo Ayres. Tributação dos resultados auferidos no exterior. *In*: BARRETO, Aires Fernandino. *Direito tributário contemporâneo*: estudos em homenagem a Geraldo Ataliba. São Paulo: Malheiros, 2011. p. 574.

[233] VOGEL, Klaus. Double Tax Treaties and Their Interpretation. *Berkeley Journal of International Law*, v. 4, 1986. p. 38.

da legislação brasileira. Em todo caso, a circunstância de a cláusula do beneficiário efetivo não funcionar como condição de aplicabilidade para o tratado parece enfraquecer o argumento de que as autoridades estrangeiras não aceitariam a aplicação do tratado à controlada indireta.

A conclusão do argumento sob análise consiste na assertiva de que "para que o tratado entre o Brasil e o país da controlada indireta seja aplicável, é necessário que a pessoa brasileira seja a 'beneficiária efetiva' dos 'lucros e dividendos'". Essa conclusão decorreria das premissas acima analisadas. Com efeito, ele parte do pressuposto de que a aferição de quem seria o beneficiário efetivo do rendimento seria essencial para qualquer ato de aplicação do tratado. Além disso, estabelece a mesma confusão referida *supra* entre o beneficiário do lucro atual e existente e o futuro beneficiário de um dividendo que pode ou não vir a existir. Esses dois pressupostos, como se buscou demonstrar, não se sustentam em face do texto dos tratados, já que a cláusula "beneficiário efetivo", na maior parte dos tratados brasileiros de que consta, não funciona como requisito de aplicação do tratado, mas como condicionante de aplicação dos benefícios dos arts. 10, 11 e 12, uma vez que já se tenha determinado sua aplicabilidade. Ademais, o beneficiário efetivo dos lucros é a própria empresa que os aufere, não se podendo confundir com o beneficiário de eventuais dividendos que podem nunca virem a existir.

Dessa forma, parece-nos que a argumentação acima analisada de modo algum pode ser acatada para concluir pela impossibilidade de aplicação do tratado firmado entre o Brasil e o país de residência da controlada indireta, em relação ao regime da Lei nº 12.973/14. Alberto Xavier chega à mesma conclusão, partindo do pressuposto do que denominou "princípio da tributação individualizada das controladas indiretas", que consiste em sua equiparação às controladas diretas, abstraindo-se a existência da sociedade intermediária. Nas palavras do autor, "é aplicável o tratado celebrado com o país da controlada indireta onde se originou o lucro tributável no Brasil".[234] De fato, os requisitos para a aplicabilidade do tratado firmado entre o Brasil e o país de residência da controlada indireta restam plenamente satisfeitos.

---

[234] XAVIER, Alberto. *Direito tributário internacional do Brasil*. 8. ed. Rio de Janeiro: Forense, 2015. p. 474.

2.3 Excurso: o regime de refinanciamento da Lei nº 12.865/14

Antes de finalizar este tópico atinente à compatibilidade dos regimes de TBU da MP nº 2.158-35 e da Lei nº 12.973/14 com a Constituição, cumpre noticiar que, após o julgamento do STF da ADI nº 2.588 e pouco antes da edição da Medida Provisória nº 627/13 (que seria convertida na Lei nº 12.973/14), a Medida Provisória nº 615, de 17.5.2013, foi convertida na Lei nº 12.865/13, cujo art. 40 previu um regime de parcelamento com anistia especificamente para os créditos tributários decorrentes do art. 74 da MP nº 2.158-35/01.

Esse programa, que ficou conhecido como "Refis dos lucros no exterior", previu anistia total de multas de mora e de ofício, bem como das multas isoladas, dos juros de mora e dos encargos legais, para o pagamento à vista dos débitos decorrentes da aplicação do dispositivo. Além disso, previu um regime de parcelamento em até 180 vezes, com entrada de 20%, que daria direito a uma redução de 80% nas multas de mora, de ofício e isoladas, bem como redução de 50% dos juros de mora e de 100% do encargo legal.

Um outro benefício do programa consistiu na possibilidade de dedução das multas compensatórias e juros incorridos (conforme o art. 41, §5º da Lei nº 8.981/95) pelo contribuinte em relação aos débitos decorrentes da aplicação do art. 74 da MP nº 2.158-35/01, sem a necessidade de tributação das receitas que decorreram da redução do montante de multas e juros em razão da adesão ao Refis. Explica-se: contabilmente, as reduções de multas e juros decorrentes da adesão ao programa de anistia geram receitas para o contribuinte, que, ordinariamente, seriam tributadas pelo Imposto sobre a Renda e pela Contribuição Social sobre o Lucro Líquido. A regra geral é a de que a chamada recuperação de despesas será tributável sempre que essas despesas tenham sido previamente deduzidas em relação ao lucro real. É o que dispõe o art. 441, II, do RIR/18 (Decreto nº 9.580/18):

> Art. 441. Serão computadas para fins de determinação do lucro operacional (Lei nº 4.506, de 1964, art. 44, caput, incisos III e IV; e Lei nº 8.036, de 1990, art. 29):
> I - as subvenções correntes para custeio ou operação, recebidas de pessoas jurídicas de direito público ou privado, ou de pessoas naturais;
> *II - as recuperações ou as devoluções de custos, as deduções ou as provisões, quando dedutíveis;* e

III - as importâncias levantadas das contas vinculadas a que se refere a legislação do FGTS.

Entretanto, especificamente no tocante às receitas decorrentes de reduções de juros e multas em razão da adesão ao Refis dos Lucros no Exterior, o art. 40, §15 da Lei nº 12.865/13 remeteu ao parágrafo único do art. 4º da Lei nº 11.941/09, que prescreve que as diminuições dos montantes de multas, juros e encargos legais reconhecidas na contabilidade da pessoa jurídica aderente ao regime não serão tributáveis pelo IRPJ, pela CSLL, pela Contribuição ao PIS ou pela Cofins. Veja-se:

> Art. 4º Aos parcelamentos de que trata esta Lei não se aplica o disposto no §1º do art. 3º da Lei nº 9.964, de 10 de abril de 2000, no §2º do art. 14-A da Lei no 10.522, de 19 de julho de 2002, e no §10 do art. 1º da Lei nº 10.684, de 30 de maio de 2003.
> Parágrafo único. *Não será computada na apuração da base de cálculo do Imposto de Renda, da Contribuição Social sobre o Lucro Líquido, da Contribuição para o PIS/PASEP e da Contribuição para o Financiamento da Seguridade Social – COFINS a parcela equivalente à redução do valor das multas, juros e encargo legal em decorrência do disposto nos arts. 1º, 2º e 3º desta Lei.*

Desse modo, uma vantagem adicional ao contribuinte que aderisse ao programa do art. 40 da Lei nº 12.865/13 consistia na possibilidade de não tributar as reduções de juros compensatórios e de multas compensatórias, ainda que elas tivessem sido previamente deduzidas relativamente às bases de cálculo do IRPJ e da CSLL.

CAPÍTULO 3

O BRASIL EM RELAÇÃO AO MUNDO: O SISTEMA BRASILEIRO EM FACE DOS REGIMES ADOTADOS EM OUTROS PAÍSES

Este capítulo se destina a uma análise fundamentalmente distinta daquela empreendida nos capítulos antecedentes. Enquanto nestes a questão da tributação, no Brasil, do lucro de sociedades estrangeiras foi examinada da perspectiva eminentemente jurídica, interpretando-se as leis ordinárias e atos normativos infralegais e examinando a sua compatibilidade com a Constituição brasileira e com os tratados firmados pelo país, neste capítulo serão examinadas legislações estrangeiras. Trata-se de uma análise que não altera o dever-ser jurídico que deflui das normas válidas no Brasil, mas que visa a oferecer fundamentos para a avaliação crítica e eventual alteração legislativa do sistema válido no Brasil. Como bem ressaltou MacCormick, é fundamental a distinção entre a interpretação jurídica e a apreciação avaliatória do direito posto.[235]

Reconhecendo essa distinção, este capítulo visa a oferecer fundamentos baseados no direito estrangeiro para a avaliação da conveniência e da oportunidade da forma de tributação engendrada pela legislação brasileira. Para tanto, examinará a legislação sobre tributação de lucros auferidos por controladas no exterior dos Estados Unidos da América e da União Europeia, considerando-se a uniformização promovida pela Diretiva contra a Elisão Fiscal (ATAD). Ademais, também se examinará a posição da Organização para Cooperação e Desenvolvimento Econômico (OCDE) sobre o tema.

---
[235] MACCORMICK, Neil. *Argumentação jurídica e teoria do direito*. Tradução de Waldéa Barcellos. São Paulo: Martins Fontes, 2006. p. 313.

3.1 Os Estados Unidos e o surgimento das legislações CFC

Os Estados Unidos da América foram o país onde surgiram as legislações CFC. Antes de 1961, nenhum país tributava o lucro de subsidiárias estrangeiras de empresas locais, sob o entendimento de que não haveria competência baseada em fonte nem em residência.[236] Nesse contexto, o Poder Executivo, então sob a liderança do Presidente Kennedy, propôs um sistema de tributação baseado em dividendos imputados, que acabou sendo preterido em favor da chamada *Subpart F*, de 1962, que pretendia a tributação de lucros de empresas estrangeiras controladas (CFCs) que provavelmente não seriam tributados no exterior, seja pelo seu caráter móvel (rendas passivas), seja porque existe estruturação para a sua aquisição em jurisdições de baixa tributação.[237] Aponta-se que um regime antidiferimento existente para pessoas físicas desde o ano de 1937 seria a inspiração dessa legislação.[238] Nesse contexto, Avi-Yonah considera que a introdução das regras CFC foi um dos casos de unilateralismo construtivo (*constructive unilateralism*) por parte dos Estados Unidos, que ele conceitua como a introdução unilateral de regras tributárias por aquele país que subsequentemente foram adotadas largamente no mundo.[239]

As tradicionais regras CFC do *Subpart F* da consolidação do imposto sobre a renda dos Estados Unidos determinam a inclusão, na base tributável norte-americana, dos seguintes tipos de rendimentos não distribuídos de sociedades domiciliadas no exterior e controladas por contribuintes daquele país: (i) lucros de *holding company* (*foreign personal holding company income*), incluindo rendimentos tradicionalmente entendidos como passivos e facilmente manipuláveis, como dividendos, juros, *royalties* e aluguéis; (ii) lucros de vendas (*foreign base company sales income*), consistentes nos rendimentos decorrentes

---

[236] AVI- AVI-YONAH, Reuven S. Constructive Unilateralism: US Leadership and International Taxation. *University of Michigan Public Law Research Paper*, n. 463, June 25, 2015.

[237] AVI-YONAH, Reuven S. Constructive Unilateralism: US Leadership and International Taxation. *University of Michigan Public Law Research Paper*, n. 463, June 25, 2015.

[238] KREVER, Richard. Controlled Foreign Company Legislation: General Report. *In*: KOFLER, Georg et al. *Controlled Foreign Company Legislation*. The Netherlands: IBFD Publications, 2020. p. 3.

[239] KREVER, Richard. Controlled Foreign Company Legislation: General Report. *In*: KOFLER, Georg et al. *Controlled Foreign Company Legislation*. The Netherlands: IBFD Publications, 2020.

de compras e vendas entre partes relacionadas em países sem relação econômica com a produção e o consumo da mercadoria; e (iii) lucros de serviços (*foreign base company services income*), consistentes em rendimentos derivados de serviços prestados fora do país de constituição da sociedade estrangeira.[240]

Essas regras correspondem a uma combinação da forma de aproximação baseada no país de residência da controlada estrangeira (*jurisdictional approach*) e da forma de aproximação baseada na natureza das rendas auferidas (*transactional approach*).[241] Por exemplo, no caso dos lucros de *holding company* (*foreign personal holding company income*), estão incluídos dividendos, juros, aluguéis e *royalties*, assim como outros rendimentos (componente transacional), mas contempla exceção quando essas receitas são recebidas de clientes localizados no mesmo país da controlada estrangeira (componente baseado na residência).[242] Regras similares se aplicam aos demais tipos de *Subpart F income*. Ademais, existe uma exceção geral para os lucros auferidos em países que tenham uma alíquota efetiva superior a 18,9%.[243]

Estão incluídas no conceito de sociedade estrangeira controlada, para fins da legislação norte-americana, as sociedades estrangeiras em que o contribuinte norte-americano possuir mais da metade do capital ou dos poderes de voto.[244] Também existem regras que: (i) incluem na abrangência do regime as sociedades indiretamente controladas pelo contribuinte americano (*indirect ownership rule*); e (ii) baseiam-se no conceito econômico de propriedade para atribuir poder de controle ao contribuinte americano (*constructive ownership rules*).[245]

---

[240] ISENBERGH, Joseph; WELLS, Bret. *International taxation*. 4. ed. New York, NY: Foundation Press, 2020. p. 347-365.

[241] BRAUNER, Yariv; DAVIS, Christine A. controlled foreign company legislation in the United States. *In*: KOFLER, Georg *et al*. *Controlled Foreign Company Legislation*. The Netherlands: IBFD Publications, 2020. p. 834.

[242] BRAUNER, Yariv; DAVIS, Christine A. controlled foreign company legislation in the United States. *In*: KOFLER, Georg *et al*. *Controlled Foreign Company Legislation*. The Netherlands: IBFD Publications, 2020. p. 835.

[243] BRAUNER, Yariv; DAVIS, Christine A. controlled foreign company legislation in the United States. *In*: KOFLER, Georg *et al*. *Controlled Foreign Company Legislation*. The Netherlands: IBFD Publications, 2020. p. 835.

[244] BRAUNER, Yariv; DAVIS, Christine A. controlled foreign company legislation in the United States. *In*: KOFLER, Georg *et al*. *Controlled Foreign Company Legislation*. The Netherlands: IBFD Publications, 2020. p. 835.

[245] BRAUNER, Yariv; DAVIS, Christine A. controlled foreign company legislation in the United States. *In*: KOFLER, Georg *et al*. *Controlled Foreign Company Legislation*. The Netherlands: IBFD Publications, 2020. p. 835.

É dizer, de maneira geral, as regras CFC da *Subpart F* miram em rendimentos passivos, seja pela inclusão de receitas tradicionalmente classificadas dessa forma (juros, dividendos e *royalties*), seja pela inclusão de receitas de vendas de bens e prestações de serviço que não tenham efetiva conexão com a economia do país onde localizada a sociedade estrangeira. Outrossim, aplicam-se, exclusivamente, às sociedades controladas pelo contribuinte norte-americano.

3.1.1 O Brasil em relação às legislações CFC

As duas principais diferenças entre os regimes brasileiros de TBU e a CFC do *Subpart F* dos Estados Unidos consistem: (i) na inclusão de sociedades coligadas nas regras brasileiras; e (ii) na inclusão de quaisquer rendimentos da entidade estrangeira na base de cálculo brasileira, independentemente de qualquer critério baseado na natureza do rendimento (*transactional approach*) ou no local do seu auferimento (*jurisdictional approach*).

De um lado, desde o início da vigência do art. 74 da MP nº 2.158-35/01, incluem-se em seu âmbito de aplicabilidade as sociedades coligadas, definidas como aquelas em que o contribuinte brasileiro tenha participação de pelo menos 10%.[246] Sob a égide da Lei nº 12.973/14, limitou-se a tributação automática dos lucros das sociedades controladas àquelas que cumpram uma das seguintes condições: (i) seja sujeita a regime de subtributação; (ii) esteja localizada em país com tributação favorecida ou seja beneficiária de regime fiscal privilegiado; e (iii) seja controlada, direta ou indiretamente, por pessoa jurídica em país de tributação favorecida.[247] Conforme exposto, as modificações relativas às sociedades coligadas parecem decorrer da decisão do Supremo Tribunal Federal na ADI nº 2.588/DF, em que se considerou inconstitucional a aplicação da tributação do art. 74 da MP nº 2.158-35/01.[248]

Não obstante, o regime da Lei nº 12.973/14 segue incluindo nas bases de cálculo brasileiras rendimentos de sociedades coligadas, sobre as quais o contribuinte brasileiro pode ter participação tão reduzida quanto 10% do capital votante. Trata-se de medida que vai bastante além das regras do *Subpart F* norte-americano que, como visto, somente se aplica às controladas.

---

[246] Cf. item 1.2.1.1.
[247] Cf. item 1.3.2.2 *supra*.
[248] Cf. item 2.1.1.1.1.1 *supra*.

De outro lado, o Brasil é o único país economicamente relevante que possui um sistema de inclusão total (*full inclusion CFC system*), que abarca receitas que não geram riscos de erosão da base tributável ou deslocamento de lucros, como aponta Teijeiro.[249] Com efeito, quer sob a MP nº 2.158-35/01, quer sob a Lei nº 12.973/14, toda a renda da sociedade controlada estrangeira é submetida à tributação brasileira, independentemente da sua natureza ativa ou passiva e do país de residência da controlada estrangeira.

Na Lei nº 12.973/14, critérios relacionados com a pressão fiscal do país de residência da controlada estrangeira e com a natureza passiva de suas rendas foram empregados para: (i) determinar quais sociedades controladas podem ser incluídas no regime opcional de consolidação horizontal do art. 78 da Lei nº 12.973/14; e (ii) excluir determinadas sociedades coligadas do regime de tributação automática. Ainda assim, a regra geral aplicável às controladas é a de que toda a sua renda será incluída no regime de TBU, independentemente de sua natureza e do local de residência da entidade estrangeira. Diferentemente da CFC do *Subpart F* da legislação dos Estados Unidos, além de albergar quaisquer rendimentos, o sistema brasileiro de TBU não se limita às controladas subtributadas. Enquanto nos Estados Unidos se emprega o patamar de 18,9% de alíquota efetiva para excluir sociedades controladas do regime de CFC, a aplicação do regime brasileiro resulta, efetivamente, na tributação de toda a renda das sociedades controladas no exterior pela alíquota somada brasileira, da ordem de 34%, ou, pelo menos, 25% no caso de aplicabilidade do crédito presumido de que tratam os §§10 e 11 do art. 87 da Lei nº 12.973/14, com a redação atualmente conferida pela Lei nº 13.043/14, válido até 2022.[250]

Logo, quer sob o prisma das sociedades abrangidas (apenas controladas ou também coligadas), quer pelos rendimentos incluídos (apenas os passivos e não tributados ou todos), o atual regime brasileiro de TBU, assim como seu antecessor, vai significativamente além do regime do *Subpart F* dos Estados Unidos.

---

[249] TEIJEIRO, Guillermo O. 'BEPS Action 3: Public Discussion Draft on Strengthening CFC Rules: A Legal Critique to the Possible Implementation of a Full-income CFC System'. *Kluwer International Tax Blog*, abr. 2015.

[250] Cf. item 1.3.3.2 *supra*.

3.2 A União Europeia e a regra CFC obrigatória

Após a criação da regra CFC da *Subpart F* norte-americana e a adoção de regras similares por vários países, o desdobramento mais relevante na matéria decorreu da inserção de uma regra CFC uniformizada no âmbito da União Europeia, a qual foi precedida por julgados do Tribunal de Justiça da União Europeia (antiga *European Court of Justice*, hoje *Court of Justice of the European Union*) que fixaram limites na adoção de regras dessa natureza pelos países-membros.

Em 1986, o Tribunal de Justiça da União Europeia decidiu que, embora a tributação direta não fosse uma matéria objeto de harmonização entre os países do bloco, por meio de legislação unificada, como ocorre com o Imposto sobre o Valor Agregado (IVA-Europeu), os Estados-Membros teriam que obedecer aos mandamentos do direito europeu quando do exercício de suas competências tributárias.[251]

Nesse passo, as liberdades fundamentais da União Europeia (liberdade de trabalho, liberdade de estabelecimento, livre circulação de bens, serviços e capital) visam a garantir que os cidadãos europeus tenham o mesmo tratamento nas relações com seu país de residência ou com outro país-membro. Para tanto, o Tribunal de Justiça da União Europeia (TJUE) promove uma comparação entre a situação transnacional e a situação nacional, verificando se haveria uma restrição a alguma das liberdades e, em caso afirmativo, se essa restrição seria justificada, ou não.[252]

No exercício dessa função de controle da conformidade do direito interno dos países-membros com as liberdades fundamentais da União Europeia, denominada integração negativa pela doutrina, a Corte de Justiça da União Europeia examinou, em mais de uma oportunidade, a compatibilidade das regras CFC de diversos Estados-Membros com as liberdades fundamentais, em especial a liberdade de estabelecimento. O primeiro e mais relevante caso examinado pelo TJUE sobre o tema ficou conhecido como *Cadbury Schweppes*.[253] Neste processo, uma corporação inglesa possuía uma subsidiária na Irlanda, sem escritórios nem funcionários, que recolhia o Imposto sobre a Renda conforme a

---

[251] ECJ, 28 Jan. 1986, Case C-270/83, Commission v. France (Avoir Fiscal).
[252] KOURY, Paulo Arthur Cavalcante. The End of the "Luxembourg Effect": An Analysis of the Protection of Fundamental Freedoms Regarding Exit Taxes and Implementation of Anti-BEPS Measures by the European Union. *European Taxation*, v. 58, 2018. p. 506.
[253] ECJ. Cadbury Schweppes plc v IRC. Case C-196/04.

alíquota local irlandesa, então fixada em 10%. O resultado do julgado foi a remessa do caso para a corte de origem para determinar se fora satisfeito, ou não, o chamado teste do expediente puramente artificial (*wholly artificial arrangement test*).

Conforme a decisão do TJUE no caso em tela, o propósito de beneficiar-se de uma legislação tributária mais favorável em outro país-membro não seria, por si só, indicativo de abuso da liberdade de estabelecimento.[254] Embora tenha julgado que a aplicação da legislação CFC inglesa implicava uma restrição da liberdade de estabelecimento no outro país-membro,[255] o Tribunal considerou que a liberdade de estabelecimento somente se aplica quando houver efetiva atividade econômica no outro país-membro.[256] Desse modo, o Tribunal criou o teste do expediente puramente artificial (*wholly artificial arrangement test*) para verificar se a aplicação da legislação CFC constituiria restrição, ou não, à liberdade de estabelecimento, nos seguintes termos:

> Daqui resulta que, para que uma restrição à liberdade de estabelecimento possa ser justificada por motivos de luta contra práticas abusivas, o objectivo específico de tal restrição deve ser o de impedir comportamentos que consistam em criar expedientes puramente artificiais, desprovidos de realidade económica, com o objectivo de eludir o imposto normalmente devido sobre os lucros gerados por actividades realizadas no território nacional [sic].[257]

O foco das práticas artificiais em questão, para que não haja violação à liberdade de estabelecimento, deve ser o de evitar a tributação decorrente de atividades exercidas no território do país de residência da controladora. Veja-se:

> Ao prever a integração dos lucros de uma SEC abrangida por um regime fiscal muito favorável na matéria colectável da sociedade residente, a legislação relativa às SEC permite contrariar práticas cujo único objectivo é contornar o imposto normalmente devido sobre os lucros gerados por actividades realizadas no território nacional. Como salientaram os

---

[254] ECJ. Cadbury Schweppes plc v IRC. Case C-196/04. [§37].
[255] ECJ. Cadbury Schweppes plc v IRC. Case C-196/04. [§45].
[256] ECJ. Cadbury Schweppes plc v IRC. Case C-196/04. [§54].
[257] ECJ. Cadbury Schweppes plc v IRC. Case C-196/04. [§55].

Governos francês, finlandês e sueco, tal legislação é, portanto, susceptível de atingir o objectivo em razão do qual foi adoptada.[258]

Após o julgamento do TJUE, a Corte de Apelações do Reino Unido (*United Kingdom Court of Appeals*) decidiu que a CFC inglesa deveria ser interpretada em conformidade com a liberdade de estabelecimento, de modo que ela não se aplicaria se, no período em questão, a subsidiária estivesse efetivamente estabelecida em outro país-membro, ali exercendo atividades econômicas genuínas.[259]

Posteriormente, em julho de 2016, a União Europeia veio a aprovar a Diretiva (UE) 2016/1164 (posteriormente alterada pela Diretiva 2017/952/EU), que "estabelece regras contra as práticas de elisão fiscal que tenham incidência direta no funcionamento do mercado interno", entre as quais uma regra CFC obrigatória para todos os países-membros. Trata-se da competência de que trata o art. 115 do Tratado sobre o Funcionamento da União Europeia (TFUE), que deve ser exercida quando a integração entre as economias dos países-membros não é possível unicamente com base na interpretação das liberdades fundamentais.[260] A diretiva em questão incorporou algumas das conclusões do Projeto BEPS, da OCDE, ao direito europeu,[261] tendo sido bem mais precisa do que os relatórios finais do referido projeto. Contudo, a ATAD tem a natureza de *standard* mínimo que tem as regras da ATAD, sendo aceitável que os países-membros tenham maior nível de proteção das práticas elisivas, desde que não violem as liberdades fundamentais. Por esse motivo, críticos afirmam que dificilmente esta diretiva efetivamente promoverá maior integração.[262]

Especificamente no que respeita às regras CFC, o art. 7º da ATAD tem aplicabilidade restrita aos casos em que existe efetivo controle da sociedade estrangeira, o que se verificará quando o "contribuinte, por si só ou juntamente com as suas empresas associadas, detém uma

---

[258] ECJ. Cadbury Schweppes plc v IRC. Case C-196/04. [§59].
[259] UK Court of Appeals. Vodafone 2 v RCC [2009] EWCA Civ 446 (CA).
[260] PISTONE, Pasquale. The Meaning of Tax Avoidance and Aggressive Tax Planning in European Union Tax Law: Some thoughts in connection with the reaction to such practices by the European Union. *In*: DOURADO, Ana Paula. *Tax Avoidance Revisited in the EU BEPS Context*. Amsterdam: IBFD, 2017. p. 74.
[261] Cf. item 3.3 *infra*.
[262] KOKLAR, Martin; RIEDLL, Mario. The European Union and the Anti-Tax Avoidance Directive. *In*: KOFLER, Georg *et al. Controlled Foreign Company Legislation*. The Netherlands: IBFD Publications, 2020. p. 18.

participação direta ou indireta de mais de 50 % dos direitos de voto, ou detém, de forma direta ou indireta, mais de 50 % do capital, ou tem direito a receber mais de 50 % dos lucros dessa entidade" (art. 7º, 1, "a"). Ademais, a regra CFC somente será obrigatoriamente aplicável quando o valor do tributo efetivamente pago pela controlada estrangeira foi inferior à diferença entre o imposto do país da controladora e o imposto do país da controlada (art. 7º, 1, "b"). Isso significa dizer que o país da controladora somente será obrigado a aplicar a regra CFC relativamente a uma sociedade estrangeira submetida à tributação da ordem de 13%, por exemplo, se a alíquota do primeiro país for superior a 26%.

Mais especificamente, no que respeita às espécies de rendas que devem ser tributadas pelo país da controladora, o dispositivo criou dois modelos alternativos que podem ser adotados pelos países-membros. Conforme a terminologia de Krever, o "Modelo A" se aplica às rendas passivas e aos rendimentos em transações com partes relacionadas, enquanto o "Modelo B" se aplica aos arranjos não genuínos, em que os ativos e riscos da sociedade controlada não justificam, por si sós, as suas receitas.[263] Veja-se o trecho relevante do art. 7º, 2, da ATAD, que discrimina cada uma dessas possibilidades:

> Artigo 7º
> Regra das sociedades estrangeiras controladas [...]
> 2. Caso uma entidade ou um estabelecimento estável sejam tratados como uma sociedade estrangeira controlada ao abrigo do nº 1, o Estado-Membro do contribuinte inclui na base tributável:
> a) os rendimentos não distribuídos da entidade ou os rendimentos do estabelecimento estável provenientes das seguintes categorias:
> i) juros ou outros rendimentos gerados por ativos financeiros,
> ii) royalties ou outros rendimentos da propriedade intelectual,
> iii) dividendos e rendimentos provenientes da alienação de ações ou quotas,
> iv) rendimentos provenientes de locação financeira,
> v) rendimentos provenientes de atividades de seguros, bancárias e de outras atividades financeiras,
> vi) rendimentos provenientes de empresas de faturação que obtenham rendimentos de comércio e serviços provenientes de bens e serviços

---

[263] KREVER, Richard. Controlled Foreign Company Legislation: General Report. In: KOFLER, Georg et al. *Controlled Foreign Company Legislation*. The Netherlands: IBFD Publications, 2020. p. 3.

comprados e vendidos a empresas associadas, e que acrescentam pouco ou nenhum valor económico;
A presente alínea não se aplica caso a sociedade estrangeira controlada exerça uma atividade económica substantiva com recurso a pessoal, equipamento, ativos e instalações, comprovada por factos e circunstâncias relevantes.
Caso a sociedade estrangeira controlada seja residente ou esteja situada num país terceiro que não seja parte no Acordo EEE, os Estados-Membros podem decidir não aplicar o parágrafo anterior.
ou
b) os rendimentos não distribuídos da entidade ou do estabelecimento estável resultantes de montagens não genuínas postas em prática com a finalidade essencial de obter uma vantagem fiscal.
Para efeitos da presente alínea, considera-se que uma montagem ou série de montagens não é genuína na medida em que nem a entidade nem o estabelecimento estável seriam detentores dos ativos que geram a totalidade ou parte dos seus rendimentos, nem teriam assumido os riscos a eles associados se não fossem controlados por uma sociedade na qual são exercidas as funções dos dirigentes, que são relevantes para esses ativos e riscos, e que são essenciais para gerar os rendimentos da sociedade controlada. [...]. (Grifos nossos)

Para fins da presente análise, cumpre destacar que ambas as opções de regra CFC do art. 7º, 2, da ATAD restringem-se aos expedientes puramente artificiais, na linha da jurisprudência do TJUE. Com efeito, o "Modelo A", aplicável às rendas passivas, não se aplica na hipótese de a pessoa jurídica estrangeira exercer "atividade económica substantiva com recurso a pessoal, equipamento, ativos e instalações, comprovada por factos e circunstâncias relevantes". Da mesma forma, relativamente ao "Modelo B", criou-se um conceito de expediente não genuíno baseado em um teste relativo à propriedade de ativos e à assunção de riscos por parte da sociedade estrangeira, que se aplicará apenas quando a controladora no país da CFC efetivamente exercer as atividades que justificam o lucro da controlada.

3.2.1 O Brasil em relação à regra europeia

A análise da evolução do direito europeu acerca das legislações CFC demonstra que, em um primeiro momento, o Tribunal de Justiça da União Europeia criou um requisito geral de que as regras CFC dos países-membros somente poderiam se aplicar aos expedientes puramente artificiais, em que se pudesse concluir que o contribuinte não estaria efetivamente exercendo a sua liberdade de estabelecer-se em outro país-membro, mas estaria meramente criando um arranjo artificial para deixar de pagar tributos em seu país de residência. Com isso, limitou-se a competência dos países-membros para a criação de regras CFC, fossem elas baseadas em rendas passivas (*tainted-income approach*) ou em países com tributação favorecida (*jurisdictional approach*).

Posteriormente, com o advento da ATAD, estabeleceram-se critérios formais, positivados na própria diretiva,[264] para determinar-se o que consiste, ou não, em um expediente meramente artificial. De forma geral, pode-se afirmar que a CFC uniformizada europeia apenas visa a tributar o lucro que seria da controladora, mas que foi artificialmente deslocado para a controlada, em que pese as funções econômicas relevantes sigam com a primeira.

Trata-se de um regime totalmente distinto das regras brasileiras de TBU. Com efeito, para a aplicação destas, pouco importa a natureza da atividade econômica exercida pela controlada estrangeira, os ativos por si detidos, as funções por si exercidas ou os riscos por si assumidos. Os regimes brasileiros de TBU, tanto sob a égide da MP nº 2.158-35/01 como da Lei nº 12.973/14, não visam a evitar o mero deslocamento artificial de lucros da sociedade brasileira para controladas estrangeiras, como ocorre com a CFC europeia. Trata-se de um regime amplo que mais se aproxima de uma tentativa de criação de um imposto mínimo global sobre os grupos de sociedades brasileiros, conforme se passa a demonstrar.

3.3 Os regimes GILTI e GloBE: um imposto mínimo global?

Em 2014, viveu-se um momento de atenção redobrada ao direito tributário internacional, traduzida na discussão em torno do Projeto BEPS (*base erosion and profit shifting* ou erosão da base e deslocamento de lucros) da OCDE (Organização para Cooperação e Desenvolvimento Econômico), que contou com o apoio do G20, visando a coibir a erosão da base tributável do imposto sobre a renda e o deslocamento de lucros para jurisdições de baixa tributação. As origens desse movimento remontam à exposição midiática de planejamentos tributários de grandes empresas multinacionais, combinada à crise econômica e

---

[264] Cf. nosso: KOURY, Paulo Arthur Cavalcante. *Forma e substância no direito tributário*. São Paulo: IBDT, 2021.

consequente necessidade de arrecadação que abalaram até mesmo as mais significativas economias do planeta.[265]

Nesse contexto, o Plano de Ação nº 3 do Projeto BEPS teve por objetivo desenvolver recomendações para reforçar as chamadas regras CFC (*controlled foreing company*). Embora o relatório final do referido plano de ação (que não possui qualquer eficácia vinculante), publicado em 2015, faça ressalva de sistemas de inclusão total (*full inclusion*), como o brasileiro, enquanto formas de prevenir o diferimento da tributação em longo prazo, por meio da não distribuição de dividendos,[266] as regras de tributação em bases universais recomendadas pela OCDE não adotaram esse parâmetro.[267]

De maneira geral, criticou-se duramente o foco do Projeto BEPS no princípio de que a renda deveria ser tributada onde o valor fosse criado, justamente em função da genericidade desse objetivo. Genérico é aquele termo que exprime significado demasiadamente amplo, sem detalhamento necessário à compreensão de questão relevante.[268] No caso em tela, não se sabe como determinar onde o valor é criado e há grande nível de discordâncias mesmo entre os proponentes dessa forma de aproximação.[269]

Algo mais similar ao regime brasileiro somente veio a ganhar relevância em 2017, quando aprovada pelo Congresso dos Estados Unidos da América a lei de corte de impostos e criação de empregos (*2017 Tax Cuts and Jobs Act*), proposta pela administração do então Presidente Donald Trump. Historicamente, as regras CFC da *Subpart F* eram aplicadas em conjunto com normas que determinavam a tributação dos dividendos distribuídos por controladas estrangeiras ao contribuinte norte-americano e outras formas de repatriação de recursos.

Contudo, desde o *Tax Cuts and Jobs Act* de 2017, criou-se uma isenção para dividendos repatriados ao acionista norte-americano, em conjunto com as chamadas regras GILTI (*Global Intangible Low-Taxed*

---

[265] BRAUNER, Yariv. What the BEPS? *Florida Tax Review*, Gainesville, v. 16, n. 2, 2014. p. 57-58.
[266] OECD. *Designing Effective Controlled Foreign Company Rules*. Action 3 - 2015 Final Report, OECD/G20 Base Erosion and Profit Shifting Project. Paris: OECD Publishing, 2015. p. 44.
[267] OECD. *Designing Effective Controlled Foreign Company Rules*. Action 3 - 2015 Final Report, OECD/G20 Base Erosion and Profit Shifting Project. Paris: OECD Publishing, 2015. p. 44-52.
[268] ÁVILA, Humberto. *Teoria da indeterminação no direito*. Entre a indeterminação aparente e a determinação latente. São Paulo: Malheiros; JusPodivm, 2022. p. 33.
[269] DEVEREUX, Michael P.; AUERBACH, Alan J.; KEEN, Michael; OOSTERHUIS, Paul; SCHÖN, Wolfgang; VELLA, John. *Taxing profit in a global economy*. Oxford: Oxford University Press, 2021. p. 8.

Income ou rendas globais intangíveis pouco tributadas). Trata-se de regras aplicáveis em adição às tradicionais regras CFC da *Subpart F*. As regras GILTI determinam a tributação da metade dos lucros de controladas estrangeiras que excedam um retorno anual permitido de 10% sobre seus ativos tangíveis. O regime em questão considera que esses rendimentos em excesso (*excess or non-routine returns*) seriam derivados de ativos intangíveis (e, portanto, móveis) no exterior, aplicando a alíquota do imposto sobre a renda da pessoa jurídica norte-americana (*corporate income tax*) de 21%. Considerando-se que a lei permite a compensação de até 80% do tributo pago no exterior, este regime resulta na tributação, pelos Estados Unidos, apenas dos lucros das controladas estrangeiras que sejam objeto de tributação efetiva inferior a 13,125%.[270] É dizer, a aplicação dessas regras complexas resulta em uma garantia de tributação efetiva mínima de 13,125%, por parte das sociedades estrangeiras controladas por contribuintes dos Estados Unidos.

Atualmente, as regras GILTI são uma inovação do sistema tributário norte-americano, não se tendo notícia da adoção de normas similares em outros ordenamentos jurídicos. Contudo, em outubro de 2020, a OCDE publicou um relatório denominado *Pillar Two Blueprint – Tax Challenges Arising from Digitalisation* (Planta do Pilar Dois – Desafios Tributários decorrentes da Digitalização), em que incluiu a proposta das regras *GloBE – Global Anti-Base Erosion* (sistema antierosão global), englobando a chamada *Income Inclusion Rule – IIR* (regra de inclusão de rendimentos), cujo funcionamento é muito similar ao regime da GILTI dos Estados Unidos. Ainda que a OCDE tenha se preocupado em criar um nome diferente das regras norte-americanas, parece tratar-se, efetivamente, de um endosso destas últimas.[271]

As regras GloBE, conforme o *Blueprint*, visam a garantir uma tributação mínima, ao mesmo tempo em que se evita a dupla tributação e a tributação onde não existe lucro econômico.[272] O principal mecanismo das regras GloBE consiste na IIR (regra de inclusão de rendimentos), que determina que o país de residência da sociedade acionista deve

---

[270] HARRIS, Peter. *International Commercial Tax*. 2. ed. Cambridge: Cambridge University, 2020. p. 390.

[271] KOURY, Paulo Arthur Cavalcante. *Is Brazil going against or ahead of the flow with its all-inclusive CFC rule?* Disponível em: http://marcopiazza.postilla.it/2021/04/19/is-brazil-going-against-or-ahead-of-the-flow-with-its-all-inclusive-cfc-rule/. Acesso em: 24 nov. 2021.

[272] OECD. *Tax Challenges Arising from Digitalisation* – Report on Pillar Two Blueprint: Inclusive Framework on BEPS, OECD/G20 Base Erosion and Profit Shifting Project. Paris: OECD Publishing, 2020. p. 14.

tributar os lucros de uma controlada estrangeira quando a alíquota efetiva (*Effective Tax Rate – ETR*) sobre o lucro excessivo (*excess income*) para fins do GloBE ultrapassar determinado patamar mínimo. Na aplicação dessa regra, permite-se apenas a agregação de todas as entidades controladas em um mesmo país (*jurisdictional blending*).

Considerando-se que a existência de uma IRR no país de residência da sociedade controladora dependerá do direito interno deste país, a proposta prevê a chamada regra de pagamentos subtributados (*Undertaxed Payments Rule – UTPR*), que determina a indedutibilidade de pagamentos feitos a determinadas entidades consideradas subtributadas. Também é proposta a adição de uma regra de sujeição tributária (*Subject to Tax Rule – STTR*) aos tratados contra a dupla tributação, para evitar bloqueio da tributação determinada pelas demais normas.[273]

O *Blueprint* também prevê uma série de regras detalhadas sobre a abrangência das normas GloBE, que exclui, por exemplo, os grupos empresariais cujas receitas consolidadas sejam inferiores a 750 milhões de euros.[274] Esse limite levou alguns a criticarem a regra, sob o fundamento de que menos de 100 megacorporações internacionais seriam atingidas.[275] Também há uma série de regras específicas sobre a determinação da alíquota efetiva à qual é submetida determinada sociedade controlada, que é determinada a partir de sua contabilidade local,[276] como ocorre no sistema de TBU da Lei nº 12.973/14.

A determinação dos chamados lucros excedentes, sujeitos ao GloBE, contempla uma fórmula para o cálculo de retornos sobre ativos tangíveis, bem como sobre despesas com folha de salários.[277]

---

[273] OECD. *Tax Challenges Arising from Digitalisation* – Report on Pillar Two Blueprint: Inclusive Framework on BEPS, OECD/G20 Base Erosion and Profit Shifting Project. Paris: OECD Publishing, 2020. p. 14.

[274] OECD. *Tax Challenges Arising from Digitalisation* – Report on Pillar Two Blueprint: Inclusive Framework on BEPS, OECD/G20 Base Erosion and Profit Shifting Project. Paris: OECD Publishing, 2020. p. 14.

[275] Cf. OXFAM criticizes lack of G20 bold action to tackle vaccine inequality, climate change, and promote a fair economic recovery. *Oxfam International*, 31 out. 2021. Disponível em: https://www.oxfam.org/en/press-releases/oxfam-criticizes-lack-g20-bold-action-tackle-vaccine-inequality-climate-change-and?cid=aff_affwd_donate_id78888&awc=5991_16377 80933_3f0de6eb71a89f729d6018e76b563520. Acesso em: 24 nov. 2021.

[276] OECD. *Tax Challenges Arising from Digitalisation* – Report on Pillar Two Blueprint: Inclusive Framework on BEPS, OECD/G20 Base Erosion and Profit Shifting Project. Paris: OECD Publishing, 2020. p. 49.

[277] OECD. *Tax Challenges Arising from Digitalisation* – Report on Pillar Two Blueprint: Inclusive Framework on BEPS, OECD/G20 Base Erosion and Profit Shifting Project. Paris: OECD Publishing, 2020. p. 91.

Ao tratar expressamente das regras GlobE, o *Blueprint* determina que, considerando-se a natureza preexistente do regime GILTI e a sua finalidade legislativa, seria coerente tratá-lo como uma IIR qualificável para fins do GloBE, desde que a coexistência assegure efeitos equivalentes.[278] Diversamente, o *Blueprint* determina que nenhuma regra CFC poderá ser qualificada como uma IIR válida para fins do regime, pois elas serviriam a diferentes objetivos de política fiscal (*different policy objectives*).[279] É dizer, o *Blueprint* reconhece as relevantíssimas similaridades entre a IIR do GloBE e as regras GILTI dos Estados Unidos, mas diferencia fortemente estes regimes das regras CFC, que, como visto, são tradicionalmente focadas em rendimentos passivos e obtidos em países de baixa tributação.

Posteriormente, em outubro de 2021, foi publicado o relatório denominado *Statement on a Two-Pillar Solution to Address the Tax Challenges Arising from the Digitalisation of the Economy* (declaração sobre a solução de dois pilares para endereçar os desafios decorrentes da digitalização da economia).[280] Além de reiterar a estrutura do GloBE, em um documento significativamente mais sintético, esta declaração sugeriu uma alíquota efetiva mínima global de 15% e que os lucros considerados normais para fins das regras em questão seriam aqueles que não excedessem 8% do valor dos ativos tangíveis e 10% do valor da folha de salários.[281] Esses percentuais deveriam ser reduzidos anualmente em 0,2 pontos percentuais nos primeiros cinco anos, passando a decrescer em 0,4 e 0,8 pontos percentuais, para ativos tangíveis e folha de salários, respectivamente, nos anos subsequentes.

---

[278] OECD. *Tax Challenges Arising from Digitalisation* – Report on Pillar Two Blueprint: Inclusive Framework on BEPS, OECD/G20 Base Erosion and Profit Shifting Project. Paris: OECD Publishing, 2020. p. 18.

[279] OECD. *Tax Challenges Arising from Digitalisation* – Report on Pillar Two Blueprint: Inclusive Framework on BEPS, OECD/G20 Base Erosion and Profit Shifting Project. Paris: OECD Publishing, 2020. p. 20.

[280] OECD. *Statement on a Two-Pillar Solution to Address the Tax Challenges Arising From the Digitalisation of the Economy*. 2021. Disponível em: https://www.oecd.org/tax/beps/statement-on-a-two-pillar-solution-to-address-the-tax-challenges-arising-from-the-digitalisation-of-the-economy-july-2021.pdf. Acesso em: 9 ago. 2021.

[281] OECD. *Statement on a Two-Pillar Solution to Address the Tax Challenges Arising From the Digitalisation of the Economy*. 2021. Disponível em: https://www.oecd.org/tax/beps/statement-on-a-two-pillar-solution-to-address-the-tax-challenges-arising-from-the-digitalisation-of-the-economy-july-2021.pdf. Acesso em: 9 ago. 2021.

Em outubro de 2021, noticiou-se que todos os países da OCDE e do G20 (incluindo o Brasil) teriam manifestado o apoio à declaração,[282] que prevê que os países deverão instituir as suas IIR com vigência a partir do ano de 2023.

Posteriormente, ao final do ano de 2021, a OCDE publicou um modelo de regras para a implementação do GloBE.[283] Trata-se de regras-modelo, que serviriam de base para a modificação do direito interno de cada país optante pela sistemática de tributação em questão. O modelo publicado pela OCDE contempla dez artigos, cujo conteúdo pode ser sintetizado da seguinte maneira:

(continua)

Regra-modelo do GloBE		
Dispositivo	**Tema**	**Síntese**
Artigo 1	Escopo do regime	Entidades que sejam parte de um grupo com receitas anuais de EUR 750MM ou mais.
Artigo 2	Aplicação da regra de inclusão (IRR) e da regra de negativa de dedução (UPTR)	Determinação de qual país deve exigir o *top-up tax*, inclusive no caso da aplicação da UPTR
Artigo 2	Aplicação da regra de inclusão (IRR) e da regra de negativa de dedução (UPTR)	O imposto complementar (*top-up tax*) deve ser proporcional à participação da entidade tributada.
Artigo 3	Determinação da renda de uma entidade estrangeira	Remissão aos resultados contábeis na entidade consolidadora, com ajustes.
Artigo 4	Cálculo dos tributos pagos pela entidade estrangeira no seu país de residência	Ajustes aos tributos refletidos na demonstração financeira local para endereçar diferenças temporais e ajustes pós-declaração.
Artigo 5	Cálculo da alíquota efetiva e do imposto complementar (*top-up tax*)	Seis passos: (a) agregação da renda e tributos das entidades em um mesmo país (*jurisdictional blending*); (b) identificação dos países com tributação efetiva abaixo do mínimo; (c) cálculo do imposto complementar por país; (d) aplicação da regra de exclusão baseada em substância, para determinar os lucros excessivos; (e) multiplicação da percentagem do imposto complementar pelos lucros excessivos; e (f) alocação do imposto complementar para cada entidade em conformidade com a sua renda.

---

[282] Cf. OECD. *International community strikes a ground-breaking tax deal for the digital age*. Disponível em: https://www.oecd.org/tax/beps/international-community-strikes-a-ground-breaking-tax-deal-for-the-digital-age.htm. Acesso em: 24 nov. 2021.

[283] OECD. *Tax Challenges Arising from the Digitalisation of the Economy* – Global Anti-Base Erosion Model Rules (Pillar Two). Paris: OECD Publishing, 2021.

(conclsuão)

Dispositivo	Tema	Síntese
	Regra-modelo do GloBE	
Artigo 6	Reestruturações empresariais e *holdings*	Regras sobre incorporações e cisões, bem como sobre a entrada e saída de sociedades de um grupo no curso do exercício.
Artigo 7	Normas sobre sociedades transparentes e tributação de distribuições	Normas sobre redução da renda atribuída à sociedade-mãe que seja transparente para fins tributários, bem como que se submeta a regimes que permitem dedução de dividendos.
Artigo 8	Administração	Obrigação tributária acessória de prestação de informações por grupos de empresas (*GloBE Information Return*).
Artigo 9	Transição	Regras de transição para a adoção do regime, incluindo redução gradual da exclusão baseada em substância calculada sobre a filha de salários e sobre ativos tangíveis.
Artigo 10	Definições	Definições de termos usados por outros artigos.

Diversos aspectos específicos sobre o funcionamento das regras GloBE são esclarecidos pelo modelo publicado pela OCDE. Não obstante, dois deles merecem especial destaque.

O primeiro aspecto diz respeito à fórmula de cálculo dos lucros excedentes. Conforme o art. 5º das regras-modelo, trata-se do lucro da entidade, menos a exclusão baseada em substância, que engloba 5% das despesas com folha de salários (item 5.3.3) e 5% dos valores com ativos tangíveis elegíveis, como imóveis, indústrias, recursos naturais e licenças para uso de imóveis ou recursos de terceiros (item 5.3.4). Esses percentuais, contudo, são objeto da norma de transição do item 9.2, conforme a qual exclusão calculada sobre folha de salários iniciará em 10%, para o ano de 2023, chegando a 5% apenas em 2033. De maneira similar, a exclusão calculada com base em ativos tangíveis iniciará em 8%, para 2023, chegando a 5% apenas em 2033. Trata-se de exclusões menos generosas do que as permitidas sob o regime GILTI norte-americano.

O segundo aspecto importante se refere à relação entre as normas GloBE e as regras CFC. O item 4.3.2(c)[284] das regras-modelo determina

---

[284] No original: "4.3.2 Covered Taxes are allocated from one Constituent Entity to another Constituent Entity asfollows: [...] (c) in the case of a Constituent Entity whose Constituent Entity-owners are subject to a Controlled Foreign Company Tax Regime, the amount of any Covered Taxes included in the financial accounts of its direct or indirect Constituent

que o tributo pago por uma sociedade relativamente a uma sociedade controlada (CFC) residente em outro país deve ser considerado tributo pago pela CFC para fins de aplicação da IIR. É dizer, embora a regra CFC não seja considerada uma regra de inclusão (IIR) para fins do GloBE, o imposto recolhido em função da norma CFC é atribuído à controlada estrangeira a que se refira, para fins de determinar se o imposto mínimo foi, ou não, recolhido.

O art. 10 das regras modelo traz uma definição de regimes tributários CFC, que conceitua como um conjunto de regras tributárias diferentes da regra de inclusão (IRR), sob o qual o sócio direto ou indireto de uma entidade estrangeira (CFC) é sujeitado a uma tributação corrente sobre sua parcela dos lucros da CFC, independentemente de distribuição.[285]

Ao final de 2021, a União Europeia publicou uma proposta de diretiva que, se aprovada unanimemente por todos os países-membros, tornará a adoção do regime GloBE obrigatória em todos os países do bloco. Como destaca Dourado, a adoção dessa diretiva poderá configurar um grande passo no sentido da coordenação de alíquotas da tributação corporativa sobre a renda.[286] Entretanto, a regra de unanimidade entre os países-membros do bloco dificulta a aprovação, que parece caminhar mais rapidamente em países externos à União Europeia, como a Suíça, que inclusive planeja modificar a sua Constituição para implementar a IIR e a UTPR.

Mais recentemente, em março de 2022, a OCDE publicou um documento com comentários às regras GloBE[287] e outro documento com exemplos da aplicação das regras em questão.[288]

Entity-owners under a Controlled Foreign Company Tax Regime on their share of the Controlled Foreign Company's income are allocated to the Constituent Entity".

[285] No original: "Controlled Foreign Company Tax Regime means a set of tax rules (other than an IIR) under which a direct or indirect shareholder of a foreign entity (the controlled foreign company or CFC) is subject to current taxation on its share of part or all of the income earned by the CFC, irrespective of whether that income is distributed currently to the shareholder".

[286] DOURADO, Ana Paula. The EC Proposal of Directive on a Minimum Level of Taxation in Light of Pillar Two: Some Preliminary Comments. *Intertax*, The Netherlands, v. 50, issue 3, 2022. p. 1.

[287] OECD. *Tax Challenges Arising from the Digitalisation of the Economy* – Commentary to the Global Anti-Base Erosion Model Rules (Pillar Two). Paris: OECD Publishing, 2022.

[288] OECD. *Tax Challenges Arising from the Digitalisation of the Economy* – Global Anti-Base Erosion Model Rules (Pillar Two) Examples. Paris: OECD Publishing, 2022.

3.3.1 O Brasil em relação ao imposto mínimo global

Expostas as atuais propostas para um verdadeiro imposto mínimo global, deve-se perquirir como o regime brasileiro de TBU, atualmente normatizado pela Lei nº 12.973/14, encaixa-se neste cenário.

Restringindo-se a análise ao Plano de Ação nº 3 do Projeto BEPS, pode-se afirmar que, ainda que sejam amplas as definições recomendadas pelo plano de ação, a legislação do Brasil parece ir muito além, embora, no geral, se valha dos conceitos da legislação societária. No que respeita às coligadas, por exemplo, submetem-se às regras de TBU aquelas que estejam sujeitas a regime de subtributação ou tributação favorecida, ou, ainda, as controladas, diretas ou indiretas, de pessoa jurídica em regime de subtributação (art. 81 da Lei nº 12.973/14). Essa definição não somente não se enquadra em qualquer das definições referidas pelo plano de ação, como parece desconsiderar, totalmente, o requisito de controle no caso de pessoas coligadas em países de tributação favorecida. Circunstância similar ocorre com o regime de equiparação à controladora (art. 83 da Lei nº 12.973/14). Com efeito, sob qualquer perspectiva, o regime brasileiro de TBU é radicalmente diferente das regras tradicionalmente denominadas CFC.

Quando se coteja o regime brasileiro de TBU com os regimes GILTI e GloBE, porém, a análise é distinta. Existe uma grande aproximação do regime da Lei nº 12.973/14 com o regime atualmente vigente nos Estados Unidos e com aquele proposto pela OCDE. Com efeito, consoante exposto, o regime de TBU brasileiro em vigor determina a tributação dos lucros de todas as sociedades estrangeiras direta ou indiretamente controladas pelo contribuinte brasileiro,[289] além da tributação automática de coligadas sujeitas a regime de subtributação ou tributação favorecida ou controladas por pessoas jurídicas nestas condições.

Na verdade, a tributação brasileira é mais restritiva ao contribuinte nacional do que o sistema GloBE, por pelo menos quatro sortes de razões. Veja-se.

Primeiramente, a tributação brasileira abrange mais sociedades que o regime GloBE. Com efeito, o GloBE inclui apenas as sociedades controladas do contribuinte, que são objeto de consolidação em suas demonstrações financeiras, excluindo as coligadas do seu escopo.[290]

---

[289] Cf. item 1.3.1.1.
[290] OECD. *Tax Challenges Arising from Digitalisation* – Report on Pillar Two Blueprint: Inclusive Framework on BEPS, OECD/G20 Base Erosion and Profit Shifting Project. Paris: OECD Publishing, 2020. p. 28.

Em segundo lugar, no regime brasileiro de TBU, a base tributável é determinada conforme as normas contábeis do país de residência da controlada estrangeira,[291] eliminando-se apenas variações cambiais e os reflexos de outras participações que resultariam em tributação duplicada.[292] Trata-se de base de cálculo significativamente mais abrangente do que as adotadas pelo GloBE, que excluem da tributação ganhos considerados "normais", calculados sobre os ativos tangíveis e a folha de salários da sociedade estrangeira. Enquanto o regime brasileiro tributa todos os lucros da sociedade estrangeira, as regras GloBE cingem-se aos lucros extraordinários, que, por excederem o que seria um "retorno normal" decorrente de ativos tangíveis e de pessoas, presume-se ser um retorno decorrente de ativos intangíveis, que, por sua natureza, são móveis e, por isso, passíveis de manipulação.

Em terceiro, também a inexistência de uma regra *de minimis* (patamar mínimo de receitas para que determinado grupo de empresas se submeta ao regramento) diferencia o regime brasileiro das regras GloBE. Com efeito, enquanto estas últimas somente se aplicam aos grupos de empresas com receitas consolidadas anuais superiores a setecentos e cinquenta milhões de euros, as regras brasileiras se aplicam a qualquer pessoa jurídica nacional com sociedade controlada ou coligada no exterior.

Em quarto lugar, enquanto as regras GloBE devem ser aplicadas apenas pelo país onde residente a sociedade que seja a última sociedade controladora (*ultimate parente*) ou que seja a sociedade de último nível residente em país que tenha regra IIR, as regras brasileiras de TBU se aplicarão ainda que a sociedade brasileira seja controladora intermediária.

De outro lado, poder-se-iam apontar as regras de consolidação como principal diferença aspecto mais benevolente do regime brasileiro de TBU, em comparação ao regime GloBE. As regras GILTI apenas permitem a consolidação dos resultados das companhias estrangeiras localizadas no mesmo país (*jurisdicional blending*).[293] Diferentemente, até 2022, o regime brasileiro permite a consolidação dos lucros de controladas estrangeiras localizadas em diferentes países, desde que

---

[291] Cf. item 1.3.2.1
[292] Cf. item 1.3.2.2.
[293] OECD. *Tax Challenges Arising from Digitalisation* – Report on Pillar Two Blueprint: Inclusive Framework on BEPS, OECD/G20 Base Erosion and Profit Shifting Project. Paris: OECD Publishing, 2020. p. 76.

cumpridos os seguintes requisitos: (i) a controlada deve estar localizada em país com o qual o Brasil mantenha tratado com cláusula de troca de informações ou a controladora brasileira deve entregar a contabilidade e documentação de suporte da controlada estrangeira à RFB; (ii) a controlada não pode ser residente em país de tributação favorecida nem sujeita a regime fiscal privilegiado ou subtributação; (iii) a controlada indireta não pode ser controlada direta ou indiretamente por pessoa jurídica residente em país de tributação favorecida, sujeita a regime fiscal privilegiado ou subtributação; e (iv) a controlada não pode ter renda passiva superior a 20% de seus rendimentos totais.[294] Logo, pelo menos até o ano de 2022, a consolidação permitida pelo regime brasileiro é mais abrangente do que a do GloBE.

De maneira geral, contudo, pode-se afirmar que, em relação ao seu escopo e às sociedades incluídas no regime, as regras brasileiras de TBU e as regras GloBE são substancialmente idênticas, não obstante as primeiras sejam mais abrangentes. Em grande medida, pode-se afirmar que o Brasil já possui um sistema de imposto mínimo para as suas multinacionais. Nesse passo, as regras brasileiras poderiam, inclusive, ser reconhecidas como uma *income inclusion rule* qualificada para fins do GloBE. Atualmente, embora o tributo pago em razão de regras CFC (como seria qualificado o regime brasileiro de TBU) possa ser deduzido para fins da aplicação do GloBE por outros países, as regras brasileiras de TBU não seriam qualificadas como um regime aderente ao modelo GloBE. Neste contexto, o Brasil poderia considerar adequar as suas regras de TBU ao regime GloBE, o que as tornaria significativamente menos abrangentes, com exceção do regime de consolidação. Em todo caso, a questão principal envolvendo a política fiscal brasileira consiste na alíquota do "imposto mínimo" prescrito pelo regime brasileiro de TBU. Conforme exposto, o regime norte-americano trabalha com alíquota de 13,125%, enquanto se sugere alíquota de 15% para o GloBE. No caso do Brasil, a alíquota combinada a que são submetidos os lucros das sociedades controladas no exterior é da ordem de 34% (15% de IRPJ, 10% do adicional de IRPJ e 9% de CSLL), sendo, para as instituições financeiras, de 50% no ano de 2021 (considerando-se a CSLL de 25%),[295] 46% para o ano de 2022 (tendo-se em conta a CSLL de 21%)[296] e

---

[294] Cf. item 1.3.3.
[295] Lei nº 14.183/2021, objeto da conversão da MP nº 1.034/2021.
[296] Lei nº 14.446/2022, objeto de conversão da MP nº 1.115/2022.

de 45% para os anos subsequentes (considerando-se a CSLL de 20%).[297] Ainda que seja aplicável o crédito presumido de 9% para as empresas com atividades industriais, que é limitado temporalmente ao ano-base de 2022,[298] o regime brasileiro asseguraria uma tributação mínima da ordem de 25% para as sociedades com atividades industriais, o que está consideravelmente acima da proposta da OCDE e do regime adotado nos Estados Unidos.

De um lado, esse caráter mais restritivo da legislação brasileira poderia significar que ela estaria adiante da própria corrente internacional no sentido da criação de um imposto mínimo global. De outro lado, contudo, deve-se ter em conta que ela cria um significativo obstáculo para a internacionalização das empresas brasileiras, que estão em desvantagem competitiva em relação aos demais grupos de sociedades, relativamente à tributação de suas controladas no exterior. Da perspectiva meramente arrecadatória, isso pode conduzir a uma tributação maior sobre uma base tributável menor, pois menos empresas brasileiras se internacionalizarão.

---

[297] Lei nº 14.183/2021, objeto da conversão da MP nº 1.034/2021.
[298] Cf. item 1.3.4.2.

CONCLUSÕES

1 O regime da Lei nº 9.249/95 c/c a Lei nº 9.532/97 realizava a universalidade, tributando os lucros auferidos por contribuintes brasileiros em decorrência de distribuições de rendimentos por suas sociedades controladas e coligadas no exterior, sem, contudo, estabelecer ficção ampla de distribuição ou qualquer outro mecanismo para tributar lucros não distribuídos.

2 Sob o regime do art. 74 da MP nº 2.158-35/01, determinou-se a tributação dos "lucros auferidos por controlada ou coligada no exterior", sendo relevantes os seguintes aspectos.

2.1 O conceito de coligação adotado abrange a influência significativa nas decisões da coligada, sendo esta presumida quando houver participação de, pelo menos, 10%, nos termos do art. 1.099 do CC/02.

2.2 O conceito de controle está atrelado à maioria do capital votante, sendo que, para fins do art. 74 da MP nº 2.158-35/01, o controle societário não se estende às hipóteses de controle não pautado em direitos formais de voto previstas pela contabilidade internacional e incorporadas pela regulamentação contábil no Brasil. Ademais, esse conceito não abrange as sociedades controladas indiretamente pelo contribuinte brasileiro, mas apenas as controladas diretas.

2.3 Para fins da regra do art. 74 da MP nº 2.158-35/01, são circunstâncias irrelevantes a tributação do país onde residente a sociedade estrangeira e a natureza dos rendimentos auferidos pela controlada ou coligada estrangeira.

2.4 A interpretação mais coerente do art. 74 da MP nº 2.158-35/01 c/c o art. 25 da Lei nº 9.249/95 é a de que o Método da Equivalência Patrimonial (MEP) não poderia ser empregado para mensurar a base de cálculo da tributação, o que conduz à ilegalidade do art. 7º da IN

SRF nº 213/02 (que expressamente adota esta base de cálculo) e à consequente ineficácia técnica do dispositivo da medida provisória, por falta de regulamentação.

2.5 O MEP demanda a "tradução" dos resultados da controlada direta ao padrão brasileiro, de modo que o resultado da equivalência patrimonial da controlada direta contemplará, de forma indireta, o valor dos resultados das controladas indiretas, aferido pelo próprio MEP. Trata-se da chamada "consolidação vertical", que amalgama os resultados das controladas indiretas na controlada direta.

2.6 Além de não representarem um ganho efetivamente realizado para o contribuinte (pois poderá haver perdas cambiais antes que esse liquide o seu investimento no exterior, por exemplo), as variações cambiais atreladas ao investimento não se enquadram no conceito de "lucros auferidos por controlada ou coligada no exterior", previsto no art. 74 da MP nº 2.158-35/01. Logo, é inconstitucional e ilegal a sua inclusão na base da tributação.

2.7 O §2º do art. 4º da IN SRF nº 213/02 permite que os prejuízos de uma controlada ou coligada no exterior sejam compensados "com lucros dessa mesma controlada ou coligada". Este enunciado normativo mitiga a inconstitucionalidade do *caput* do dispositivo, que veda a compensação dos prejuízos no exterior com lucros do contribuinte brasileiro. Contudo, a segregação da aferição da base de cálculo do Imposto sobre a Renda em diferentes cédulas ou cestas (*baskets*) viola o critério da universalidade, exigido pelo art. 153, §2º, I, que demanda a consideração universal de todas as receitas e despesas do contribuinte.

2.8 Embora não houvesse permissão expressa, sob o regime do art. 74 da MP nº 2.158-35/01, a aplicação da Constituição e do CTN exigia a reconstrução de uma regra implícita que permita o abatimento dos ajustes de preços de transferência e subcapitalização relativamente aos resultados de controladas e coligadas no exterior reconhecidos na sociedade brasileira pelo MEP, sob pena de dupla tributação do mesmo montante pela mesma pessoa jurídica.

2.9 Antes mesmo da entrada em vigor da MP nº 2.158-35, o art. 26 da Lei nº 9.249/95 previa a faculdade de compensação do Imposto sobre a Renda pago pela controlada ou coligada no exterior com o valor devido por conta dos mesmos lucros, no Brasil, desde que o valor compensável não ultrapasse o montante devido a título de imposto sobre a renda (IRPJ e CSLL) no Brasil. O imposto pago no exterior tem seu montante compensável apurado em confronto com o tributo devido no Brasil por controlada ou coligada individualizada, conforme o regime de competência. Contudo, o tributo é compensável apenas após seu efetivo pagamento no exterior, com quaisquer lucros auferidos pela pessoa jurídica, sejam eles decorrentes de atividade no Brasil sejam no exterior.

3 A Lei nº 12.973/14, objeto da conversão da MP nº 627/13, revogou o art. 74 da MP nº 2.158-35/01, criando novo regime de tributação em bases universais em seus arts. 76 e seguintes.

3.1 A Lei nº 12.973/14 passou a tributar diretamente os lucros das controladas indiretas da sociedade brasileira (tributação *per saltum*), o que era logrado apenas de maneira indireta pelo regime anterior, por meio da consolidação vertical via MEP.

3.2 O conceito de sociedade coligada, para fins do novo regime de TBU, permanece o mesmo, caracterizado pela influência significativa, com percentual de ao menos 10% de participação no capital social, na forma do art. 1.099 do CC/02. Contudo, a Lei nº 12.973/14 reestabeleceu a regra vigente antes da MP nº 2.158-35/01, no sentido de que os lucros auferidos pela coligada no exterior somente serão tributados quando efetivamente disponibilizados à coligada brasileira, desde que satisfeitas três condições, quais sejam: (i) a coligada não ser sujeita a regime de subtributação; (ii) não estar localizada em país com tributação favorecida ou ser beneficiária de regime fiscal privilegiado; (iii) não ser controlada, direta ou indiretamente, por pessoa jurídica em país de tributação favorecida.

3.3 Um terceiro grupo de sociedades incluídas na tributação em bases universais regida pela Lei nº 12.973/14 consiste nas sociedades controladas equiparadas à condição de controladora, consistentes nas pessoas jurídicas domiciliadas no Brasil que, em conjunto com outras partes relacionadas, sejam elas brasileiras ou não, tenha mais de 50% do capital votante de sociedade estrangeira.

3.4 A melhor interpretação do regime de TBU da Lei nº 12.973/14 é a de que os lucros das filiais (sem personalidade jurídica) de controladas, sejam elas diretas sejam indiretas, e coligadas, são considerados parte dos lucros da pessoa jurídica a que se refiram. É dizer, não se permite a tributação individualizada de lucros de filiais indiretas ou filiais de controladas.

3.5 A base de cálculo da tributação corresponde a os lucros de cada controlada, seja ela direta ou indireta, apurados conforme as regras contábeis vigentes no país onde a controlada reside (*local GAAP*). Apenas no caso de inexistência de normas contábeis no país de residência da sociedade estrangeira, permite-se o emprego de demonstrações financeiras individuais "pró-forma" (i.e., não oficiais), elaboradas exclusivamente para os fins da aplicação da Lei nº 12.973/14, conforme as regras da legislação societária e contábil brasileira.

3.6 Devem ser que excluídos os "resultados auferidos por outra pessoa jurídica", para fins da tributação em bases universais de controladas, sob o regime da Lei nº 12.973/14. Em termos gerais, não se considera que os ajustes a valor presente ou reduções ao valor recuperável (*impariment*) do ativo correspondente às participações societárias se enquadram no conceito de resultados de outras pessoas jurídicas.

3.7 A Lei nº 12.973/14 permite a compensação dos prejuízos de exercícios anteriores, que é limitada pelo diploma normativo em questão aos lucros posteriores das mesmas pessoas jurídicas que geraram o prejuízo anterior. Há duas segregações distintas, que, individualmente, violam o critério da universalidade. De um lado, os prejuízos do próprio exercício, de uma controlada estrangeira, são isolados dos lucros nacionais da pessoa jurídica, dos quais não podem ser abatidos. De outro, esses prejuízos também são isolados dos lucros das outras entidades no exterior em exercícios subsequentes.

3.8 Conforme a dicção literal da Lei nº 12.973/14 e da IN RFB nº 1.520/14, apenas as adições "espontaneamente efetuadas" em razão das regras de preços de transferência e de subcapitalização poderiam ser abatidas, para fins de TBU. Contudo, a melhor interpretação sistemática e conforme a Constituição é a de que também os ajustes decorrentes de autos de infração lavrados pelas autoridades fiscais são passíveis de correção, para fins do regime de TBU.

3.9 Apesar de a regra geral, sob o regime da Lei nº 12.973/14, ser a consideração individualizada das controladas diretas e indiretas, impedindo-se a consolidação vertical que existia no sistema anterior, há um regime opcional de consolidação horizontal, que permite a soma algébrica dos resultados positivos e negativos das controladas estrangeiras, desde que cumpridas as seguintes condicionantes: (i) a controlada deve estar localizada em país com o qual o Brasil mantenha tratado com cláusula de troca de informações ou a controladora brasileira deve entregar a contabilidade e documentação de suporte da controlada estrangeira à RFB; (ii) a controlada não pode ser residente em país de tributação favorecida nem sujeita a regime fiscal privilegiado ou subtributação; (iii) a controlada indireta não pode ser controlada direta ou indiretamente por pessoa jurídica residente em país de tributação favorecida, sujeita a regime fiscal privilegiado ou subtributação;

e (iv) a controlada não pode ter renda passiva superior a 20% de seus rendimentos totais. Trata-se de regime vigente até o ano-base de 2022.

3.10 Permite-se a compensação dos tributos pagos no exterior respeitados os seguintes limites: (i) o somatório do valor a compensar deve limitar-se ao valor de IRPJ e CSLL pagos no Brasil em função da adição do resultado da controlada em questão; (ii) o tributo estrangeiro poderá ser compensado no Brasil apenas quando houver o efetivo pagamento no exterior; (iii) o pagamento do tributo no exterior deve ser atestado mediante comprovante de pagamento reconhecido pelo respectivo órgão de arrecadação e pelo consulado da embaixada brasileira no país (ou pela "apostila").

3.11 Até o ano-base de 2022, confere-se crédito presumido de 9% para ser abatido dos tributos devidos no Brasil relativamente à controlada estrangeira que exerça atividades de indústrias em geral, o que, de modo geral, reduz a tributação efetiva brasileira para 25%.

4 Há limites constitucionais para a válida instituição de regime de TBU no Brasil.

4.1 A primeira limitação constitucional relevante para a instituição de regime de TBU, no ordenamento constitucional brasileiro, consiste nos conceitos constitucionais de (CF/88, art. 153, III) e de lucro (CF/88, art. 195, III, "c"), que limitam a competência tributária da União aos acréscimos de direitos efetivamente verificados ao longo do período-base, que correspondem a acréscimos patrimoniais do contribuinte.

4.2 O segundo elemento relevante consiste no chamado critério da realização, que decorre da capacidade contributiva (CF/88, art. 145, §1º) e da segurança jurídica (CF/88, art. 5º, *caput*). Esta norma exige que determinado rendimento esteja efetivamente incorporado ao patrimônio do contribuinte, sem condições suspensivas e com certeza e mensurabilidade, para que ele possa compor a base de cálculo do IRPJ e da CSLL na condição de elemento positivo.

5 Cotejando-se os requisitos constitucionais referidos com a tributação determinada pelo art. 74 da MP nº 2.158-35/01, tem-se que:

5.1 O regime viola os conceitos de renda e de lucro, pois, considerando-se a separação das personalidades jurídicas do contribuinte brasileiro e da sociedade estrangeira, bem como a disposição do art. 9º da LINDB, somente haverá direito do contribuinte brasileiro ao lucro da sociedade estrangeira quando este for devidamente distribuído.

5.2 Viola-se o critério da realização do rendimento, pois, antes da aprovação da distribuição de dividendos ao sócio brasileiro, o montante dos lucros da sociedade estrangeira não está efetivamente incorporado ao seu patrimônio do contribuinte brasileiro, em condições de certeza, definitividade e mensurabilidade.

5.3 A circunstância de o MEP refletir os resultados da controlada ou coligada estrangeira no balanço patrimonial do contribuinte brasileiro não autoriza a conclusão de que haveria a efetiva disponibilidade da renda a este sujeito passivo. Trata-se de mero critério contábil, atrelado às funções informativas da própria contabilidade, que não importa reconhecimento da aquisição de um direito pela entidade reportante.

6 Contudo, no julgamento da ADI nº 2.588, o Supremo Tribunal Federal decidiu, com efeitos vinculantes, pela: (i) inconstitucionalidade da aplicação do art. 74 da MP nº 2.158-35/01 às sociedades coligadas localizadas em países sem tributação favorecida; e (ii) a constitucionalidade da aplicação do regime do art. 74 da MP nº 2.158-35/01 no tocante às sociedades controladas localizadas em países com tributação favorecida. Relativamente às duas situações intermediárias, não se alcançou a maioria necessária para a atribuição de efeitos vinculantes à decisão do STF.

6.1 Nenhum dos fundamentos adotados pelos ministros pode ser considerado isoladamente prevalecente no julgamento, motivo pelo qual foi necessário fazer uma combinação das parcelas coincidentes do resultado do julgado. Nesse contexto, merece destaque o voto do Min. Joaquim Barbosa, que efetivamente introduziu novos critérios inexistentes na legislação (tratar-se, ou não, de controlada ou coligada em país de tributação favorecida), os quais, além de extrapolarem a competência do Poder Judiciário, causaram, em grande parte, as dificuldades no entendimento da decisão do STF.

7 Diversas inconstitucionalidades do regime da MP nº 2.158-35/01 foram mantidas e até mesmo agravadas pelo regime dos arts. 76 e seguintes da Lei nº 12.973/14.

7.1 A Lei nº 12.973/14 agravou a violação aos conceitos constitucionais de renda e de lucro, bem como ao critério da realização do rendimento, pois o fato de a tributação alcançar os lucros das controladas indiretas deixa clara a sua dissociação com a efetiva aquisição do direito ao rendimento por parte do contribuinte brasileiro.

7.2 O novo regime também tornou ainda mais clara a inverdade da tese de que a tributação alcançaria mero reflexo do resultado da controlada estrangeira no patrimônio do contribuinte brasileiro, pois o MEP sequer foi adotado como base de cálculo para a tributação de que trata a Lei nº 12.973/14.

7.3 Ao prever regimes de "equiparação à controladora" e hipóteses de tributação automática de coligadas que sejam controladas (intermediariamente) por pessoas jurídicas localizadas em países de tributação favorecida, a Lei nº 12.973/14 violou, diretamente, as próprias premissas (equivocadas) da decisão do STF na ADI nº 2.588/DF.

8 Os tratados internacionais contra a dupla tributação têm hierarquia material em relação às leis federais, conforme reconhece o art. 98 do CTN, editado conforme a competência da lei complementar para "estabelecer normas gerais em matéria de legislação tributária" (art. 146, III).

8.1 De maneira geral, o art. 7º dos tratados contra a dupla tributação firmados pelo Brasil bloqueia a tributação brasileira dos lucros de sociedades residentes em países com os quais o país tenha tratado, ainda que este tributo seja exigido da pessoa jurídica brasileira. Esse dispositivo prescreve que "os lucros de uma empresa de um Estado Contratante somente são tributáveis nesse Estado". Trata-se de vedação objetiva ou material (que proíbe a tributação do lucro de sociedade residente no outro estado contratante), não de vedação atrelada ao critério pessoal (subjetivo) da norma de incidência.

8.2 Não se pode defender que não haveria violação dos regimes brasileiros de TBU aos tratados por força dos comentários da OCDE, uma vez que: (i) os comentários da entidade não têm qualquer valor interpretativo relativamente aos tratados firmados antes de 2003 e, quanto aos demais tratados, a sua relevância como argumento histórico não deve sobrepujar os próprios termos do tratado, que limitam, de forma objetiva, a tributação de lucros de sociedades estrangeiras; e (ii) os regimes brasileiros de TBU não podem ser considerados regras CFC no contexto internacional.

8.3 As conclusões acima aplicam-se à maior parte dos tratados contra a dupla tributação firmados pelo Brasil. Contudo, destaca-se haver tratados com disposições oficiais, que expressamente afastam a tributação dos lucros de coligadas e controladas no exterior – tratados com a Dinamarca, com a Noruega e com a antiga Tchecoslováquia (atualmente composta de dois países, Eslováquia e República Tcheca) – ou a permitem – tratados com o Peru, com a Turquia, com a Venezuela, com o México e com Singapura (pendente de ratificação).

8.4 Aplica-se o art. 7º dos tratados relativamente à tributação prescrita pelo art. 74 da MP nº 2.158-35/01, não sendo procedente a argumentação constante da SC Cosit nº 18/2013, no sentido de que os "tratados não limitariam "o direito de um Estado Contratante tributar seus residentes com base nos dispositivos relativos a sociedades controladas no exterior".

8.5 Sob o regime do art. 74 da MP nº 2.158-35/01, era plena a aplicabilidade do tratado firmado entre o Brasil e o país de residência da controlada direta, em relação à integralidade dos resultados nela refletidos, que, por força da consolidação vertical derivada da adoção do MEP, também incluíam os resultados das controladas indiretas.

8.6 O art. 7º dos tratados contra a bitributação firmados pelo Brasil exerce, também, eficácia de bloqueio em face do regime de tributação em bases universais da Lei nº 12.973/14. Sob este regime, sequer é possível sustentar que a base de cálculo do tributo seja apenas a repercussão do lucro da sociedade estrangeira no resultado da sociedade brasileira, uma vez que o tributo incide sobre o resultado apurado pela sociedade estrangeira conforme as normas locais de contabilidade e antes dos tributos, o que é muito diferente do reflexo dessa variação nas demonstrações contábeis da sociedade brasileira, conforme o MEP.

8.7 Sob o regime da Lei nº 12.973/14, aplica-se o tratado firmado entre o Brasil e o país de residência da controlada direta ou indireta, considerando-se que a lei brasileira tributa individualmente cada um destes lucros.

9 Os Estados Unidos da América foram o país onde surgiram as legislações CFC, em 1961. De maneira geral, as regras CFC da *Subpart F* da consolidação do imposto sobre a renda desse país miram em rendimentos passivos, seja pela inclusão de receitas tradicionalmente classificadas dessa forma (juros, dividendos e *royalties*), seja pela inclusão de receitas de vendas de bens e prestações de serviço que não tenham efetiva conexão com a economia do país onde localizada a sociedade estrangeira. Outrossim, aplicam-se, exclusivamente, às sociedades controladas pelo contribuinte norte-americano.

9.1 Quer sob o prisma das sociedades abrangidas (apenas controladas ou também coligadas), quer pelos rendimentos incluídos (apenas os passivos e não tributados ou todos), o atual regime brasileiro de TBU, assim como seu antecessor, vai significativamente além do regime do *Subpart F* dos Estados Unidos.

10 A União Europeia determinou a adoção de uma regra CFC uniforme em todos os seus países-membros, cuja elaboração foi precedida por julgados do Tribunal de Justiça da União Europeia (TJUE – *Court of Justice of the European Union*, antiga *European Court of Justice*) que fixaram limites na adoção de regras dessa natureza pelos países-membros. As normas em questão têm aplicabilidade restrita aos casos em que existe efetivo controle da sociedade estrangeira e restringem-se aos expedientes puramente artificiais, na linha da jurisprudência do TJUE.

10.1 Enquanto a CFC uniformizada europeia apenas visa a tributar o lucro que seria da controladora, mas que foi artificialmente deslocado para a controlada, em que pese as funções econômicas relevantes sigam com a primeira, os regimes brasileiros de TBU tributam, indistintamente, lucros de quaisquer sociedades estrangeiras controladas ou coligadas, independentemente de qualquer deslocamento artificial da base tributável.

11 Com inspiração nas regras GILTI dos Estados Unidos, a OCDE propõe a adoção de um sistema de imposto mínimo global denominado GloBE, cuja principal característica consiste na regra de inclusão de rendimentos (*Income Inclusion Rule – IIR*), que determina que o país de residência da sociedade acionista deve tributar os lucros de uma controlada estrangeira quando a alíquota efetiva (*Effective Tax Rate – ETR*) sobre o lucro excessivo (*excess income*) para fins do GloBE ultrapassar determinado patamar mínimo (fala-se em 15%).

11.1 Existe uma grande aproximação do regime da Lei nº 12.973/14 com o regime atualmente vigente nos Estados Unidos e com aquele proposto pela OCDE, de modo que regras brasileiras poderiam, inclusive, ser reconhecidas como uma *Income Inclusion Rule* qualificada para fins do GloBE.

11.2 Contudo, a tributação brasileira vai além do regime GloBE, pois: (i) a tributação brasileira abrange mais sociedades que o regime GILTI ou o GloBE, que se restringem às sociedades controladas; (ii) a base de cálculo do regime brasileiro é mais ampla, já que não permite a dedução de lucros considerados normais, decorrentes da exploração da folha de salários e de ativos tangíveis; e (iii) fundamentalmente, a alíquota efetiva resultante do regime brasileiro (34% para as sociedades em geral e 25% para as sociedades industriais, até 2022) é consideravelmente superior à alíquota discutida na OCDE, que gira em torno de 15%. Logo, o regime cria um significativo obstáculo para a internacionalização das empresas brasileiras, que estão em desvantagem competitiva em relação aos demais grupos de sociedades, relativamente à tributação de suas controladas no exterior.

REFERÊNCIAS

AARNIO, Aulis. *Essays on the doctrinal study of law*. Heidelberg: Springer, 2011.

ALEXY, Robert. *Theorie der juristischen Argumentation*. Frankfurt: Suhrkamp, 1983.

ALLEY, Clinton; JAMES, Simon. The use of financial reporting standards-based accounting for the preparation of tax returns. *International Tax Journal*, v. 31, 2005.

AMARO, Luciano. *Direito tributário brasileiro*. 17. ed. São Paulo: Saraiva, 2011.

AMARO, Luciano. Imposto sobre a Renda e Proventos de Qualquer Natureza. *In*: MARTINS, Ives G. S. (Coord.). *O fato gerador do Imposto sobre a Renda e Proventos de Qualquer Natureza*. São Paulo: Resenha Tributária: CEEU, 1986.

ÁVILA, Humberto. *Competências tributárias*. Um ensaio sobre a sua compatibilidade com as noções de tipo e conceito. São Paulo: Malheiros, 2018.

ÁVILA, Humberto. *Conceito de renda e compensação de prejuízos fiscais*. São Paulo: Malheiros, 2011.

ÁVILA, Humberto. Indisponibilidade jurídica da renda por poder de decisão ou por reflexo patrimonial. *Revista Fórum de Direito Tributário – RFDT*, Belo Horizonte, ano 9, n. 53, set./out. 2011.

ÁVILA, Humberto. *Teoria da igualdade tributária*. 3. ed. São Paulo: Malheiros, 2015.

ÁVILA, Humberto. *Teoria da indeterminação no direito*. Entre a indeterminação aparente e a determinação latente. São Paulo: Malheiros; JusPodivm, 2022.

ÁVILA, Humberto. *Teoria da segurança jurídica*. 4. ed. São Paulo: Malheiros, 2016.

ÁVILA, Humberto. *Teoria dos princípios*. Da definição à aplicação dos princípios jurídicos. 19. ed. São Paulo: Malheiros, 2019.

AVI-YONAH, Reuven S. Constructive Unilateralism: US Leadership and International Taxation. *University of Michigan Public Law Research Paper*, n. 463, June 25, 2015.

AVI-YONAH, Reuven S. Who Invented the Single Tax Principle: An Essay on the History of US Treaty Policy. *NYL Sch. L. Rev.*, v. 59, 2014.

BAKER, Philip. Beneficial Ownership: after Indofood. *GITC Review*, v. VI, n. 1, 2007.

BALEEIRO, Aliomar. *Direito tributário brasileiro*. 13. ed. Rio de Janeiro: Forense, 2015.

BARRETO, Paulo Ayres. A tributação, por empresas brasileiras, dos lucros auferidos no exterior por suas controladas ou coligadas. *In*: ROCHA, Valdir de Oliveira. *Grandes questões atuais de direito tributário*. São Paulo: Dialética, 2013. v. 17.

BARRETO, Paulo Ayres. *Elisão tributária*: limites normativos. Tese (Livre-Docência) – USP, São Paulo, 2008.

BARRETO, Paulo Ayres. Imposto sobre a renda e os lucros auferidos no exterior. *In*: ROCHA, Valdir de Oliveira. *Grandes questões atuais de direito tributário*. São Paulo: Dialética, 2002. v. 6.

BARRETO, Paulo Ayres. *Imposto sobre a Renda e Preços de Transferência*. São Paulo: Dialética, 2001.

BARRETO, Paulo Ayres. Tributação dos resultados auferidos no exterior. *In*: BARRETO, Aires Fernandino. *Direito tributário contemporâneo*: estudos em homenagem a Geraldo Ataliba. São Paulo: Malheiros, 2011.

BARRETO, Paulo Ayres; KOURY, Paulo Arthur Cavalcante. A tributação direta do resultado de controladas indiretas no exterior: problemas na aplicação da Lei 12.973/14. *In*: SCHOUERI, Luís Eduardo; BIANCO, João Francisco (Org.). *Estudos de direito tributário em homenagem ao Professor Gerd Willi Rothmann*. São Paulo: Quartier Latin, 2016.

BARRETO, Paulo Ayres; KOURY, Paulo Arthur Cavalcante. As regras brasileiras e as diretrizes internacionais sobre subcapitalização: diversidade de perspectivas. *In*: GOMES, Edgar Santos; MOREIRA, Francisco Lisboa; MURAYAMA, Janssen; SAUNDERS, Ana Paula (Org.). *Estudos de tributação internacional*. Rio de Janeiro: Lumen Juris, 2016.

BARRETO, Paulo Ayres; TAKANO, Caio Augusto. Tributação do resultado de coligadas e controladas no exterior, em face da Lei nº 12.973/14. *In*: ROCHA, Valdir de Oliveira. *Grandes questões atuais de direito tributário*. São Paulo: Dialética, 2014. v. 18.

BIANCO, João Francisco. Aparência econômica e segurança jurídica. *In*: MOSQUERA, Roberto Quiroga; LOPES, Alexsandro Broedel (Org.). *Controvérsias jurídico-contábeis (aproximações e distanciamentos)*. São Paulo: Dialética, 2010. v. 1.

BOBBIO, Norberto. *Teoria do ordenamento jurídico*. Tradução de Ari Marcelo Solon. São Paulo: Edipro, 2011.

BORGES, José Souto Maior. *Teoria geral da isenção tributária*. 4. ed. São Paulo: Malheiros, 2007.

BRAUNER, Yariv. O valor segundo o expectador: a avaliação de intangíveis para fins de preços de transferência. *In*: SCHOUERI, Luís Eduardo. *Tributos e preços de transferência*. São Paulo: Dialética, 2009. v. 3.

BRAUNER, Yariv. What the BEPS? *Florida Tax Review*, Gainesville, v. 16, n. 2, 2014.

BRAUNER, Yariv; DAVIS, Christine A. controlled foreign company legislation in the United States. *In*: KOFLER, Georg et al. *Controlled Foreign Company Legislation*. The Netherlands: IBFD Publications, 2020.

CARVALHO, Paulo de Barros. *Direito tributário*. Linguagem e método. 4. ed. São Paulo: Noeses, 2011.

CARVALHOSA, Modesto. *Comentários à Lei das Sociedades Anônimas*. 6. ed. São Paulo: Saraiva, 2014. v. 4. t. II.

DERZI, Misabel Abreu Machado. *Direito tributário, direito penal e tipo*. São Paulo: Revista dos Tribunais, 1988.

DEVEREUX, Michael P.; AUERBACH, Alan J.; KEEN, Michael; OOSTERHUIS, Paul; SCHÖN, Wolfgang; VELLA, John. *Taxing profit in a global economy*. Oxford: Oxford University Press, 2021.

DOURADO, Ana Paula. The EC Proposal of Directive on a Minimum Level of Taxation in Light of Pillar Two: Some Preliminary Comments. *Intertax*, The Netherlands, v. 50, issue 3, 2022.

FULLER, Lon. *The morality of law*. New Haven: Yale University, 1994.

GONÇALVES, José Arthur Lima. *Imposto sobre a renda*: pressupostos constitucionais. São Paulo: Malheiros, 1997.

GRECO, Marco Aurélio. A tributação de lucros no exterior. *In*: UCKMAR, Victor *et al*. *Manual de direito tributário internacional*. São Paulo: Dialética, 2012.

HARRIS, Peter. *International Commercial Tax*. 2. ed. Cambridge: Cambridge University, 2020.

HOLMES, Kevin. *The concept of income*. A Multi-disciplinary analysis. The Netherlands: IBFD, 2000.

ISENBERGH, Joseph; WELLS, Bret. *International taxation*. 4. ed. New York, NY: Foundation Press, 2020.

KOKLAR, Martin; RIEDLL, Mario. The European Union and the Anti-Tax Avoidance Directive. *In*: KOFLER, Georg *et al*. *Controlled Foreign Company Legislation*. The Netherlands: IBFD Publications, 2020.

KOURY, Paulo Arthur Cavalcante. As diferenças fundamentais entre o direito tributário e a contabilidade societária e os limites de suas relações. *Revista de Direito Recuperacional e de Empresa*, v. 13, 2019.

KOURY, Paulo Arthur Cavalcante. *Competência regulamentar em matéria tributária*. Funções e limites dos decretos, instruções normativas e outros atos regulamentares. Belo Horizonte: Fórum, 2019.

KOURY, Paulo Arthur Cavalcante. Demonstrações financeiras de grupos de empresas no padrão IFRS e a tributação em bases universais no Brasil. *Revista Direito Tributário Atual*, v. 40, 2018.

KOURY, Paulo Arthur Cavalcante. *Forma e substância no direito tributário*. São Paulo: IBDT, 2021.

KOURY, Paulo Arthur Cavalcante. *Is Brazil going against or ahead of the flow with its all-inclusive CFC rule?* Disponível em: http://marcopiazza.postilla.it/2021/04/19/is-brazil-going-against-or-ahead-of-the-flow-with-its-all-inclusive-cfc-rule/. Acesso em: 24 nov. 2021.

KOURY, Paulo Arthur Cavalcante. Os serviços intragrupo no plano de Ação nº 10 e o Contexto Brasileiro. *In*: GOMES, Marcus Lívio; SCHOUERI, Luís Eduardo (Org.). *A tributação internacional na era pós-BEPS*: soluções globais e peculiaridades de países em desenvolvimento. 2. ed. Rio de Janeiro: Lumen Juris, 2019.

KOURY, Paulo Arthur Cavalcante. Os tratados contra a bitributação e os resultados no exterior. *Revista Dialética de Direito Tributário*, v. 235, 2015.

KOURY, Paulo Arthur Cavalcante. Quem se beneficia? A tributação da controlada indireta e os Tratados. *Direito Tributário Atual*, v. 36, 2016.

KOURY, Paulo Arthur Cavalcante. The End of the "Luxembourg Effect": An Analysis of the Protection of Fundamental Freedoms Regarding Exit Taxes and Implementation of Anti-BEPS Measures by the European Union. *European Taxation*, v. 58, 2018.

KREVER, Richard. Controlled Foreign Company Legislation: General Report. *In*: KOFLER, Georg *et al*. *Controlled Foreign Company Legislation*. The Netherlands: IBFD Publications, 2020.

LANG, Michael; BRUGGER, Florian. The role of the OECD Commentary in tax treaty interpretation. *Australian Tax Forum*, v. 23, 2008.

MACCORMICK, Neil. *Argumentação jurídica e teoria do direito*. Tradução de Waldéa Barcellos. São Paulo: Martins Fontes, 2006.

MACHADO, Hugo de Brito. *Curso de direito tributário*. 32. ed. São Paulo: Malheiros, 2011.

MARTINS, Eliseu; GELBCKE, Ernesto Rubens; SANTOS, Ariovaldo dos; IUDÍCIBUS, Sérgio de. *Manual de contabilidade societária*. 2. ed. São Paulo: Atlas, 2013.

MAXIMILIANO, Carlos. *Hermenêutica e aplicação do direito*. 20. ed. Rio de Janeiro: Forense, 2011.

MELLO, Celso de Albuquerque. *Curso de direito internacional público*. Rio de Janeiro: Renovar, 2000.

MILLÁN, Emilio C.; SOLER ROCH, María T. Limit Base Erosion via Interest Deduction and Others. *Intertax*, Amsterdam, v. 43, n. 1, 2015.

MOSQUERA, Roberto Quiroga. *Renda e proventos de qualquer natureza*. O imposto e o conceito constitucional. São Paulo: Dialética, 1996.

MOSQUERA, Roberto Quiroga; DINIZ, Rodrigo de Madureira Pará. As regras de subcapitalização no direito brasileiro – Questões controversas. *In*: ROCHA, Valdir de Oliveira. *Grandes questões atuais de direito tributário*. São Paulo: Dialética, 2011. v. 15.

NETO, Luís Flávio. A tributação brasileira dos lucros de empresas controladas residentes em país com acordos de bitributação. *In*: SCHOUERI, Luís Eduardo; BIANCO, João Francisco. *Estudos de direito tributário em homenagem ao Professor Gerd Willi Rothman*. São Paulo: Quartier Latin, 2016.

NETO, Luís Flávio. *Direito tributário internacional*. "Contextos" para interpretação e aplicação de acordos de bitributação. São Paulo: IBDT/Quartier Latin, 2018.

OECD. *Designing Effective Controlled Foreign Company Rules*. Action 3 - 2015 Final Report, OECD/G20 Base Erosion and Profit Shifting Project. Paris: OECD Publishing, 2015.

OECD. *International community strikes a ground-breaking tax deal for the digital age*. Disponível em: https://www.oecd.org/tax/beps/international-community-strikes-a-ground-breaking-tax-deal-for-the-digital-age.htm. Acesso em: 24 nov. 2021.

OECD. *Statement on a Two-Pillar Solution to Address the Tax Challenges Arising From the Digitalisation of the Economy*. 2021. Disponível em: https://www.oecd.org/tax/beps/statement-on-a-two-pillar-solution-to-address-the-tax-challenges-arising-from-the-digitalisation-of-the-economy-july-2021.pdf. Acesso em: 9 ago. 2021.

OECD. *Tax Challenges Arising from Digitalisation* – Report on Pillar Two Blueprint: Inclusive Framework on BEPS, OECD/G20 Base Erosion and Profit Shifting Project. Paris: OECD Publishing, 2020.

OECD. *Tax Challenges Arising from the Digitalisation of the Economy* – Global Anti-Base Erosion Model Rules (Pillar Two). Paris: OECD Publishing, 2021.

OECD. *Tax Challenges Arising from the Digitalisation of the Economy* – Commentary to the Global Anti-Base Erosion Model Rules (Pillar Two). Paris: OECD Publishing, 2022.

OECD. *Tax Challenges Arising from the Digitalisation of the Economy* – Global Anti-Base Erosion Model Rules (Pillar Two) Examples. Paris: OECD Publishing, 2022.

OLIVEIRA, Ricardo Mariz de. A disponibilidade econômica ou jurídica de rendas e proventos auferidos no exterior. *Revista Fórum de Direito Tributário*, Belo Horizonte, ano 1, n, 1, 2003.

OLIVEIRA, Ricardo Mariz de. Disponibilidade econômica de rendas e proventos, princípio da realização da renda e princípio da capacidade contributiva. *In*: MARTINS, Ives Gandra da Silva; PASIN, João Bosco Coelho (Coord.). *Direito tributário contemporâneo* – Estudos em homenagem ao Prof. Luciano da Silva Amaro. São Paulo: Saraiva, 2012.

OLIVEIRA, Ricardo Mariz de. *Fundamentos do imposto de renda*. 2. ed. São Paulo: IBDT, 2020.

OXFAM criticizes lack of G20 bold action to tackle vaccine inequality, climate change, and promote a fair economic recovery. *Oxfam International*, 31 out. 2021. Disponível em: https://www.oxfam.org/en/press-releases/oxfam-criticizes-lack-g20-bold-action-tackle-vaccine-inequality-climate-change-and?cid=aff_affwd_donate_id78888&awc=5991_163 7780933_3f0de6eb71a89f729d6018e76b563520. Acesso em: 24 nov. 2021.

PEDREIRA, José Luiz Bulhões. *Impôsto de renda*. Rio de Janeiro: APEC, 1969.

PEREIRA, Moisés de Sousa Carvalho; RISCADO JUNIOR, Paulo Roberto. Jurisprudência comentada: o artigo 74 da medida provisória nº 2.158-35/2001 e o planejamento tributário com base na utilização de tratados. O "Caso Eagle II" (Acórdão nº 101-97.070). *Revista PGFN*, ano I, n. 2, 2011.

PISTONE, Pasquale. The Meaning of Tax Avoidance and Aggressive Tax Planning in European Union Tax Law: Some thoughts in connection with the reaction to such practices by the European Union. *In*: DOURADO, Ana Paula. *Tax Avoidance Revisited in the EU BEPS Context*. Amsterdam: IBFD, 2017.

POLIZELLI, Victor Borges. *O princípio da realização da renda* – Reconhecimento de receitas e despesas para fins do IRPJ. São Paulo: IBDT/Quartier Latin, 2012.

REQUIÃO, Rubens. *Curso de direito comercial*. 25. ed. São Paulo: Saraiva, 2008. v. 2.

REZEK, Francisco. *Direito internacional público*. Curso elementar. 17. ed. São Paulo: Saraiva, 2018.

ROCHA, Sergio André. *Tributação de lucros auferidos no exterior (Lei nº 12.973/14)*. São Paulo: Dialética, 2014.

ROLIM, João Dácio. A (des)necessidade de um conceito harmônico de "beneficiário efetivo" nos acordos para evitar a dupla tributação. Um caso brasileiro e o direito comparado. *Revista Dialética de Direito Tributário*, São Paulo, v. 179, 2010.

SANTOS, Ramon Tomazela. *O regime de tributação dos lucros auferidos no exterior na Lei nº 12.973/14*. Rio de Janeiro: Lumen Juris, 2017.

SCHAUER, Frederick. *Playing by the Rules* – A Philosophical Examination of Rule-Based Decision-Making in Law and in Life. Oxford: Clarendon, 1991 (reprinted 2002).

SCHOUERI, Luís Eduardo. Aplicação concomitante da legislação de preços de transferência e da tributação em bases universais. *In*: TORRES, Heleno Taveira. *Direito tributário internacional aplicado*. São Paulo: Quartier Latin, 2005. v. 3.

SCHOUERI, Luís Eduardo. Arm's Lenght: beyond the Guidelines of the OECD. *Bulletin for International Taxation*, 2016.

SCHOUERI, Luís Eduardo. Comentários. *In*: OLIVEIRA, Ricardo Mariz de; COSTA, Sérgio de Freitas (Coord.). *Diálogos póstumos com Alcides Jorge Costa*. São Paulo: IBDT, 2017.

SCHOUERI, Luís Eduardo. *Direito tributário*. 3. ed. São Paulo: Saraiva, 2013.

SCHOUERI, Luís Eduardo. *Distribuição disfarçada de lucros*. São Paulo: Dialética, 1996.

SCHOUERI, Luís Eduardo. Lucros no exterior e acordos de bitributação: reflexões sobre a solução de consulta interna nº 18/2013. *Revista Dialética de Direito Tributário*, São Paulo, n. 219, 2013.

SCHOUERI, Luís Eduardo. O princípio do arm's length em um panorama internacional. *In*: SCHOUERI, Luís Eduardo. *Tributos e preços de transferência*. São Paulo: Dialética, 2013. v. 4.

SCHOUERI, Luís Eduardo. *Planejamento fiscal através de acordos de bitributação*: treaty shopping. São Paulo: Revista dos Tribunais, 1995.

TAKATA, Marcos Shigueo. Lucros no exterior, equivalência e tributação da "parcela do ajuste do valor do investimento" à luz dos acordos de bitributação brasileiros. *In*: MOSQUERA, Roberto Quiroga; LOPES, Alexsandro Broedel. *Controvérsias jurídico-contábeis (aproximações e distanciamentos)*. São Paulo: Dialética, 2015. v. 6.

TEIJEIRO, Guillermo O. 'BEPS Action 3: Public Discussion Draft on Strengthening CFC Rules: A Legal Critique to the Possible Implementation of a Full-income CFC System'. *Kluwer International Tax Blog*, abr. 2015.

TÔRRES, Heleno Taveira. *Direito tributário internacional*: planejamento tributário e operações transnacionais. São Paulo: Revista dos Tribunais, 2001.

TÔRRES, Heleno Taveira. *Pluritributação internacional sobre as rendas de empresas*: tratamento unilateral, bilateral e comunitário. São Paulo: Revista dos Tribunais, 1997.

UTUMI, Ana Cláudia Akie; PEREIRA, Bruno Alberto Guilhem. Lucros no exterior, equivalência e tributação da "parcela do ajuste do valor do investimento" à luz dos acordos de bitributação brasileiros. *In*: MOSQUERA, Roberto Quiroga; LOPES, Alexsandro Broedel. *Controvérsias jurídico-contábeis (aproximações e distanciamentos)*. São Paulo: Dialética, 2015. v. 6.

VOGEL, Klaus. Double Tax Treaties and Their Interpretation. *Berkeley Journal of International Law*, v. 4, 1986.

VOGEL, Klaus; RUST, Alexander. Introduction. *In*: RUST, Alexander et al. *Klaus Vogel on Double Taxation Conventions*. 4. ed. Amsterdam: Wolters Kluwer, 2014.

VON BOGDANDY, Armin. Pluralism, direct effect, and the ultimate say: on the relationship between international and domestic constitutional law. *International Journal of Constitutional Law*, 2008.

XAVIER, Alberto. A Lei nº 12.973, de 3 de maio de 2014, em matéria de lucros no exterior: objetivos e características essenciais. *In*: ROCHA, Valdir de Oliveira. *Grandes questões atuais de direito tributário*. São Paulo: Dialética, 2014. v. 18.

XAVIER, Alberto. A tributação dos lucros de controladas e coligadas de empresas brasileiras no exterior e os tratados contra a dupla tributação. *In*: BARRETO, Aires Fernandino (Coord.). *Direito tributário contemporâneo*. Estudos em homenagem a Geraldo Ataliba. São Paulo: Malheiros, 2011.

XAVIER, Alberto. *Direito tributário internacional do Brasil*. 8. ed. Rio de Janeiro: Forense, 2015.

XAVIER, Alberto. *Incorporação de sociedades e imposto de renda*. São Paulo: Resenha Tributária, 1978.

Esta obra foi composta em fonte Palatino Linotype, corpo 10
e impressa em papel Pólen Bold 70g (miolo) e Supremo 250g (capa)
pela Gráfica Paulinelli.